Ulrich Schaffer
Im Schutz des Herzens

Komas Bluff
97
80
E N M A N
Fillongley Provincial Park
I S L A N D
LAMBERT CHANNEL
Manning Point
Phipps Point
Hornby Island (landing)
Shingle Spit
Graham Lake
100
Whalebone Point
Ship Point
Ship Peninsula
Ship Peninsula
Metcalf Bay
40
20
Gravelly Bay
DENMAN ISLAND
Repulse Point
Centre
13.3
19
Mud Bay
BAYNES SOUND

Ulrich Schaffer

Im Schutz des Herzens

Roman

Edition Schaffer im Kreuz Verlag

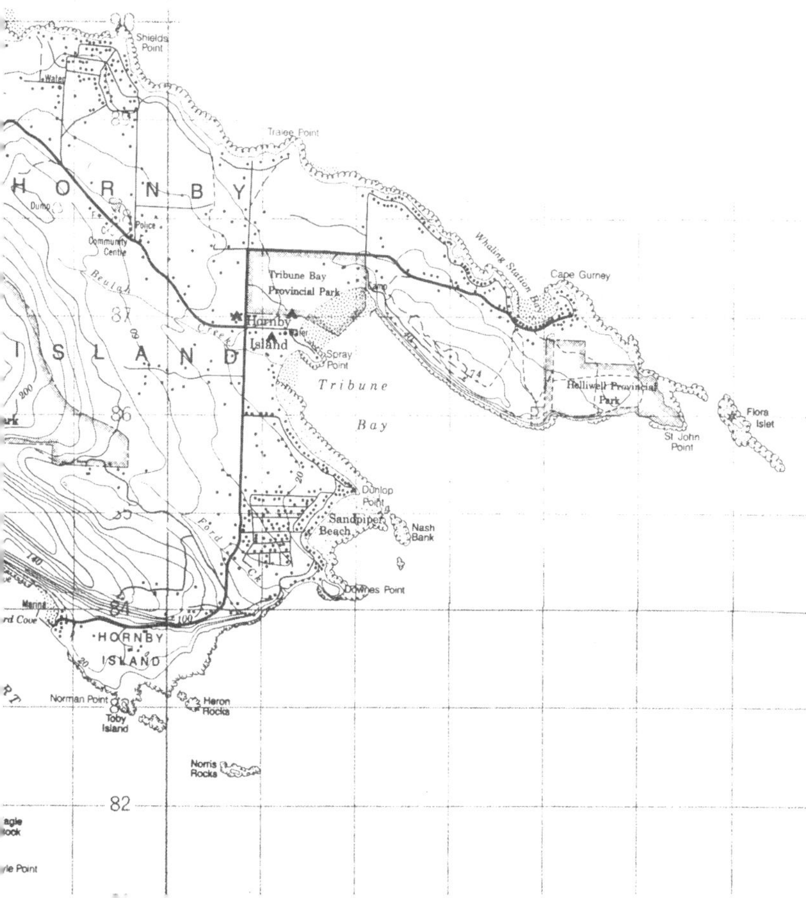

Wo gehen wir hin? Immer nach Hause.

–Novalis

Hornby Island, am 10. Oktober 1995

Liebe Katrina,

einem plötzlichen Bedürfnis folgend, habe ich gestern morgen in nur einer Stunde meine Sachen gepackt und habe mich auf den Weg zur Fähre gemacht. Ich wollte aus der Stadt hinaus, um Stille zu finden. Ich spüre, daß sich etwas in mir tut, und dem möchte ich nachgehen. Es ist, als wenn etwas zur Reife käme und ich einen neuen inneren Raum betreten werde. Einerseits überrascht es mich, und andererseits habe ich schon lange darauf gewartet. Auch vermisse ich dich – morgen werden es drei Monate sein, daß du in Europa bist – und hoffe, in der Stille der Insel besser an dich denken zu können. Mit der letzten Fähre bin ich gestern abend auf der Insel gelandet, habe eine Übernachtungsmöglichkeit gefunden und heute morgen lange geschlafen.

Heute Nachmittag war ich zum ersten Mal am Meer. Aufmerksam bewegte ich mich zwischen dem angeschwemmten silbrigen Holz, das hohe Fluten hinterlassen haben. Der Himmel war wolkenlos blau, und weil es in der Nacht zuvor geregnet hatte, wirkte die ganze Landschaft wie gewaschen. Langsam begann die Hektik des Festlandes von mir abzufallen, und mein Körper und meine Seele begannen sich auf den Rhythmus der Wellen einzustellen. Die Schreie der Möwen waren wie Ausrufezeichen. Im Meer kommt die ganze Welt zu uns, dachte ich. Das Wasser, was heute hier gegen die

Felsen spült, hat vor einem Monat noch den Sand der japanischen Küste geleckt.

Auf einem großen gelblichen Sandstein ruhte ich mich aus. Ich weiß nicht wovon, aber ich schien es nötig zu haben. Die Schwere des Steines gab mir Halt. Auf eine nicht beschreibbare Weise streben die verschiedenen Linien meines Lebens auseinander, wenigstens empfinde ich es so. Manchmal meine ich, daß ich manches nur anders sehen muß, und schon werden die Linien alle an einem Punkt zusammenlaufen. Ich denke dies, weil ich davon überzeugt bin, das Leben zu haben, was ich haben soll. Ich habe mein Leben nicht verfehlt, aber ich durchschaue es manchmal nicht. Dann lebe ich ein Durcheinander, werde müde und spüre nicht, was wichtig ist.

Als ich so auf dem Stein saß, kam eine Frau von links den unebenen Kieselstrand entlang. Ich bemerkte ihre Vorsicht, und ohne ihr Gesicht sehen zu können, weil sie auf das Meer hinaussah, wußte ich doch gleich, daß sie alt war. Als sie auf der Höhe meines Steines war, hielt sie an. Sie hatte mich noch nicht gesehen, erst als mich bewegte, nahm sie mich wahr. Sie wollte etwas sagen, besann sich dann aber und schwieg. Ich rutschte von meinem Stein herunter und stellte mich neben sie. Ich weiß nicht warum ich es tat, aber es schien mir richtig und passend.

Ich sagte etwas über die Weite der Landschaft und spürte mehr als ich es sah, daß sie nickte. Sie fragte, ob ich öfter hierher käme, und ich sagte ihr, daß ich nicht auf der Insel zu Hause sei. Dann schwiegen wir lange. Ich merkte, wie mein Wunsch, ihr in die Augen zu sehen, wuchs. Dabei wußte ich, wie ihre Augen aussehen würden. Ich konnte sie in mir sehen. Ich trat einen Schritt vor, wollte etwas sagen, aber als ich ihre Augen sah, schwieg ich. Sie waren so wie ich sie mir vorgestellt hatte: Blau über blau. Wie der Himmel, wie das Meer. Sie sah mich an. Ich versuchte mir vorzustellen, wie sie mich sah. Sie war sicherlich schon über achtzig. Ihre Haare waren weiß und grau, aber nicht dünn. Das Gesicht war verwittert, was Gesichter manchmal herb und gefühllos machen kann, aber ihres war auf eine erstaunliche Weise empfindsam geblieben, trotz der tiefen Furchen, die es durchzogen. Ich wußte sofort, daß sie mich nicht mißverstehen würde, ganz gleich, was ich auch sagte.

Und dann tat ich etwas, was ungewöhnlich ist für mich. Ich drehte mich noch mehr zu ihr, so daß ich sie direkt ansah und legte meine Hand auf ihre Schulter, auf die Schulter dieser fremden alten Frau. Ich weiß nicht mehr, was ich sagte – nichts Bedeutendes – aber ich weiß noch, wie wichtig es war, sie während dieser wenigen Worte zu berühren, diesen Kontakt herzustellen und sie direkt und offen anzusehen, ohne die Verkleidungen, die uns von unseren Sitten aufgezwungen werden.

Einen Augenblick lang ruhte meine Hand auf ihrer Schulter, aber so leicht und vorsichtig, daß es kaum eine Berührung war. Dann nahm ich meine Hand zurück, weil ich begriff, daß Berühren nicht länger nötig war – wir hatten einander wahrgenommen. Sie lächelte. Die Vorbehalte, die ich noch spürte, fielen von mir ab und ich verlor mich in diesem herrlichen alten Gesicht, das ich jetzt in mir trug. Alle Linien meines Lebens liefen an diesem Punkt zusammen. Ich spürte die tiefe Bedeutung meines Daseins, auch wenn ich sie nicht in Worte hätte kleiden können. Ich sah an ihrem Gesicht vorbei, sah, wie in dem Moment im Hintergrund eine sich brechende Welle auf ihrer Höhe stillstand und die Möwe, die über der Welle schwebte, bewegungslos im tiefen Blau des Himmels hing. Ich schloß meine Augen für einen kurzen Moment und sah Christine, deine Mutter, das Gesicht ihrer letzten Tage, und ich sah in ihren Schmerzen einen Sinn, wie ich ihn noch nie gesehen hatte. Es war, wie es war, und ich wußte, daß es nicht anders sein konnte.

Dann gab die alte Frau mir ihre Hand, damit ich ihr die hundert Meter zurück zum festen Fußweg helfen könnte. Wortlos legten wir die Strecke zurück. Das Meer bewegte sich wieder, die Möwen schrien und die Weite der Landschaft vermittelte uns zugleich unsere Wichtigkeit und unser Kleinsein.

Ich bin so froh, daß die Tage hier auf der Insel mit diesem Erlebnis der Begegnung und Klarheit begonnen haben. In dieser Begegnung habe ich etwas von der Wirklichkeit gespürt, die meistens jenseits des Wahrnehmbaren liegt und doch ständig in unser Leben hineinspielt und für uns erfahrbar wird, wenn wir uns dafür öffnen. Es ist die Berührung mit dem Reich der Wunder.

Schon auf der Fähre von Vancouver nach Vancouver Island kam mir der Gedanke, dir in diesen Tagen zu schreiben. Als ich die letzte kleine Fähre von Denman nach Hornby nahm, fing ich immer mehr Feuer für diesen Gedanken, und darum sitze ich schon jetzt am zweiten Tag hier und schreibe an dich. Dabei wird mir bewußt, daß ich das schon lange tun wollte. Ich kenne das Gefühl, daß sich etwas in mir vorbereitet, ich es mir aber noch nicht bewußt machen kann. Es bedarf eines Erlebnisses, einer Konzentration, die manchmal durch einen Menschen kommen kann – und plötzlich weiß ich, was ich schon lange wollte und bin dann auch fähig, es zu tun.

In der Lodge, in der ich mich zunächst für eine Woche eingemietet habe, kann ich kommen und gehen, wie es mir beliebt. Ich habe eine kleine Hütte mit

Kühlschrank und Herd, kann mir also mein Essen selbst machen. Der Strand ist vor der Tür, ich kann das Meer sehen, seine wechselnden Stimmungen, niemand erwartet etwas von mir – ich darf mir die Zeit für mich nehmen. Wenn ich aus dem Fenster sehe, kann ich beobachten, wie das Meer bei Flut alles zudeckt, mitnimmt, zerreibt, vernichtet. Unser Vergessen ist so – fast alles fällt ihm anheim. Es wird mir gut tun, manches aufzuschreiben, damit es nicht mit meinem zunehmenden Alter unwiederbringlich untergeht.

Mich bewegen Gedanken, die lose nebeneinander stehen, und die ich nie durch konsequentes Denken miteinander verbunden habe. Jetzt habe ich Lust, sie zu ordnen und mein Leben dadurch selbst besser zu verstehen. Auch jährt sich Christines Tod in diesen Tagen, und da wollte ich gern mit meinen Gedanken an sie allein sein. In der Stadt gibt es zu viele Störungen und Ablenkungen. Es ist mir manchmal, als wollte die Stadt nicht, daß wir uns tiefer mit etwas beschäftigen. Diese Insel hingegen scheint mir das Richtige zu sein.

Ehe du im Sommer abgereist bist, habe ich dir ja gesagt, daß ich im Herbst nicht unterrichten werde. Ich habe ein Sabbatsemester bekommen und mache erst im Januar am College weiter. Bisher habe ich die Studenten nicht vermißt, auch nicht die Routine, in die ich durch das Unterrichten eingebunden war. Ich spüre eine Energie in mir, die darauf wartet, vor etwas gespannt zu werden.

Ich schreibe einfach drauflos und schicke dir meine Briefe, wie sie aus mir herausgeflossen sind – wenn ich sie überhaupt schicke. Ich merke, wie sich bei diesen Gedanken schon wieder eine gewisse Schwere einschleicht. Es fehlt mir an Gelassenheit. Ehe ich mich versehe, ist schon wieder alles so intensiv, daß ich selbst davor Angst bekomme.

Ich habe meinen Discman mitgebracht und dazu einen kleinen Karton mit CDs. Du weißt ja, wie wichtig mir Musik ist. Heute habe ich die siebte Sinfonie von Beethoven gehört. Ich erinnere mich noch, wie ich sie als Student oft in meinem Zimmer dirigiert habe, auch wenn ich nichts vom Dirigieren verstand. Ich hatte damals einen sehr schlechten Plattenspieler, der furchtbar kratzte, aber die Platten, die ich für 99 Cent kaufte, brachten mir Musik und damit Weite. Wenn ich mir selbst etwas Gutes tun wollte, legte ich die Siebte auf und dirigierte sie, und das Orchester hielt sich genau an meine Einsätze und meine Interpretation. Heute konnte ich die Siebte nur einmal hören, dann brauchte ich Ruhe. Ich zog es vor, still meinen Gedanken nachzugehen, und stieß in ihnen immer wieder auf dich.

am 11. Oktober

Ich freue mich sehr, daß du dieses Austauschjahr in Deutschland hast, noch dazu in Tübingen. Ich kann mir vorstellen, daß du dir Gedanken über den Begriff "Heimat" machen wirst. Vielleicht wirst du Kanada und Deutschland miteinander vergleichen und dich fragen, inwieweit du noch Deutsche bist, auch wenn du in Kanada geboren bist. Zuweilen denke ich, daß alles was wir tun, eigentlich nur darauf abzielt, uns hier auf dieser Erde in der kurzen Zeit, die wir haben, eine Heimat zu schaffen.

Wie viele Menschen träumen von einem eigenen Heim, in dem sie sich mit den Dingen umgeben, die ihnen vertraut sind. Die vertrauten Dinge sollen sie vor der Fremdheit schützen, die sie fühlen. Was ist dies anderes als der Wunsch nach Heimat, nach Zugehörigkeit? Andere wiederum meinen, wenn sie viel besitzen, können sie sich mit Ländereien und Gütern umgeben und sich so eine Sicherheitszone als Schutz vor dem Verlorengehen in der Welt schaffen. Und es gelingt auch ein wenig. Ich glaube, daß die tiefste Heimat für uns im Herzen eines anderen Menschen zu finden ist. Wenn wir Menschen haben, bei denen wir so sein können, wie wir sind – echt und ohne uns lange zu erklären –, dann besitzen wir ein Zuhause, das uns tiefer zufriedenstellt als jede geographische Heimat.

Du hast mich vor einiger Zeit gefragt, wie es dazu gekommen ist, daß wir ausgewandert sind, und ich habe dir gesagt, daß es eine ganze Reihe von verschiedenen

Faktoren waren, die uns dazu gebracht haben. Seitdem du gefragt hast, habe ich oft an eine Begebenheit in unserem Dorf gedacht, die wir zwar offiziell nie als Grund für unsere Auswanderung angegeben haben, die aber bei unserer Entscheidung eine wichtige Rolle gespielt hat.

Du weißt ja, daß wir nach Kriegsende aus dem Osten Deutschlands in den Westen geflohen sind. Da waren wir dann, in dem norddeutschen Platt ausgedrückt, die "Fluchlinge". "Fluchling" war fast ein Schimpfwort, weil wir arm angekommen waren und Hilfe brauchten. Bei vielen waren wir also nicht gern gesehen, und man ließ es uns auch fühlen. Als Kind habe ich nicht viel davon gemerkt, außer, daß ich nicht denselben Dialekt wie die anderen Kinder im Dorf sprach und auch merkte, daß diese immer gut zu essen hatten, während ich oft hungrig war. Aber es gab ja noch andere "Fluchlinge", und so war ich nicht allein.

Ungefähr ein Jahr vor unserer Auswanderung wurde in unserem Dorf ein Mensch ermordet. Ich war damals fast dreizehn und schon groß und kräftig. Wir hatten einen Polizisten im Dorf, der immer alle Dreizehnjährigen verdächtigte, weil er meinte, wir seien "nur darauf aus, Unheil zu stiften." Der Mord geschah eines Abends auf einem kleinen Hof, etwa zweihundert Meter von dort, wo wir wohnten. Ich kannte den Bauernhof gut, weil ich mit dem Bauernsohn, der etwas jünger war als ich, befreundet war. Wir liebten beide die großen Wiesen mit ihren Blumen im Sommer und ihrem Eis im Winter. Im Sommer badeten wir in dem Fluß, der durch die Wiesen floß und im Winter, wenn die Wiesen überschwemmt waren, konnten wir kilometerweit auf ihnen Schlittschuh laufen. Manchmal legten wir uns auch auf das Eis und sahen wie durch Glas die Gräser unter uns in der leichten Strömung des kalten Wassers hin und her treiben.

Es geschah an einem Herbstabend bei Einbruch der Dunkelheit. Eine Bauersfrau wurde in ihrer eigenen Küche ermordet. Ihr Mann war im Stall bei dem Vieh, die jüngste Tochter war schon im Bett und sagte, sie habe nichts gehört. Der Sohn hatte eine Besorgung für die Mutter zu machen und kam etwas später wieder zurück. Niemand hatte etwas gemerkt. Erst als der Vater aus dem Stall in die Küche kam, fand er seine erschlagene Frau in einer Lache Blut liegend vor.

Weil es ein windiger Abend war, hatte ich meinen Drachen genommen, um ihn noch auf den Wiesen steigen zu lassen. Es war ein über zwei Meter hoher, selbstgebastelter Drachen aus einem dünnen, fast durchsichtigen grünen Papier mit einer Schnurrolle von fast einem Kilometer Länge. Die Schnur war besonders leicht, und ich wollte sehen ob es mir gelänge, die ganze Rolle abzuwickeln. Am Sonntag darauf sollte es unter uns einen Wettbewerb geben, wer seinen Drachen am höchsten steigen lassen könne. Ab einer gewissen Länge ist die Schnur zu schwer, so daß sie den Drachen herabzieht. Und wenn die Schnur zu dünn und leicht ist, kann sie das Gewicht des Drachens im Wind nicht halten und zerreißt. Meine Freunde und ich hatten das Drachenbauen zu einer Wissenschaft gemacht.

Auf den Wiesen, an die kein Gehöft angrenzte, war ich allein mit meinem Drachen und der Weite des Himmels. Ich wußte, daß ich etwa zwei Stunden hatte, bis es dunkel wurde. Ich habe später oft darüber nachgedacht, warum das Drachensteigen damals für mich fast eine Leidenschaft war. Ich glaube, in der Enge meines Lebens war es wie eine große Befreiung. Wir hatten kein Geld um viel zu unternehmen, wir hatten kein Auto um wegzufahren und der Enge zu entkommen, die ich damals schon spürte. Ich flog mit dem Drachen mit und konnte so Enge und Begrenztheit übersteigen.

Mir gelang es an diesem Abend, die ganze Rolle Schnur an den Drachen zu füttern. Die Schnur lag in einem großen Viertelkreis unter dem Drachen. Von mir aus lief sie zuerst fast parallel zur Erde, erhob sich erst später, stieg dann steiler und steiler auf, bis sie zum Drachen gelangte. Da der Wind recht stark war, und der Drachen mit seinen anderthalb Quadratmetern bespannter Fläche viel Widerstand bot, wurde der ganze Kilometer Schnur in der Luft gehalten. Der Drachen wirkte aus dieser Entfernung wie eine Briefmarke, aber an der Schnur spürte ich die Gewalt des Windes in ihm, dort hoch oben. Ich mußte mich ein bißchen nach hinten legen, um ihn zu halten. Es war ein wunderbares Gefühl, so zu den Elementen dazuzugehören. Um mich wehten die Wiesen im Wind. In den gebogenen Halmen wurde der unsichtbare Wind sichtbar. Am Himmel zogen schwere Kumuluswolken und manchmal schien es, als könne der Drachen jeden Moment zwischen ihnen verschwinden.

Als sich die Wolken von der untergehenden Sonne an den Rändern gelb zu tönen begannen, nahm der Wind einige Minuten lang zu. Ich lief ein Stück mit, um die Schnur nicht zu sehr zu beanspruchen. Da stolperte ich und die leere Rolle, an der nur die Schnur mit einem besonderen Knoten befestigt war, fiel mir aus der Hand und hüpfte in großen Sprüngen über die Wiese. Ich setzte hinterher. Als ich sie eingeholt hatte und den Drachen durch wiederholtes Anrucken aus seiner Torkelei abwärts unter Kontrolle bringen wollte, war die Spannung zu stark, die Schnur riß, und der Drachen taumelte nun frei, fast einen Kilometer von mir entfernt. Im Rennen rechnete ich aus, daß der Drachen gut und gerne zwei Kilometer brauchen könnte, bis er auf der

Erde war. Vorher gab es ein kleines Wäldchen und ich hoffte, daß er sich nicht in den Bäumen verfangen würde. Ich lief und lief, die Augen abwechselnd auf dem Wiesenboden, um nicht aus Versehen in ein Loch zu treten, und dann wieder auf dem Drachen, um ihn nicht aus den Augen zu verlieren.

Endlich war er unten, und ich fand ihn wie einen müden Krieger im Gras liegen. Er war heil geblieben. Ich wickelte die Schnur, die am Drachen war, auf, knotete sie mit dem kurzen Ende, das mir noch an der Rolle geblieben war, zusammen, löste die Querverstrebungen des Drachens, die durch ein selbstentwickeltes Prinzip gehalten wurden, legte ihn zusammen und machte mich auf den Heimweg. So kam es, daß ich um die Zeit des Mordes an dem Bauernhof vorbeikam. Ich lief, um nicht noch später zu Hause anzukommen, in den Händen die großen Holzstangen des Drachen.

Der Mord war natürlich am nächsten Tag das Hauptgesprächsthema im Dorf. Und als alle in der Nachbarschaft gefragt wurden, ob sie etwas gesehen hätten, sagte eine ältere Frau aus, daß sie mich von dem besagten Bauernhof habe weglaufen sehen, eine Stange in der Hand. Bald darauf wurde ich verhört. Der Polizist ließ mich dazu aus der Klasse holen, und als ich den Raum verließ hörte ich die anderen miteinander flüstern.

Ich erzählte dem Polizisten, daß ich Drachensteigen gewesen sei, aber ich spürte, daß er mir nicht glaubte. Da ich allein gewesen war, konnte auch niemand meine Geschichte bestätigen. Er brachte mich dann direkt nach Hause, nicht wieder zurück in die Schule. Ich trabte wie ein Sünder neben seinem Fahrrad her. Zu Hause wechselte er einige Worte mit meiner Mutter, die ich nicht verstand. Er verabschiedete sich nicht von mir, er sah mich noch nicht einmal an, als er ging.

Am Abend war das Gerücht schon durch das ganze Dorf, daß ich etwas mit dem Mord zu tun hätte. Bei meinen Eltern hatte ich das schreckliche Gefühl, daß sie mir glauben wollten, fast verzweifelt glauben wollten, aber nicht wußten, ob sie es konnten. Schon das verletzte mich, aber es kam noch schlimmer.

Ich zog mich zurück und bat meine Eltern, mich am nächsten Tag nicht in die Schule zu schicken. Rückblickend weiß ich, daß das ein Fehler war. Ich hätte mein Leben genau so weiterleben sollen, wie vorher, weil ich unschuldig war. Meine Abwesenheit von der Schule wurde mir als uneingestandenes Schuldbekenntnis ausgelegt. Am Abend vorher hatten meine Eltern alles erzählt, was sie über Tag gehört hatten, von der Beschreibung der Leiche, über die näheren Umstände des Mordes, bis hin zu den Worten des Mannes der Ermordeten, als er sie auffand. Es war nicht nur ein Schlag für die betroffene Familie, sondern auch für den ganzen Ort. So etwas war hier noch nie passiert. Plötzlich fühlten sich die Menschen nicht mehr sicher. Es war, als hätte ihnen jemand ihr Dorf weggenommen.

Weil ich schon fast schuldig gesprochen worden war, wenigstens in den Gesten und Blicken der Menschen, spürte ich in mir ein Bedürfnis, den Mörder irgendwie zu erklären. Weil er nicht für sich sprechen konnte, mußte ich es tun. Es geschah eine seltsame Solidarisierung zwischen mir und dem unbekannten Mörder. (Ich habe damals die psychologische Seite meiner Situation nicht verstanden – das ist erst viel später geschehen.) Als ich dann den Tag über zu Hause blieb, begann ich meine Gedanken zu dem Mord aufzuschreiben. Ich wählte die erste Person. Ich erinnere mich noch an den ersten Satz: "Ich bin ein armer Familienvater, der seine Frau und drei Kinder ernähren will." Ich dichtete dem Mann eine Geschichte an, in der er keine Arbeit fand und hier und da zu stehlen begann. So kam er auch auf diesen Bauernhof, und als die Frau sich ihm widersetzte, stieß er sie so ungünstig um, daß sie gegen die Ecke des eisernen Herdes fiel, sich den Kopf aufschlug und starb. Ich schilderte ihren Mann, der singend aus dem Stall kam und das Unglück sah. Ich beschrieb seine Gedanken, seine Wut, seine Trauer und in meiner Beschreibung ließ ich ihn die Worte sagen, die ich von meinen Eltern gehört hatte. Und immer wieder erfand ich mildernde Umstände für den Mörder.

Ich weiß nicht mehr genau wie es dazu kam und warum ich nicht vorsichtiger war, aber weil ich es in ein Schulheft geschrieben hatte, das ich ein paar Tage später wieder mit zur Schule nahm, gelangte meine Geschichte in die Hände des Lehrers. Es gab wieder eine Vorladung zur Polizei, diesmal zusammen mit meinen Eltern. Man hatte ihnen vorher nichts über das Heft gesagt und legte es, als wir bei der Polizei waren vor sie hin, die entscheidende Seite aufgeschlagen. Mit wachsender Bestürzung lasen meine Eltern meinen Text. Ich erinnere mich noch, wie furchtbar ich mich fühlte. Ob ich den Mord getan hatte, war für alle im Dorf, auch für meine Eltern, noch unklar, aber diese Eintragung in mein Schulheft konnte ich nicht abstreiten. Das war meine Handschrift. Für den Lehrer, den Polizisten und vielleicht auch für meine Eltern war ich nun entweder der Mörder und konnte darum alles so genau beschreiben und erklären, oder ich hatte mir das alles ausgedacht und mußte eine kranke Phantasie haben. Meine Eltern haben mich damals nicht gefragt, warum ich das aufgeschrieben hatte. Mir schien es, als wollten sie mich nichts fragen, weil sie meine Antworten fürchteten.

Ich habe mich später oft gefragt, wie es dazu kam, daß die Erwachsenen – der Lehrer, der Polizist, die

Einwohner des Dorfes – so schnell bereit waren, einen Jungen wie mich zu verurteilen oder auch nur zu verdächtigen. Waren es wirklich nur die Umstände, die mich verdächtig machten oder, suchte man im Dorf unbewußt nach einem Sündenbock, auch für den Ärger und die Enttäuschung über die schweren Nachkriegsjahre? Viele Jahre später, als ich bei C.G. Jung über Synchronizität las, kam mir der Gedanke, daß ich selbst mein "Unglück" eingefädelt habe, das später dann allerdings zu Glück wurde, denn vielleicht wären wir nicht ausgewandert, wenn es im Dorf nicht diese Stimmung gegen mich und damit gegen unsere Familie gegeben hätte. Es wird ein Geheimnis bleiben.

Ich habe dir dieses ganze Erlebnis so ausführlich beschrieben, weil es einschneidend auf mein Leben wirkte. Ich kann den Tag noch spüren, die Begeisterung mit der ich über die Wiesen lief, den torkelnden Drachen über den Blumenfeldern, die Rückkehr zum Haus, die Schreckensbotschaft der Nachbarn, das Fortgeholtwerden aus der Schule, das Staccato der Fragen des Polizisten, seine Unfähigkeit zuzuhören, wenn ich ihm etwas erklärte, das Schweigen meiner Eltern, das Gemiedenwerden durch meine Spielkameraden. Ich spürte das Schuldgefühl, das durch die Art des Fragens auf mich überging, so daß ich am Ende fast selbst glaubte, es getan zu haben.

Ich weiß noch, wie bitterlich ich geweint habe. Es war ein tiefes, inneres Schluchzen. Ich wußte, daß meine Eltern mich nicht verstanden und vielleicht nie verstehen würden. Sie waren so auf Korrektheit und Anstand bedacht, und mein Verhalten war für sie schon eine Abweichung von der Norm. Auf eine seltsame Weise wandelte sich mit diesem Ereignis mein Bild von mir. Manchmal sah ich mich vom Nachbarhof als Täter weglaufen, meinen Drachen blutbespritzt unter dem Arm, sah die Bauersfrau gegen ihren schwarzen Herd fallen, empfand meine Verschlossenheit und die Blicke der Menschen im Dorf. Wenn ich dann aus dieser Phantasie wieder auftauchte, fiel es mir schwer, mich selbst freizusprechen. Die Sicht anderer von mir begann wirklicher zu werden, als meine eigene Sicht von mir. Zwar wußte ich noch, was ich wußte, aber ich begann mir selbst zu mißtrauen und bildete mir ein, zu allem fähig zu sein.

Als wir schon unsere Untersuchungen zur Auswanderung hinter uns hatten und auf unsere Abreise warteten, wurde der Mörder gefaßt. Ich kann mich nicht mehr an die genauen Umstände erinnern, weiß aber noch, daß der Hintergrund des Mordes dem sehr ähnlich war, was ich in meinem Schulheft beschrieben hatte. Als wir schon in Kanada waren, habe ich mich gewundert, daß niemand aus dem Dorf meine Geschichte der Auswandererbehörde gemeldet hatte, um unsere Auswanderungsbestrebungen zu vereiteln. Aber vielleicht wollte sich keiner mit der Sache beschmutzen und alle waren froh darüber, daß wir auswandern wollten.

Über zehn Jahre später habe ich mir die Mühe gemacht, diesem Fall nachzugehen und habe einige Briefe mit dem verurteilten Mörder gewechselt. Er war ein ganz normaler Mensch und das Bild, was er mir von sich schickte, erinnerte mich an einen meiner Onkel. Was ich als Dreizehnjähriger geahnt und beschrieben hatte, war durch das Leben bewiesen worden. Aber es war nur für die zu erkennen, die es erkennen wollten.

Ich habe, als ich erwachsen war, noch mehrere Male mit meiner Mutter über diese Sache gesprochen, besonders auch über meine aufgeschriebene Geschichte, und habe dabei gespürt, daß sie es mir immer zum Vorwurf gemacht hat, daß ich so etwas denken und dann auch noch aufschreiben konnte. Ich begann damals zu begreifen, wie gewaltig die Phantasie sein kann und wie bedrohlich sie auf diejenigen wirkt, die sie nicht in der gleichen Weise haben. Für viele Menschen ist es unmöglich, sich in einen Mörder hineinzudenken oder gar sich selbst als Mörder zu sehen. Es ist vielleicht weniger eine Sache ihrer Moral, als ihrer Phantasie – sie können es sich nicht vorstellen. Dabei trennt uns doch manchmal nur eine ganz dünne Wand, Umstände genannt, vom Mord. Nur einige Umstände meines Lebens müssen verschoben werden, und plötzlich sitze ich auf der Pritsche, wo jetzt der zum Tode Verurteilte sitzt.

Aber diese Leichtigkeit, mit der die Phantasie die Umstände der Welt durcheinanderwirbeln kann, ist ungeheuer bedrohlich für die, die sich an einem scheinbaren Halt festklammern. Und so wirkte ich damals in unserem Dorf auf viele seltsam oder gar gefährlich, ob ich nun gemordet hatte oder nicht.

Du weißt ja, daß ich gern Schriftsteller geworden wäre, aber mit etwa dreiundzwanzig Jahren diesen Traum aufgegeben habe. Ich habe mich oft gefragt, wieviel dieses Erlebnis dazu beigetragen hat. Als ich achtzehn und neunzehn war, habe ich viel geschrieben und war guter Hoffnung, hier etwas leisten zu können. Aber ich spürte, daß mich immer etwas abhielt vom Fabulieren, vom Erfinden von Situationen und Figuren. Das ist bis heute so – ich neige immer wieder dazu, alles rational, nicht spielerisch, zu durchdenken – ich reflektiere viel, vielleicht zuviel. Ich glaube, daß ich durch die Umstände, die den Mord umgaben, selbst Angst bekommen habe vor meiner Phantasie. Ein Schriftsteller aber muß seine Phantasie lieben, weil sie ihm alles bringt, woraus er schafft und lebt. Ich freue mich darum, daß du, Katrina, es gewagt hast, so viel Energie in das Schreiben zu stecken, daß du vielleicht sogar einmal davon leben kannst. Ich wollte es nicht sagen, aber jetzt tue ich es doch: Es ist mir manchmal, als wenn du das fortsetztest, was bei mir damals mit dreizehn unterbrochen wurde. Verstehe mich nicht falsch, ich will nicht durch dich leben. Ich weiß wie zerstörerisch das sein kann, aber es ist für mich ermutigend zu sehen, daß solch ein "Fluch" nicht eine Generation weiter noch existieren muß. Bei dem, was ich bisher von dir gelesen habe, habe ich deine Phantasie richtig genossen.

Ich bin heute abend zum Essen ausgegangen. Es gibt hier auf Hornby nur zwei oder drei Lokale. Ich habe mir das unscheinbarste ausgesucht in der Hoffnung, dort noch eine persönliche Bedienung zu bekommen. So war es auch. Die Kellnerin war vielleicht dreißig und sehr freundlich. Sie erzählte mir, daß sie noch studiere und am Wochenende manchmal hier arbeite, um etwas Taschengeld zu haben. Ich habe mich so gut mit ihr unterhalten, daß ich ihr am liebsten angeboten hätte, nach Schließen des Restaurants noch ein wenig mit mir am Strand spazieren zu gehen. Aber ich traute mich nicht. Es hätte so wirken können, als wollte ich etwas von ihr. Es ist schade. So ist uns beiden ein schöner Spaziergang mit einem anregenden Gespräch verlorengegangen.

13. Oktober

Schon vor dem Ereignis, das ich dir vorgestern beschrieben habe, begann für mich etwas anderes, was auch mit der Auswanderung verbunden ist. Als ich etwa zehn Jahre alt war, spürte ich eine Art Fernweh, das ich bis heute versuche zu verstehen. Ich bekam damals, ich weiß nicht mehr wie, eine Illustrierte mit einem Artikel über die Landschaft Kaliforniens in die Hände. Für uns stand das Leben noch im Zeichen des Krieges, auch wenn dieser schon einige Jahre vorbei war. Das Essen war manchmal knapp, überall sah man die Zerstörung des Krieges, die Schuttberge, die Kriegsversehrten. Es gab viel Arbeitslosigkeit. Auch wenn sie es nicht sagten, so merkte ich meinen Eltern doch an, daß wenig Aussicht auf eine wirkliche Besserung bestand. Obwohl wir manchmal lachten und uns freuten, gab es doch eine Schwere hinter allem. Auch gab es viel Bitterkeit, und es entstand ein unterschwelliger Kampf zwischen denen, die mit Überzeugung Nazis gewesen waren und denen, die von Anfang an gegen den Nationalsozialismus gewesen waren. Ich höre noch den Witz – vielleicht ist "Witz" nicht das richtige Wort – in dem es über Hitler hieß, vielleicht habe man das falsche Schwein geschlachtet. Gemeint war, daß die Amerikaner lieber Stalin hätten besiegen sollen, denn dann gäbe es keinen Kalten Krieg.

Ich weiß nicht ob du dich in diese Aussichtslosigkeit einfühlen kannst. Es gab damals schon "No future", auch wenn es diese Wortkombination nicht gab. Es war wie ein still schleichendes Gift, das langsam auch den größten Widerstand zersetzte. In dieser Situation kam der Artikel über die USA und Kalifornien in meine Hände. Es war da die Rede von Spaziergängen am Meer, von der Zitronen- und Apfelsinenerte, von der Geschichte der Indianer und Mexikaner, von der Wüste mit ihren für mich unvorstellbar hohen Temperaturen, von Berglöwen und Grauwalen. Über die Bilder des Artikels kam ich in ein Phantasieren, wie ich es vorher noch nie erlebt hatte. An manches erinnere ich mich noch sehr genau, anderes ist mir entfallen, aber ein überragendes Gefühl ist geblieben: der Reiz des Fremden und der Ferne, der Wunsch nach Sonne, die nicht mehr aufhört zu scheinen, und auch irgendwie der Glaube, daß es gute Menschen geben müsse, vielleicht dort, weit weg, die sich nicht quälen mußten, und die niemandem etwas zuleide taten.

Es entstand damals in mir eine innere Welt, in die ich immer flüchten konnte, wenn ich es brauchte. Das Wissen um diese andere Welt half mir, manches entspannter anzugehen. Als ein Cousin, der nur einige Jahre älter war als ich, verunglückte – er war mit einem zu voll bepackten Fahrrad unterwegs gewesen, er hatte über hundert Kilo Obst für uns alle aus dem Alten Land an der Elbe geholt, und war vor ein Auto gekommen und überfahren worden – schien es mir, als wäre er in diese andere Welt gegangen. Sie floß in meiner ungenauen Vorstellung mit den Bildern von den USA zusammen. Die Härte seines Todes wurde für mich durch diese Bilder etwas gemildert. Als bei der Beerdigung sein Sarg in die Erde gesenkt wurde, sagte ich in Gedanken: "Ich besuch' dich irgendwann."

Ich hatte in dem Jahr Winnetou I und II gelesen, und die Bilder dieser edlen Gestalten vereinigten sich mit den Bildern des Artikels. Der Westen der USA war für mich ein heimliches Traumland, über das ich mit niemandem redete. Ich trug die Welt der Zitronenhaine, der großen Meereswellen, der Kakteen zusammen mit Winnetou, Ntscho-tschi und Old Shatterhand wie eine Kostbarkeit in mir. Es war eine Wirklichkeit, die meine Phantasie beflügelte und das Alltägliche erträglich machte.

Wenn du nach Bessendorf fahren solltest, dann gehe doch zu unserem Haus von damals. Wenn du hinter dem Haus den schmalen Pfad auf die Wiesen zugehst (als ich ich ihn vor einigen Jahren ging, war er noch so wie vor vierzig Jahren), findest du eine hohe Kiefer auf der rechten Seite, ehe du in die Wiese trittst. Etwa fünf Meter hoch am Stamm der Kiefer kommen drei Äste auf ungewöhnliche Weise sehr nahe nebeneinander aus dem Stamm und bilden eine Art Fläche. Dort habe ich als Kind oft gelegen oder gesessen und gelesen. Dorthin habe ich mich zurückgezogen, als ich von meinen Eltern hörte, daß sie sich endgültig entschlossen hatten auszuwandern. Es müßte dort noch etwas von meinem Geist und der Stimmung der damaligen Zeit zu spüren sein. Du mußt ganz vorsichtig hinhören.

Ich glaube, daß damals etwas in mir entstanden ist, das mich bis heute begleitet hat – eine Art Sehnsucht nach etwas Unerreichbaren. Wie du ja weißt, bin ich inzwischen viel gereist, aber die Sehnsucht hat nicht abgenommen. Sie hat sich verlagert und richtet sich mehr und mehr auf eine innere Welt, die auf keinem Kontinent zu finden ist, und die ich noch immer nicht genau beschreiben kann.

Während ich dieses geschrieben habe, habe ich einige Kompositionen von Arvo Pärt gehört – "Fratres," "Tabula Rasa" und ganz besonders "Cantus in memory of Benjamin Britten". Ich weiß nicht, ob ich dir schon mal etwas von ihm vorgespielt habe. Gerade bei dem Stück "Cantus" spüre ich, daß er versucht, etwas sichtbar und hörbar zu machen, was eigentlich nicht mit menschlichen Ausdrucksmitteln zu erfassen ist. Wir können immer nur versuchen, die Welt, die hinter der faßbaren Welt liegt, anzudeuten. Wenn uns das gelingt, ist es viel. Das meine ich mit Sehnsucht.

Nachdem ich die Musik gehört hatte, habe ich einen kleinen Nachmittagsschlaf gemacht und dabei geträumt. Als ich aufwachte konnte ich mich nicht mehr an den Traum erinnern, aber ich wußte, daß ich geträumt hatte. Dann machte ich mir etwas zu essen und dabei kamen winzige Stücke des Traumes zurück. Erst war es ein Grashalm, den ich vor mir sah. Er zog nur an meinem Bewußtsein vorbei, drängte sich nicht vor und ging wieder unter. Als ich dann eine steppenartige Weite sah, kam der Grashalm wieder und blieb, und ich sah die sich im Wind wellenden Gräser. Aber noch war es kein zusammenhängender Traum. Der kam erst, als ich für ein paar Momente aufhörte zu denken. Da war dieses wilde Tier, ein Fuchs – nein, größer, grauer, ein Kojote. Ich hörte auf zu essen und suchte meine Erinnerung ab. Ich wußte, daß dies nicht das erste Mal war, daß ich diesen Traum geträumt hatte. Der Kojote lief in eine leicht ansteigende Landschaft hinein, bis er die Höhe eines Kamms, der einen Bogen gegen den Himmel bildete, erreicht hatte. Dort blieb er als Silhouette stehen – die Sonne hinter ihm ließ die Spitzen seines Fells silbern leuchten. Dann drehte er sich langsam und sah zu mir zurück. Auf mich wirkte es wie eine Einladung, ihm zu folgen. Als ich mich langsam in seine Richtung bewegte, verblaßte der Traum. Ich weiß, daß er irgendwann weitergehen wird. Er ist nicht zu Ende.

Ich fühlte eine seltsame Vertrautheit mit den Bildern dieser Landschaft. Zwar war ich der Traummeister, aber war ich auch der Meister der Erinnerung? Als ich mich niedersetzte, um dir zu schreiben, wurde mir plötzlich alles klar, als fielen die Stücke eines Puzzles an ihre Plätze. Dies war der Traum, den ich als Kind in Deutschland gehabt hatte! Doch weil ich die Landschaft des Traumes nie in Wirklichkeit gesehen hatte, konnte ich sie nur schwer bewahren. Sie muß immer zwischen Vergessen und Erinnerung in mir geschwebt haben. Was mag sich alles in diesem Niemandsland in uns tummeln und warten, daß es uns bewußt wird und uns seine Weisheit vermitteln kann? Ich glaube, die starke Erinnerung an meine kindlichen Wunschvorstellungen von den USA und an den Artikel in der Illustrierten haben diesen Traum ausgelöst. In unserer Seele gibt es keine Zeit und nichts wird je ganz vergessen. Es wartet still und geduldig, wieder gerufen zu werden. Jeder Tag meines Lebens geht mit mir.

Über vierzig Jahre lebe ich nun mit der Landschaft meiner Kindheit, der norddeutschen Ebene, mit den Träumen von einem fernen Land, wie es sich in einer kindlichen Phantasie gestaltet und inzwischen nun auch mit der Wirklichkeit dieses Landes, auch wenn es nicht Amerika, sondern Kanada wurde. Lange habe ich die Welten verglichen, habe in mich gehört und geprüft, wohin ich gehöre, habe mein Glück und meine Enttäuschung über die alte und über die neue Welt gespürt. Ich habe nach Heimat gesucht – nach einer Landschaft, deren Seele eine Entsprechung zu meiner Seele ist – und bin damit bis heute nicht fertig und werde es wahrscheinlich nie sein.

Ich weiß nicht, ob du es schon einmal erlebt hast, von der Landschaft getragen zu werden. Viele Landschaften haben mich im Laufe meines Lebens getragen. Die

Weite der Prärie, die ich als Jugendlicher erlebt habe, die Menschenleere des Nordens, das Meer im Nebel, die Schneeberge, die direkt aus dem Meer aufsteigen, sie alle haben eine Zeitlosigkeit, in die ich mich fallen lassen kann. Es gibt eine Stelle am Howe Sound, eine halbe Stunde von Vancouver entfernt, an die ich fahre, wenn es mir nicht gutgeht, und dort gelingt es mir manchmal, meine Not zu vergessen. Vorn, in das blaue oder graue Wasser gebettet, liegt Bowyer Island, nicht mehr als einen Kilometer lang, dahinter dann Gambier und den Fjord weiter hinauf Anvil Island. Und wie aus einer anderen Welt ragen hinter den Inseln und dem Meer die schneebedeckten Berge der Tantalus Range in den Himmel. Himmel und Erde kommen auf eine mysteriöse Art zusammen, besonders wenn es regnet und der Himmel verhangen ist. Da gelingt es der Landschaft, mich hinauszuheben aus der Enge, in die ich mich manchmal verlaufe. Ich spüre, daß die Welt in mir größer ist, als ich selbst ahne.

Du bist ja auch mit dieser Landschaft aufgewachsen. Wie mag es dir in der Enge Deutschlands gehen? Auf meinen letzten Besuchen hat Europa manchmal wie eine Musikbox auf mich gewirkt, die ich ganz tief liebe, weil sie mein Leben mit ihrer Melodie begleitet hat, die aber kaum noch aufzuziehen ist. Sie ist unendlich oft aufgezogen worden und hat ihre Melodie immer wieder gespielt, hat geleistet, was von ihr verlangt wurde. Aber jetzt sind die Federn ausgeleiert. Und die alte Melodie geht so langsam, daß man sie kaum noch erkennen kann. Ich bin darum froh, hier leben zu dürfen. Ich liebe das Land, vielleicht mehr als die, die schon immer hier gelebt haben, weil ich es noch als Geschenk empfinde, mein Leben hier gestalten zu dürfen. Unter dem Begriff "Land" verstehe ich weniger die Leute, als die Landschaft, ihre Wildheit, ihre fast unbegreifbare

Abwechslung und Endlosigkeit, die Möglichkeiten, in ihr verlorenzugehen, das Empfinden der eigenen Grenzenlosigkeit in ihr. Hattest du nicht schon nach einigen Wochen Heimweh nach Kanada? Ich meine es aus deiner Stimme am Telefon gehört zu haben.

Immer wenn ich auf eine Insel komme, so wie auch diesmal hier nach Hornby, erscheint mir das Leben leichter. Schon auf der Überfahrt vom Festland, fällt die Unruhe der Stadt von mir ab. Vielleicht hat das mit den natürlichen Begrenzungen einer Insel zu tun. Es gibt nur eine begrenzte Anzahl von Menschen und darum auch nur eine begrenzte Anzahl von Problemen. Es gibt begrenzte Möglichkeiten – vieles muß man gar nicht erst in Erwägung ziehen, weil es hier nicht möglich oder erreichbar ist. Man kann in vielen Fällen um die ganze Insel herumfahren oder herumlaufen – wenn man lange genug geht, kommt man wieder da an, wo man angefangen hat. Man kann das Land darum auch schneller erobern. Das Wasser ist unbetretbar – man kann darüber sehen, aber nicht darüber gehen. Es hält einen demütig. Auch besteht die Welt nicht nur aus zwei Elementen, aus Erde und Luft. Das Wasser bringt eine andere Wirklichkeit hinzu – es ist fest wie die Erde, und doch trägt es den Menschen nicht. Es ist fließend wie die Luft, und doch kann man in ihm in kurzer Zeit sterben, weil es einen nicht erhält.

Es gibt viele Menschen, die davon träumen, auf einer Insel zu leben. Sie wünschen ihr Leben überschaubar und stellen sich vor, daß das auf einer Insel so wäre.

am Abend

Als ich heute bei zunehmender Dunkelheit in meinem Zimmer saß und aufs Meer hinaussah, war mir plötzlich mein Leben für einen kurzen Moment völlig fremd. Ich stand außerhalb meines Lebens und sah es mit den Augen eines Vorbeihuschenden an, der es zufällig berührt. Es kam mir seltsam unbekannt vor. Mein Leben hatte keine Form, kein Ziel, es schwebte nur in der Gegenwart, als hätte es auch keine Geschichte und keine Zukunft. Alles war Verunsicherung. Ich spürte Angst und Haltlosigkeit nach mir greifen.

Dann kehrte ich wieder zurück in meinen Körper, in meine Gewohnheiten und in die Gedanken, die ich schon seit Jahren kenne, auch wenn sie sich immer wieder verändern. Selbst die Enge machte mir nichts aus. Ich fühlte mich wie eine Hand im Handschuh, wie eine Schlange in ihrer neuen Haut. Und wie schon manchmal in meinem Leben, hatte ich das Empfinden, nicht allein in mir zu sein.

16. Oktober

Als ich heute morgen aufwachte, wußte ich, daß ich mich in meinem Traum mit der Alzheimer Krankheit beschäftigt habe. Eine Schwere hing mir noch an, und ich konnte sie nicht abschütteln. Die Krankheit macht mir Angst. Vielleicht weil ich ab und zu an Vaters Bruder denke, der in Deutschland mit all den Begleiterscheinungen von Alzheimer gestorben ist. Ich bin ihm einige Male begegnet, auch nachdem er schon erkrankt war. Seine Familie war erschüttert, daß er sich so stark veränderte. Mir schien es nicht so. Ich hatte das Empfinden, daß die Einstellungen, die er schon früher hatte, durch die Krankheit einfach ohne Einschränkung und Prüfung herauskamen. Weil er sich seiner selbst so wenig bewußt war, schaltete er jetzt keine Sicherungen mehr ein. Er schien mir schon früher meistens abwesend und auch abweisend zu sein. Man konnte ihm nicht wirklich begegnen. Wenn ich als Kind auf ihn zulief, drehte er sich meistens weg. Später tat er dasselbe im Gespräch. Ich erinnere mich noch, wie die Erwachsenen ihn manchmal bearbeitet haben, weil er an einer Meinung festhielt, die er nicht verteidigen oder erklären konnte. Er wurde dann sehr stur. Ich habe nie das Gefühl gehabt, wirklich auf ihn gestoßen zu sein. Selbst wenn er litt, wurde er für mich nicht sichtbar.

Als ich ihn dann in der Krankheit sah, war dies nur noch extremer geworden. Er verschwand in seiner Welt, und niemand konnte mehr zu ihm durchdringen. Wenn er noch sprach, dann nur von der entfernten

Vergangenheit, in die er zurückwollte. Jetzt gelang ihm, was er vorher immer versucht hatte: sich vor jeder Herausforderung zu verschließen.

Ich beobachte mich manchmal und sehe hier und da, wie ich mich vor etwas verschließe, was mir zu schwer oder zu anstrengend zu sein scheint. Wenn ich es merke, bekomme ich einen Schreck. Ist das der Anfang? Auch der intelligente Mensch kann sich verschließen – vielleicht manchmal sogar schneller, weil er zu wissen meint, wie die Welt zu sein hat – und die Herausforderung des Lebens nicht mehr annehmen. Vielleicht ist die Alzheimer Krankheit Ausdruck einer sehr tiefsitzenden, verkappten Angst vor dem Leben. Um ihm nicht begegnen zu müssen, wird ein Mensch lieber krank. Wo habe ich Angst, wirklich zu leben? – frage ich mich dann. Wo will ich keine Niederlagen erleben, wo habe ich Angst, Herausforderungen nicht gewachsen zu sein, mich zu blamieren, ohne Ausweg zu sein?

Verstehst du meine Sorge? Es tut mir darum gut, wenn du mich mit herausfordernden Gedanken nicht verschonst. Auch wenn ich manches in der Welt negativ finde und mich manchmal in die sechziger und siebziger Jahre zurücksehne, zu flower power und den Beatles, zu Blumen in den Haaren, Friedensdemonstrationen und Batikhemden, will ich doch diese Welt nicht verdammen und aus ihr fliehen. Ich will mich ihr stellen, nicht auch zuletzt weil du und Millionen anderer sie als eure Wirklichkeit anseht. Natürlich ist sie auch meine Welt, aber mehr im Sinne einer Herausforderung und nicht im Sinne einer Heimat. Ich werde mich schon zurechtfinden – oder ich werde Alzheimer bekommen. Manchmal scheint es mir um diese krasse Gegenüberstellung zu gehen, und dann sage ich mir immer wieder: Es muß eine erfüllte und sinnvolle Art geben, alt zu werden. Danach suche ich.

Ich habe nun drei Tage lang nicht mehr an dich geschrieben, sondern nur gedacht, gedacht, gedacht. Am Tag bin ich spazierengegangen, am Strand entlang, auch mal weiter ins Innere der Insel. Ich habe versucht, mich denkend an vieles heranzuarbeiten. Schon von klein auf kenne ich die Einstellung, daß man fast alles denkend lösen kann. In den letzten Jahren merke ich allerdings, daß es nicht so ist, und bin nun dabei andere Möglichkeiten der Lösung zu entdecken.

Wenn wir uns in den letzten Jahren, seitdem du von zu Hause ausgezogen bist, begegnet sind, habe ich oft das Gefühl gehabt, du würdest mit unsichtbaren Gegnern kämpfen. Bei dir ist es stärker als bei deiner Schwester. Ellen nimmt das Leben leichter und genießt mehr. Du versuchst, den Geschehnissen deines Lebens eine Bedeutung und einen Sinn zu verleihen, gerätst dabei aber immer wieder an Barrieren, die du nicht überwinden kannst. Manchmal habe ich dich dabei beobachtet und gedacht, daß ich Dinge über unsere Familie weiß, die diese Barrieren vielleicht überwindbar machen würden. Ich habe nicht viel gesagt, weil ich vermutete, daß manches dir das Leben erleichtern und anderes es dir erschweren würde. Jetzt will ich es wagen. Es geht dabei nicht um große Geheimnisse, sondern um ein Reflektieren der verschiedenen Strömungen in unserer Familie. Es wird nur ein kleiner Ausschnitt sein.

Ich möchte mit dir reden, einerseits als zu meiner Tochter und andererseits als zu der Freundin, die ich auch in dir sehe. Auch wenn ich dein Vater bin und es auch immer sein werde, so hat doch diese Rolle in den letzten Jahren immer mehr abgenommen und meine Funktion als Freund ist stärker geworden. Was ich dir jetzt aufschreiben will, ist Ausdruck dieser Freundschaft. Ich hoffe, daß ich dabei genug Leichtigkeit bewahre und dich nicht mit meinen Geschichten und Reflexionen erdrücke.

Wo soll ich beginnen? Ich möchte dir nicht wie ein Historiker chronologisch die Geschichte unserer Familie erzählen, als gehörtest du nicht dazu und würdest sie nicht kennen. Aber ich glaube, es gibt Dinge, von denen du ab und zu gehört hast, die wir aber nie wirklich in einen Zusammenhang gestellt haben. Das möchte ich jetzt versuchen. Als ein Vertreter der mittleren Generation kann ich vielleicht besser sehen, woher etwas gekommen ist und wohin es zu führen scheint. Ich erhoffe mir dabei aber auch, daß mir etwas neu aufgeht und ich selbst unsere Familie besser durchschaue.

Jede Familie hat eine Atmosphäre, ein feeling, eine Stimmung. Ich weiß noch, daß ich als Kind in manche Familien gern ging, während ich andere nur widerwillig besuchte. Es gibt Familien, die haben eine weiche Atmosphäre, man fühlt sich bei ihnen wohl, sogar ein wenig geschützt. Man ist geborgen. Ich denke in dem Zusammenhang an die Collins, an die du dich sicherlich noch gut erinnerst. Ihr seid gern zu ihnen spielen gegangen und dann oft so lange dort geblieben, bis wir euch per Telefon zum Abendbrot rufen mußten. Und dann kamt ihr meistens ruhig und glücklich nach Hause. Andere Familien wirken korrekt und hart, nichts scheint ganz zu stimmen, auch wenn sie sich viel Mühe geben, alles nach einem gewissen Schema ablaufen zu lassen. Gerechtigkeit und Ordnung ist ihnen wichtig. So habe ich die Webers erlebt. Ich habe mich bei ihnen nicht wohl gefühlt, aber weil meine Eltern mit ihnen befreundet waren, wurde von uns so manches erwartet, und so seid ihr auch da mit hineingezogen worden. Und dann gibt es Familien, in denen alles hektisch ist, als wären ihre Mitglieder etwas zu spät geboren. Die Hektik breitet sich auch in denen aus, die zu Besuch kommen. Sie stecken einander an. Jede Ruhe scheint nur die Unterbrechung zwischen zwei Stürmen zu sein.

Ich meine, dich lächeln zu sehen, weil du in diesem Moment vielleicht an Mitchells denkst, an die Pläne, die jeder in dieser Familie immer verfolgte und doch nie ganz verwirklichen konnte. Wenn wir mit Mitchells etwas unternommen haben (erinnerst du dich noch an die Kanufahrten am Wochenende, als ihr etwa elf, zwölf, dreizehn wart?), dann mußte ich mich nach unserer Rückkehr immer erst erholen, weil alles so unruhig gewesen war. Ihr Mädchen mochtet es gern, weil immer etwas passierte, Peter hingegen war alles zu unordentlich. Und dann gibt es Familien, die sind ernst. Selbst wenn sie lachen, scheint es noch ernst zuzugehen. In diesen Familien erinnert man einander häufig daran, daß das Leben nicht leicht ist, so als müsse das ab und zu erwähnt werden, damit es niemand vergißt. Leid ist wichtig, ebenso Moral und eine ganz bestimmte Frömmigkeit.

Was haben wir als Familie wohl ausgestrahlt? Wie waren wir? Wie haben unsere Mitmenschen uns erlebt? Ich weiß, wie die Familie, aus der ich stamme, sein wollte – wie wir wirken wollten. Meinem Vater, und meiner Mutter noch mehr, war es wichtig, daß alle das Richtige über uns dachten. Aber das Richtige war nicht leicht zu fassen. Vater wußte am besten, wenn *nicht* das Richtige über uns gedacht wurde und dem mußten wir dann entgegenwirken. Es war wichtig, ein bestimmtes Bild abzugeben.

Habe ich das bei euch weitergeführt? Hattest du das Empfinden, einem Bild von unserer Familie treu sein zu müssen? Hat dich das eingeengt? Hast du uns, Christine und mich, als unecht empfunden? Fragen über Fragen. Ich weiß, daß du gern deine Spielgefährten von der Straße zu uns eingeladen hast. Als du älter warst, habe ich dich ein paar Mal beobachtet, wie du deinen Freunden stolz unser Haus gezeigt hast und dabei sehr froh wirktest. Für mich war es immer wichtig, daß unser Haus offen war. Man sollte kommen und gehen dürfen. Von unserer Famile sollte die Grundstimmung des Angenommenseins ausgehen. Einigen Verwandten war das zu liberal, zu offen. Ich weiß, daß einige unserer besonders frommen Verwandten uns damals nachsagten, wir hätten "keine Linie". Aber direkt hat uns das nie jemand gesagt.

Als ich heute am Strand war, ist mir etwas Seltsames passiert. Es war fast wie eine Vision, im Sinne eines Durchblicks, einer Erkenntnis. Ich habe dich plötzlich und überraschend als ältere Frau gesehen. Du warst etwa 65, faltiger, grauweiß, hattest noch die lebendigen Augen, die dich auszeichnen, warst aber nicht mehr so gelenkig (man merkte es deinem Gang an – er war nicht mehr so wippend wie jetzt), und ich war jung, ein Junge von vielleicht vierzehn, voller Tatendrang und Abenteuerlust. Als wäre die Zeit aufgehoben und wir hätten für einen Moment die Rollen getauscht.

Dieses Bild hielt nur einen Moment an, aber lange genug, daß ich es in mich aufzunehmen und seine Weisheit entdecken konnte. Ich glaube, ich bin da auf eine Wahrheit gestoßen, die in unserer Wirklichkeit, in der du 27 bist und ich 55, steckt. In mir wird immer ein Vierzehnjähriger stecken, ich werde dafür kämpfen und ihn mir nie ganz austreiben lassen. Und in dir sehe ich schon jetzt manchmal die Weisheit des Alters, wie sie ihre zarte Hand hebt, oder entschiedene Schritte geht. Du trägst schon jetzt etwas von dem, was du einmal viel ausgeprägter leben wirst – und glücklich der, der es jetzt schon sieht, weil er es mit dieser Sicht ins Leben rufen wird. Wir sind einander Hebammen und Geburtshelfer, ein Leben lang.

Diese vertauschten Rollen blitzten heute wie ein Strahl aus der Zeitlosigkeit auf. Und wer kann es sagen, vielleicht ist deine Seele viel älter als meine, und du bist schon länger unterwegs auf dieser Wanderung durch die Zeitalter auf dem Weg in die Vollkommenheit.

Ich habe mir eine Muschel vom Strand mitgenommen, um mich an dieses Bild von dir und mir zu erinnern. Es ist kostbar.

spät abends

Ich habe früher nicht viel darüber nachgedacht, aber in den letzten Jahren beschäftigt mich oft der Gedanke, daß meine Eltern durch eine Zeit mit ungeheuren Veränderungen gegangen sind. Kaum waren sie mit einer Herausforderung fertig, schleuderte das Leben ihnen etwas anderes entgegen. Kurz nach der Jahrhundertwende geboren, erlebten sie als Kinder den ersten Weltkrieg. In ihrer Jugend und als junge Erwachsene rückte alles immer mehr ins Zeichen des Nationalsozialismus. Aus Anführern wurden Verführer, und Politiker wurden zu Verbrechern. Fast alle menschlichen Institutionen versagten. Neutralität war zunehmend ein Luxus, den sich ein moralischer Mensch nicht leisten konnte.

Wie lebt man ohne vertrauenswürdige Institutionen, ohne das Gerüst von Ordnungen? Ich glaube, in der Generation meiner Eltern ist eine so tiefe Verunsicherung geschehen, aus deren Griff viele ihrer Zeitgenossen nie wieder herausgefunden haben. Verunsicherung auf Dauer höhlt den Menschen aus. Dabei verlieren die einen das grundsätzliche Vertrauen ins Leben und die anderen werden zynisch. Der Zynismus meines Vaters, unter dem du schon als Kind gelitten hast, ist Ausdruck der Angst vor dem Sich-Einlassen auf das Leben. Mit seinen kurzen, ironischen Bemerkungen hielt er sich alles vom Leibe. Auch dich. Und schon mich, als Kind. Jetzt sehe ich, wie ausgehöhlt sein Leben dahinter war. Wenn er es hätte zugeben können, einfach eingestehen, daß er unsicher und ängstlich war, er hätte uns alle an sich gezogen, und wir hätten einander ganz anders lieben können.

Schon unsere Generation wußte existentiell, daß Sicherheit nicht zu haben war, wenigstens nicht im Äußeren. Sicherheit konnte nur etwas Inneres sein. Und deine Generation hat schon von jung an Veränderung als Teil des Lebens begriffen. Alles ist "Change", Veränderung hält euch lebendig. Wenn etwas sich nicht ändert, langweilt ihr euch. Darum belächelt ihr manchmal die Wege der Alten. Ihr wollt nichts konservieren. Wenn ihr Wurzeln schlagt, gibt es eine Seite in euch, die diese Wurzeln am liebsten wieder herausreißt. So unterschiedlich sind die Empfindsamkeiten.

Ich habe mit meinem Leben auf das Leben meiner Eltern und auf ihre ganze Generation reagiert. Da sind Fäden in mir, die noch bis in das letzte Jahrhundert zurückreichen, auch wenn ich Jahrzehnte später geboren bin. Und ich weiß, daß diese Fäden durch mich hindurch in die Zukunft laufen und weiter reichen, als ich denken kann. Sie laufen durch dich hindurch und berühren die Menschen, mit denen du lebst. Je besser ich die Einflüsse auf mein Leben verstehe und durchschaue, desto freier bin ich von ihnen. Je besser du mich verstehst, mit all dem, was mich geformt hat, mit meinen Seltsamkeiten, Hoffnungen und Verirrungen, desto klarer kannst du entscheiden, wie du leben willst.

Hilf mir, nicht Ironie und Zynismus anheim zu fallen. In ihnen gehen wir zugrunde.

Vor einer halben Stunde bin ich plötzlich von einem Geräusch aufgewacht – es war windig und es mag ein loses Brett an der Außenwand des Häuschens, das ich bewohne, geklappert haben. Um mich war nur Dunkelheit. In diesem Zustand, in dem die Seele ungewöhnlich offen ist, fiel ein Schrecken auf mich. Einen Moment lang konnte ich mir nicht vorstellen, daß irgend etwas Bestand haben könnte. In der Dunkelheit außen und innen zerfloß mein Leben. Meine mir sonst wertvollen Gedanken wirkten lächerlich. Es blieb nichts weiter als nur ein Häufchen Angst. Es dauerte einige Minuten, ehe ich mich wieder gefangen hatte und mir selbst, wie einem Kind in der ersten Klasse, die Werte meines Lebens wie das kleine Einmaleins aufgesagt habe.

Wie oft habe ich schon gedacht und auch erlebt, daß es eine seltsame Unsicherheit gibt, die das ganzes Leben durchzieht. Sie wird durchbrochen von Momenten der Stärke, die Tage, Wochen oder vielleicht gar Monate anhalten können, am Ende aber doch wieder der Unsicherheit weichen. Es ist, als könnten wenn wir dem nicht entkommen. Ich habe mich schon oft gefragt, ob es mit unserer Auswanderung zusammenhängt, oder ob alle Menschen, die sich selbst ehrlich gegenüber sind, diese Momente kennen. Manchmal glaube ich, daß der Unterschied zwischen uns allen nur dadurch ausgemacht wird, wie wir unsere Unsicherheit tarnen – wie gut wir schauspielern können.

In Momenten wie diesen vermisse ich Christine am stärksten. Als wir vor fünf oder sechs Jahren einige Wochen in Oregon am Meer verbrachten, habe ich eines abends eine Art Angstanfall erlebt. Ich erinnere mich noch genau daran. Die untergehende Sonne und die gewaltige Brandung gaben mir das Gefühl, klein und unwichtig zu sein. Wir waren noch am Meer, der Wind blies stark und ich zitterte. Aber es war nicht die Kälte sondern die Unsicherheit. Wir setzten uns in den Schutz einer Düne und sie ermunterte mich, zu reden und ich tat es. Die wenigen Worte, die sie erwiderte, beruhigten mich. Sie ließ ihre Wärme zu mir fließen wie ein kostbares Geschenk. Ohne sie hätte ich es manchmal nicht gewagt, dieser Unsicherheit in meinem Leben ins Auge zu sehen, ich hätte sie wahrscheinlich verdrängt, um nicht von ihr überwältigt zu werden. Christine hatte eine Art, meine Hände zwischen ihre zu nehmen, auch wenn meine größer waren, und sie so zu halten, daß ich mich geborgen fühlte. So wie meine Unsicherheit aus einer anderen Dimension zu kommen schien, so schien ihre Zuversicht nicht ganz von dieser Welt zu sein. In dem Moment traf sich etwas in uns beiden, für das es keine Worte gab. Wir wußten nur, daß es passend war, und daß wir uns in unserer Liebe ergänzten.

Ich hätte dich jetzt gern hier, wenigstens für einige Minuten. Ich würde uns beiden einen Früchtetee machen und wir könnten reden, wie früher. Wir würden Thesen für eine bessere Welt aufstellen und es würde uns nicht stören, daß es schon nach zwei Uhr nachts ist. Für die Veränderung der Welt ist jede Stunde die richtige.

18. Oktober

Ich war heute schon vor Sonnenaufgang am Strand. Als die Sonne aufging und ich ihre Wärme spürte, durchfloß mich ein großes Gefühl der Dankbarkeit, daß wir einander noch haben. Seit Christines Tod spüre ich die Wirklichkeit des Todes mehr als je zuvor. Auch meine Zeit mit dir und deiner Schwester ist begrenzt. Ich weiß es. Als ich das Licht auf dem Meer sah, wurde mir wie schon so oft klar, wie wichtig es ist, durchsichtig zu sein und den Weg zueinander immer neu zu suchen, bewußt und mit dem Einsatz unserer ganzen Energie.

Ich schrieb dir vor einer Woche von der Kellnerin, die ich am liebsten zu einem Spaziergang eingeladen hätte. Gestern war ich zum dritten Mal in dem Restaurant und es traf sich gerade so, daß sie eine Pause hatte, nachdem sie meine Bestellung aufgenommen hatte. Aufgrund unseres ersten Gesprächs, an das sie sich noch gut erinnerte, fragte sie mich, ob sie sich zu mir setzen könne. Wir begannen gleich mit der Literatur und sprachen über Camus und den italienischen Schriftsteller Silone. Dann fragte sie mich, ob ich Rilke kenne, und als ich das bejahte, wurde sie ganz lebendig. Sie erzählte mir, daß sie ihn gerade lese und manches nicht verstehe. Da lag ihr Herz. Was sie eigentlich interessierte, war Rilkes Mut zur Einsamkeit. Und ich begriff, daß es nicht um Rilkes, sondern um ihre Einsamkeit ging. Und so sprach ich in ihre Einsamkeit hinein, ohne diese überhaupt zu kennen. Alle Einsamkeiten ähneln einander und alles

Suchen nach Begegnung ist so elementar und grundsätzlich, daß Suchende miteinander durch unsichtbare Fäden verbunden sind. Ich tastete mich an ihren Fragen entlang und entdeckte dabei die Gestalt ihrer Einsamkeit. Und sie begann mehr und mehr von sich zu reden, ohne daß sie es selbst zu wissen schien, weil sie es noch in das Reden über Rilke kleidete.

Ich merkte bei unserem Gespräch, daß das Thema wichtig ist, besonders wenn jemand etwas Genaues wissen möchte. Aber wieviel wichtiger ist es, auf die Stimme zu achten, die hinter der hörbaren Stimme und hinter den Worten steckt. In ihren Fragen befanden sich Aussagen, Feststellungen und Ausrufe, die hofften, trotz der Fragen noch gehört zu werden. Und so tat ich das, was ich manchmal als meine Stärke empfinde: Ich webte aus ihren Fragen und meinen Wahrnehmungen einen Wandteppich, auf dem ihr Bild erschien. Ich erahnte ihre wirklichen Fragen oder die Bereiche, die sie viel tiefer beschäftigten als die Autoren, über die wir uns unterhielten.

Nach einer halben Stunde, als sie wieder arbeiten mußte, bedankte sie sich für meine Gedanken zu Rilke, aber ich wußte, daß sie mir dankte, daß ich ihre Einsamkeit berührt und vielleicht sogar ein wenig verstanden hatte. Ich merke, wie gut es mir tut, ein solches Gespräch zu führen. Auch wenn sie mehr gefragt und ich mehr geantwortet habe, und sie sich sicherlich als die Beschenkte empfindet, hat sie mich reich gemacht, indem sie etwas von mir angenommen hat.

Ich finde es besonders gut, wenn ich die Kunst des Redens auf diese Weise mit einem fast fremden Menschen üben kann. Ich weiß, daß ich unter keinem Zwang stehe, ich kann das Gespräch verweigern oder ihm aus dem Weg gehen, weil ich meinem Gegenüber nichts schulde. Wenn ich rede, dann als Geschenk und nicht als Eingriff in das Leben des anderen. Darum bin ich frei und kann Dinge sagen, die diese Person auch nach Jahren der Therapie nicht vom eigenen Therapeuten hören würde. Und die Worte können so unverbindlich gesagt werden, daß der Hörende sie annehmen oder ablehnen kann, ohne sich dafür zu bedanken oder sich zu entschuldigen. Sie heißt übrigens Julia und ist erst siebenundzwanzig, so wie du. Ich erzählte ihr von dir, und sie konnte es anhören, ohne in irgendeiner Weise zu meiner Tochter zu werden.

Als wir uns trennten, nahm sie meine Hand und drückte sie. Es ist noch möglich, dachte ich glücklich, einander über Worte zu begegnen, und es damit genug sein zu lassen. Erst als sie meine Hand nahm, fiel mir auf, daß mir die halbe Stunde über, die wir geredet hatten, nicht aufgefallen war, daß sie eine Frau und ich ein Mann war. Schon durch die ersten Fragen hatten wir unser Mann- und Frausein hinter uns gelassen und waren nur Menschen gewesen. Jetzt, als wir uns ansahen, während wir uns die Hände gaben, sah ich, wie schön sie war und dachte daran, wie ihre Begegnungen mit Menschen sicherlich immer wieder durch ihre Schönheit beeinflußt oder bestimmt werden. Vielleicht war sie heute besonders glücklich, weil ihre Schönheit keine Rolle gespielt hatte und darum ihre Seele mehr zu Wort gekommen war.

Ich glaube nicht, daß es die großen Ereignisse in unserem Leben sind, die uns prägen. Manchmal sind es unscheinbare Abläufe, die tief in uns hineinfallen. Oder es ist etwas Gehörtes, das unsere Phantasie gefangennimmt, und mit den Vorstellungen, die wir zu den Worten entwickeln, gewinnt das Gehörte tief in uns ein eigenes Leben, das uns nicht losläßt.

Als das passierte, was ich dir schildern möchte, war ich

viel zu jung, um es wirklich zu verstehen, aber nicht zu jung, um etwas zu spüren. Ich konnte das Gespürte nicht rational verarbeiten und es mag sein, daß es mich deshalb noch mehr aufwühlte.

Wir alle leben mit einer ganz individuellen Angst, die auf Erlebnisse in unserer frühen Kindheit zurückgeht. Wir haben Angst und und hoffen doch jeden Tag neu, daß das Leben uns beweist, daß unsere Angst grundlos ist. Wir wünschen, vom Gegenteil überzeugt zu werden und unsere Angst endlich ablegen zu können. Aber unterdessen wartet etwas in uns darauf, daß gerade das passiert, was wir am meisten fürchten. Wer von uns hat nicht schon gedacht, daß wir letzlich einander alle fremd sind und keine wirkliche Kommunikation zwischen Menschen möglich ist? Ob wir es so erleben, hängt von der Größe unserer Angst ab.

Einer meiner Onkel war lange in russischer Kriegsgefangenschaft. Es ist ein Wunder, daß er überhaupt überlebt hat. Als er nach über zwei Jahren endlich zurückkam, war er vollkommen unterernährt und dem Tode nah. Aber er schaffte es bis in das kleine Dorf in Norddeutschland, in dem wir uns niedergelassen hatten. An einem dunklen Wintertag kam er mit letzter Kraft in das Dorf. Etwa hundert Meter vor der Wohnung, die man uns als Flüchtlinge zugewiesen hatte, und zu der er sich durchgefragt hatte, traf er auf seine Frau. Er erkannte sie sofort an ihren Bewegungen und war so gerührt, daß er nicht sprechen konnte. Er ging auf sie zu und streckte die Arme nach ihr aus und sie – erkannte ihn nicht. Das Leiden, die Unterernährung, der Tod, der zu einem tagtäglichen Lebensgefährten geworden war, hatten ihn so entstellt, daß sie ihn einfach nicht erkannte. Sogar sein Gang war ein anderer geworden. Erst als er zu sprechen begann und ihren Kosenamen nannte, begriff sie, wer vor ihr stand, und wortlos fielen sie einander um den Hals. Aber es dauerte Jahre, ehe mein Onkel dieses Erlebnis überwunden hatte.

Ich habe später erlebt, daß er es in Streitgesprächen ihr gelegentlich zum Vorwurf machte, daß sie ihn nicht erkannt hatte. So führte er noch zwanzig Jahre später diese Begebenheit als ein Zeichen der Fremdheit der Menschen untereinander an. Einerseits glaubte er an diese Fremdheit, erwartete aber gleichzeitig Nähe und Zuwendung, um sich selbst genau das Gegenteil zu beweisen. Vielleicht war diese Sehnsucht nach Nähe so stark, weil er nicht an ihre Erfüllung glaubte.

Die beiden waren bei ihrer Begegnung im Schnee allein, niemand von uns hat sie dabei beobachtet, aber hunderte von Malen habe ich mir diesen Moment ausgemalt. An trüben Winternachmittagen mußte ich oft bei einfallender Dunkelheit an dieser Stelle vorbei, und immer dachte ich an die beiden. Ich wußte, wie sehr meine Tante sich ihren Mann zurückgewünscht hatte und konnte mir vorstellen, wie er in der Gefangenschaft nur aus dem Gedanken, seine Frau und Kinder wiederzusehen, Kraft gewonnen hatte. Und dann diese Begegnung! Ihr Erschrecken, daß ein fremder Mann im Halbdunkel mit ausgestreckten Armen auf sie zukommt, ihre Unsicherheit, ihre Abwehr. Und sein Erstaunen, angesehen und nicht erkannt zu werden, dieses Zusammenbrechen aller Hoffnung – wenn auch nur für einen Augenblick. Ich kenne keine Situation, in der dies je wieder so in unserer Familie geschehen ist, aber ich weiß, daß es uns wie eine Grundstimmung begleitet: die Sehnsucht nach Nähe und die Enttäuschung, auf die eine oder andere Weise von der geliebten Person nicht erkannt zu werden.

Weißt du noch, wie du von deiner ersten Reise nach Europa zurückkamst und voller Erlebnisse warst. Du wolltest es Christine und mir ganz frisch und mit viel Begeisterung erzählen, aber wir hatten uns kurz vorher gestritten und waren innerlich nicht so frei, wie man sein muß, wenn man an der Begeisterung eines anderen Menschen teilhaben will. Ich weiß noch wie furchtbar es für dich war – und auch für uns. Etwas zerbrach damals in dir und manchmal meine ich, daß du uns das noch nicht ganz vergeben hast. Vielleicht geht es dabei nicht so sehr um das Erlebnis selbst, als um die allgemeine Enttäuschung, die es eigentlich nicht geben sollte und die einem die eigenen Eltern nie antun sollten.

Ich dachte damals auch noch so. Ich meinte, ohne mir dies ganz deutlich und bewußt zu machen, daß es möglich sein müßte, die eigenen Kinder an wichtigen Knotenpunken des Lebens nicht zu enttäuschen. Und dann geschah mir das! Selbst als es geschah, war ich mir dessen bewußt und konnte es doch nicht ändern. Alles Simulieren und Beteuern und mein produziertes Interesse überzeugten weder mich noch dich. Ich hatte dich enttäuscht, und zwar nicht weil wir anderer Meinung waren – so hatte ich dich ja schon öfter enttäuscht und wußte, daß es nicht anders ging, wenn ich mir selbst treu und dir eine Herausforderung bleiben wollte. Aber ich hatte dich enttäuscht, weil ich nicht fähig war, etwas anderes für die Momente deiner Rückkehr loszulassen. Es war nicht der Konflikt der Generationen, sondern meine eigene Unzulänglichkeit. Deine Enttäuschung war nicht so viel anders, als die meines Onkels im Schnee an dem dunklen Dezembertag 1947.

Seit du weg bist, habe ich in Vancouver einige interessante Sachen unternommen. Unter anderem habe ich mich für einen Kurs eingetragen, der vielversprechend klang: A Woman´s Spirituality. Das erste Treffen war für mich seltsam, denn ich war der einzige Mann unter fünfzehn Frauen. Die Frauen sahen mich auch etwas von der Seite an. Ich bot ihnen darauf an, den Kurs zu verlassen, weil es wichtig sei, daß sie sich alle wohlfühlten, und sagte ihnen, daß ich verstünde, daß dies eigentlich ihr Kurs sei. Sie entschlossen sich dann, mir einige Fragen zu stellen, die ich, so gut ich konnte, beantwortete. Dann baten sie mich den Raum zu verlassen und berieten über meine Anworten. Sie beschlossen, mich im Kurs zu behalten. Er begann Anfang September, und wir haben uns bisher fünfmal getroffen.

Was mich bisher in dieser Gruppe am meisten fasziniert hat, ist die Art der Diskussion. Sie ist konstruktiv – sie baut auf. Die Leiterin empfiehlt uns immer wieder, daß wir das Wort "aber" am besten gar nicht gebrauchen. Sie sagt, es würde am meisten bringen, wenn wir unsere Meinung einfach zu der der anderen dazustellten, ohne deren Ansichten anzugreifen, zu "verbessern", auszulöschen oder auch nur zu korrigieren. Wir sind alle überrascht, was dabei bisher herausgekommen ist. Bis jetzt habe ich wohl kein Mal das Wort "falsch" gehört. Ich habe wenig mitgeredet, fast nur zugehört. Ich spüre, wie die Spiritualität dieser Frauen der meinigen sehr ähnelt. Wir haben bisher kaum über irgendeine Doktrin oder Lehrmeinung gesprochen, sondern nur über Erlebnisse, außerhalb von Regeln und Ordnungen. Hier brauche ich nicht zu erklären und zu beweisen, was ich glaube, sondern es nur mitzuteilen. Ich merke auch, wie mein Bestreben, im Bereich der Spiritualität etwas endgültig zu klären und es dann zu verallgemeinern, in dieser Gruppe von mir abfällt. Ich halte es aus, daß jede und jeder von uns anders erlebt, und daß es gut so ist.

Inzwischen bin ich am Strand gewandert und habe dabei weiter über Spiritualität und was das Wort für mich bedeutet nachgedacht. Dabei fiel mir auf, wie wichtig es mir schon war, als ich noch sehr klein war. Mein Glaube – wenn man das in dem Alter schon so nennen kann – war immer zentral in meinem Leben. Aber damals hieß das in erster Linie, "richtig" handeln. "Glauben" war eine moralische Kategorie und keine geheimnisvolle Sache des Herzens. Gott war ein Polizist. Jesus war anders, nicht ganz so streng, aber auch ihm war "Richtigkeit" das Wichtigste. Mir fällt ganz spontan eine Begebenheit aus der Zeit ein, die das ausdrückt.

Ich muß etwa acht oder neun Jahre alt gewesen sein, als wir einmal zu Besuch bei Verwandten waren. Nach dem Kaffeetrinken der Erwachsenen, der "Kaffee" war Muckefuck, half ich beim Abräumen des Tisches. Niemand hatte mich darum gebeten, ich tat es freiwillig. Ich wollte schnell damit fertigwerden und stellte darum drei Tassen und Untertassen übereinander und trug den Turm vorsichtig in die Küche. Ein anderes Kind rempelte mich versehentlich an, und alle drei Tassen fielen zu Boden, zwei zerbrachen. Sofort war meine Mutter da und besah den Schaden. Sie hatte eine Art, immer gerade da zu sein, wo etwas schiefging. Ich sagte ihr, was ich getan hatte und daß jemand in mich hineingelaufen war. Das interessierte sie aber nicht. Sie konzentrierte sich auf die aufgetürmten Tassen und unterstellte mir "mutwilliges Kaputtmachen." Ich schwieg ganz still, um es nicht noch schlimmer zu machen. Meine Mutter deutete mein Stillschweigen als Verstocktheit. Vielleicht war es das, was sie zu dem heftigsten Mittel greifen ließ. Sie sagte, mich direkt ansehend und mit einer unentrinnbaren Trauer: "Das wird Jesus traurig machen." Dann drehte sie sich kurz um und ging. Ich stand da mit den zerbrochenen Tassen und mit meiner mir fast unbegreiflichen Fähigkeit, Jesus traurig machen zu können.

Dies ist nur eine kleine Begebenheit, die aber mit einigen anderen zusammen eine Art Stimmung in meinem Leben entstehen ließ, der ich selten entkam. Ich habe meine ganze Kindheit über versucht, Jesus froh zu machen, aber weil ich manchmal wild und lebendig war, ist es mir meistens nicht gelungen. Häufig ging etwas daneben, ich vergaß etwas zu melden, etwas zerbrach, ich holte mir beim Schlittschuhlaufen nasse Füsse, ich kam zu spät nach Hause und Jesus war wieder traurig über mich. Es war ein endloser Kampf, der nicht zu gewinnen war. Es hat zu meinem Schuldgefühl beigetragen und zu dem so innigen Wunsch, immer genügen zu wollen – ohne es doch je zu schaffen. Dabei hat meine Mutter diesen Satz, "Das wird Jesus traurig machen," wahrscheinlich nur ganz selten gebraucht. Aber ich habe ihn in mir gehört. Ich habe ihn verinnerlicht und alles drangesetzt, gut zu sein.

Ich will es nicht dramatisieren, aber ich weiß noch, wie viel es mich beschäftigt hat. Das Schlimmste daran war dieses Scheitern. Es war, als stünde ich unter einem Fluch. So entstand ein großes Stück meines Gottesbildes. Ich habe damals mit niemandem darüber reden können, denn ich war in dieser inneren Welt eingeschlossen und fand als Kind keinen Weg hinaus. Die Welt der Erwachsenen mit ihren Einsichten und Feststellungen wirkte auf mich so fest, so unerschütterlich, daß mir noch nicht einmal der Gedanke kam, dagegen zu rebellieren. Ich nahm es hin und habe manchmal bitterlich über mich und mein Versagen geweint.

Später habe ich von einigen meiner früheren Spielkameraden gehört, daß sie sich irgendwann ganz gegen das Religiöse gewandt haben und nur noch über ihre Kindheit mit deren Enge gelächelt haben. Sicherlich wollten sie nicht länger mit ihrer eigenen Unzulänglichkeit und ihrem Scheitern konfrontiert werden. Gott war für sie nur noch ein Erhalter der Moral geworden, eine Instanz, mit der kleine Kinder unter Druck gesetzt werden können. Es hat lange gedauert, ich war schon längst erwachsen, bis auch ich mich davon befreit und nicht mehr nur reagiert habe.

Wir haben euch auch darum nicht eine formale religiöse Ausbildung mitgegeben, was für meine Eltern eine Enttäuschung war. Aber Christine und mir war es wichtig, Gott nie als Druckmittel einzusetzen. Gott durfte nie zusammen mit den strafenden Eltern gesehen werden. Ich weiß aus eigener Erfahrung, daß dies für Kinder eine Gewalt darstellt, gegenüber der sie sich vollkommen hilflos und wertlos vorkommen. Ich wollte, daß Gott immer etwas Anziehendes, Mysteriöses für euch sei. Ihr drei habt unterschiedlich auf diese freiere Art der religiösen Erziehung reagiert. Ellen genoß die Freiheit und nutzte sie manchmal aus. Peter schien sich festere Regeln zu wünschen, wehrte sich dann aber gegen sie, wenn wir sie anwandten. Und du hast versucht zu verstehen, warum wir was taten.

Als ich heute einen Aufkleber an einer Telefonzelle sah, der hieß, “You can change. Do it differently,” da fiel mir ganz plötzlich auf, fast wie eine kleine Erleuchtung, daß mir als Jugendlicher oder junger Erwachsener nie jemand gesagt hat, daß ich mich verändern könne, außer in einem religiösen Sinne. Ich merke, daß ich aufgewachsen bin mit dem Verständnis, daß die Dinge so sind, wie sie sind und daß sie so bleiben sollen, wie sie sind. Es war eine Art Hörigkeit und Respekt vor den Gegebenheiten. Und so war ich nicht ein Teil des Ganzen – ich bestimmte nicht mit, ich gestaltete nicht mit und entwarf nicht mein eigenes Leben. Erst später ist das in mir gewachsen. Dann entdeckte ich, daß ich mit meiner Einstellung zur Welt beitrage, daß ich sie gestalten kann und daß das Leben es sogar von mir verlangt oder erwartet. Das war eine wichtige Erkennntis, vielleicht damals die wichtigste meines Lebens. Ich lernte, mich aus dem passiven ins aktive Leben zu bewegen. Die Welt wurde bunter, die Dinge begannen zu sprechen. Und es geschah, was ich glaubte – die Welt und ich in ihr, wir veränderten uns. Nichts war festgeschrieben, festgelegt. Alles war im Fluß.

Wahrscheinlich wollte ich darum unbedingt diese kleine primitive Hütte am Chilliwack River, wo wir als Familie so viele gute Zeiten erlebt haben. Es war mir damals nicht bewußt, aber später habe ich den Zusammenhang gesehen – ich wollte das Fließen des Flusses durch alle Jahreszeiten erleben, um mich immer wieder daran zu erinnern, daß nichts unveränderlich ist, daß alles fließt und ich ein Teil dieses Flusses und des Fließens bin. Weißt du noch, wie wir ein Jahr lang alle zusammen den Stand des Flusses notiert haben und jeden Monat eine farbige Zeichnung von der Biegung im Fluß gemacht haben, mit den Felsen, den Bäumen und dem Moos? Ich habe die Zeichnungen noch alle und manchmal, wenn mir mein Leben zu monoton und vorhersagbar erscheint, blättere ich die Zeichnungen durch, sehe, wie sich die Farben an der Biegung durch die Jahreszeiten veränderten, sehe mir noch einmal die Tabellen mit dem Wasserstand an und sage mir, daß es wieder Zeit ist, zu fließen, mich zu verwandeln und zu erneuern.

Es ist dies, glaube ich, mehr als alles andere gewesen, was mich zu einem Außenseiter in einem Teil unserer Familie gemacht hat – mein Wunsch, unterwegs zu bleiben. Das paßte einigen in unserer Familie nicht. Für sie muß jeder vorhersagbar sein. Menschen, die es nicht sind, schaffen zuviel Unruhe, zu viele Überraschungen.

Man weiß nicht genau, woran man mit ihnen ist und will nicht akzeptieren, es nicht zu wissen.

Zum Thema Veränderung: Ich merke, daß sich mein Schreiben an dich verändert. Am Anfang wollte ich so viel. Ich hatte Vorstellungen für dich, für mich, für diesen Austausch. Ich dachte an Dinge, die ich dir sagen "müßte". Jetzt plaudere ich einfach drauflos und bin glücklich darüber. Vielleicht besteht das ganze Leben ja nur aus Geschichten, die wir erleben, an denen wir mehr oder weniger beteiligt sind, und über die wir nachdenken – auch mehr oder weniger.

Ich merke wie oft die Worte "vielleicht" und "manchmal" in meinem Schreiben an dich auftauchen. In ihnen drückt sich meine Unsicherheit aus. Aber ich mag diese Worte, weil sie die Vorläufigkeit beschreiben, die ich oft empfinde. Ich spüre, wie mir die festen Aussagen, die ich früher leicht getroffen habe, schwerer über die Lippen gehen. Ich weiß weniger, aber ich leide nicht darunter. Was heute in einer gewissen Weise erscheint, mag morgen schon anders aussehen. Es mag noch nicht einmal Ausdruck einer Unsicherheit sein, sondern das Fließen, Ebbe und Flut, Kommen und Gehen ausdrücken, die mein ganzes Leben mehr und mehr bestimmen. Ich halte nicht mehr an Prinzipien fest, weil sie mich dann auch festhalten, sondern ich versuche, die passende Form der Liebe in jedem Moment zu finden. Und die kann von Moment zu Moment anders sein. Ein passendes Wort jetzt, mag morgen gänzlich unpassend sein.

19. Oktober

Heute war ein besonderer Tag. Die Luft war so klar, wie ich sie schon seit Monaten nicht gesehen habe. Ich ging am Strand der Insel entlang. Es war kühl und der Himmel war von einem tiefen Blau. Abends zogen Wolken auf und die Sonne versank in ihnen, kam aber kurz vor ihrem Untergang durch einen Riß wieder zum Vorschein. Ihr rotes Licht fiel auf einen Arbutus Baum und dieser leuchtete überirdisch. Die rote Rinde wurde zu einem blutigen Arm, der gen Himmel wies. In mir fand ich Reste von Unbearbeitetem, Fragmente von Gedanken, die schon lange konsequenter gedacht werden wollen. Ich schob sie sanft beiseite und ließ den Baum sprechen, sprechen, sprechen. Ich begriff, daß seine Sprache nicht in Worten oder Buchstaben geschieht, auch nicht in Begriffen und Theorien, sondern allein in seiner Existenz.

Ich war mit der Sorge losgegangen, ob es mir gelingen würde, dich mit meinem Schreiben zu erreichen. Das konnte ich angesichts des Baumes ablegen. Ich wußte, daß ich dich erreichen werde, wenn ich mich nicht verstelle und ehrlich bin, in dem Sinne, wie ich jetzt vor diesem Baum stehe und nichts mehr weiß, als diesen Moment. Ich bin zuversichtlich.

Als dann die Sonne untergegangen war, verlosch das Rot an dem Arbutus langsam, wurde dunkelrot, dann ein leuchtendes Braun und fiel schließlich in ein Schwarz, in dem man das Rot nur noch ahnen konnte.

Ich spürte den Wind, der etwas zunahm, aber so vorsichtig war, daß er nicht einmal meine Haare bewegte. Ich wartete bis die Flut meine Turnschuhe umspülte. Das Wasser war nicht kalt, und die Nässe meiner Füße war angenehm. "Es ist gut so", sagte ich leise, und suchte dann den Pfad zurück zur Straße und zu den Menschen, während sich hinter mir der Laut der Wellen verlor.

Ich erzähle dir dies so ausführlich, weil ich auf dem Rückweg im zunehmenden Dunkel dein Bild vor meinem inneren Auge sah. Du bewegtest dich nicht. Es war mir, als sähe ich dich auf einem Bildschirm oder als ein großes Diapositiv, von hinten beleuchtet. Du strahltest und sahst mich liebevoll prüfend, aber auch verständnisvoll an. Einen Moment lang war mir, als wäre ich dir tatsächlich begegnet, so nah warst du. Es war mehr als nur eine Vorstellung von dir. Vielleicht gibt es ja eine Begegnung, die weder Raum noch Zeit kennt. Ich hatte nicht das Empfinden, daß es nur mein inwendiges Bild von dir war, sondern es war, als würdest du mir mit deinem Erscheinen andeuten, daß du mich hörst.

Als ich gerade in der ersten Klasse war, gingen meine Eltern einmal an einem Sonntag mit mir spazieren. Ich weiß nicht, warum meine Geschwister nicht dabei waren. Wir waren zu dritt und sprachen sehr wenig, aber ich wußte, daß meine Eltern mir zugewandt waren. Mein Vater nahm meine kleine, weiche Hand wortlos in seine große, die vom vielen Arbeiten rissig war. Alles, was uns umgab, schien ineinander zu passen, als wäre es auf ein Mal geschaffen und füreinander passend gemacht worden. Die Luft schmiegte sich um meinen Körper, und ich wußte, daß ich nicht fallen würde, ganz gleich was ich tat. Das war einer der schönsten Momente meines jungen Lebens. Ich glaube, ich habe das später nie wieder in dieser Dichte erlebt. Als wir wieder zu Hause waren und meinen Geschwistern begegneten, huschte diese Wirklichkeit davon und alles war wieder normal.

Weißt du, ich habe meinen Vater nie von etwas Derartigem reden hören und weiß darum nicht, ob er dafür sensibel war. Hat er so etwas erlebt, oder war sein Inneres davon unberührt? Ich weiß es nicht. Ich habe ihn manchmal fragen wollen, aber es schien nie der richtige Zeitpunkt zu sein. Später, als wir dann nicht mehr beieinander wohnten und uns nur noch seltener sahen, gab es immer soviel Äußeres zu besprechen, daß ich ihn nie gefragt habe. Manchmal glaube ich, daß ich Angst hatte, er würde schon meine Frage nicht verstehen und mich mit ihr stehenlassen, wie man jemanden stehenläßt, der eine andere Sprache spricht.

Als ich meine Eltern später, wir waren schon lange in Kanada, gefragt habe, ob sie sich an diesen Spaziergang erinnerten, haben sie es beide verneint. Aber das mindert nicht die Kraft, die ich aus dem Erlebnis gewonnen habe.

Vorgestern hörte ich von einem Maler und Töpfer auf der Insel, der schon über achtzig ist, aber noch immer malt und sich in seinem Haus, das er zu einer Galerie umgebaut hat, besuchen läßt. Heute war ich bei ihm. Es war ein wunderbarer Besuch. Du weißt ja, daß ich immer nach Menschen suche, denen es gelungen ist, erfüllt und lebendig alt zu werden. Es gibt nicht viele und so haben wir, die wir nachfolgen, wenig Vorbilder.

Ohne viel zu suchen, fand ich sein Haus. Er wohnt mit dem Blick aufs Meer. Über seiner Tür hing ein Schild mit der Aufschrift:

Remember,
everything profound comes out of silence.

Das gefiel mir gleich. Je älter ich werde, desto größer ist mein Bedürfnis nach Stille und ich glaube auch, daß die Stille eine kreative Energie ist. Ich klopfte und hörte innen eine Stimme leise rufen. Die Tür tat sich auf und ein Mann von kleiner Statur bat mich einzutreten. Sogleich fielen mir die weißgetünchten, groben Wände auf. Überall hingen Bilder, von denen die meisten in dunklen Farben gehalten waren. Dunkle Bilder auf weißen Wänden. Lebendigkeit auf dem Hintergrund des Todes, so ging es mir durch den Kopf. Vielleicht aber auch Buntheit auf dem Hintergrund der Unberührtheit. Mit einer Handbewegung deutete er mir an, daß ich mich umsehen solle. Er selbst verschwand in einem Raum, in dem ich die Küche vermutete. Ich hörte ihn hantieren, während ich mir Bild um Bild ansah. In der Mitte der beiden Räume, die die Galerie bildeten, gab es mit grobem Leinen umwickelte eckige Podeste, auf denen Töpferarbeiten standen. Es waren fast alles Raku-Arbeiten, deren metallener Glanz sie aussehen ließ, als kämen sie aus einer früheren, vergangenen Welt. Ich weiß nicht, warum ich nicht schon eher auf sein Werk aufmerksam geworden war. Sicherlich ist es für mich vom Leben für diese Zeit aufgespart worden.

Eine Darstellung fiel mir auf. Sie schien aus zwei Bildern zu bestehen. Vorn, ganz scharf, ein Mensch von hinten, der sich an einem Boot festzuhalten scheint und hinten, in der oberen Hälfte des Bildes, eine Landschaft in leuchtenden Farben, aber verschwommen oder unscharf. Ich kann nicht sagen, was mich so anzog, aber es schien mir, als stellte das Bild irgendwie einen Kampf mit dem Tod dar. Einerseits schien es Stärke auszustrahlen, und andererseits war in der heruntergesunkenen Hand des Menschen eine Schwäche und Hoffnungslosigkeit zu sehen, die selbst mir als Betrachter angst machte. Es war, als griffe eine Art Verzweiflung nach mir, nicht anders als ich es beim Betrachten von Munchs "Schrei" erlebe. Was mochte dieses Bild bedeuten?

Ich merkte, wie der Maler mich durch die offenstehende Tür zur Küche stärker beobachtete, als ich zu diesem Bild kam, als hätte er zu ihm eine besondere Beziehung und warte nur darauf, mit mir darüber zu reden. Aber er sagte nichts.

Als ich mit allen Bildern fertig war – wunderbare Blumenaquarelle, denen man die Wärme des Sommers förmlich anspürte, Stilleben, die mir nicht so nahe gingen, weite Meer– und Strandlandschaften, in die ich am liebsten hineingelaufen wäre – ging ich zurück zu dem Bild mit dem Menschen am Boot. Da kam der Maler zu mir, sah mich erwartungsvoll an und fragte, ob ich etwas Besonderes in dem Bild sehe. Ich sagte ja, konnte aber zunächst keine Worte finden, um es zu erklären. Dann sagte ich ihm, daß ich das Empfinden habe, es ginge in diesem Bild um Leben und Tod, auch wenn das nicht direkt abgebildet sei. Ich spürte in dem Bild eine Echtheit, als wäre es mehr als nur eine gemalte Szene.

Der Künstler lächelte, brachte zwei Schalen Tee aus der Küche, bot mir eine an und fragte, ob er mir den Hintergrund des Bildes erzählen dürfe. Ich bat ihn darum und versuche nun, die Geschichte in seinen Worten wiederzugeben.

"Vor etwa zehn Jahren, als ich noch stärker und darum aktiver war, habe ich mich an einem wunderbar warmen Herbstnachmittag mit meinem Ruderboot auf die Meeresbucht hier unten hinausgewagt. Ich rudere gern und gebrauche kein Motorboot, weil ich den Krach nicht mag und außerdem gern dem Meer mit meiner Muskelkraft begegne. Ich wollte mein Haus, die Bäume und meinen Garten vom Meer aus sehen und fotografieren, um sie dann später zu malen. Weil ich mich so gut fühlte, ruderte ich etwas weiter als gewöhnlich hinaus. Ich kam mir vor wie die Figur in Hemingways "Der alte

Mann und das Meer”, auch wenn ich keine Angel mithatte. Ich hatte mir ein paar Tage vorher ein Bein bei der Gartenarbeit verletzt, aber zum Rudern brauchte ich das Bein ja nicht. Ein leichter Wind schob aufgetürmte Wolken von Ost nach West. Die Möwen machten die Musik, sonst war es still, kein Motorboot war unterwegs.

Weil ich hier schon einige Male in den dreißig Jahren, die ich hier wohne, Orcas – die meisten nennen sie leider immer noch Killer-Wale – gesehen habe, hielt ich auch heute wieder Ausschau nach ihnen. Und tatsächlich sollte ich Glück haben. Ich war etwa eine Stunde draußen, als ich den ersten Orca etwa einen Kilometer weit entfernt auftauchen sah. Bald danach sah ich den zweiten und dritten. Insgesamt schien es eine ganze Familie zu sein, sechs oder sieben, und sie kamen auf mich zu. Ich hatte keine Angst, denn sie tun Menschen nichts und sind in diesen Gewässern manchmal geradezu neugierig. Sie schienen zu fischen. Wenn ich mich ganz still verhielt, konnte ich sie vielleicht von nahem sehen. Sie kamen immer näher. Ich setzte mich in die Spitze des Bootes, damit ich besser an beiden Seiten in die Tiefe des Meeres sehen konnte. Ich wußte, daß sie mich schon von weitem wahrnehmen würden. Wissen Sie, daß so eine Familie von dem ältesten weiblichen Wal angeführt wird und eng zusammenhält? Ein Matriarchat. Ich habe mich viel mit Orcas beschäftigt.

Ehe sie mich erreicht hatten, hörten sie mit dem Fischen auf und bildeten eine “resting line”, eine gerade Linie, in der sie fast alle zugleich tauchen, schwimmen, tauchen, schwimmen. Es ist ihre Art zu schlafen, oder wenigstens zu ruhen. So kamen sie auf mich zu. Mir liefen Schauer den Rücken hinunter bei dem Gedanken, daß sie so an mir vorbeiziehen würden. So geschah es dann auch. Etwa zweihundert Meter vor mir tauchten sie auf, bliesen fast gleichzeitig aus ihren

Blaslöchern und hielten noch immer Kurs auf mich und mein Boot. Dann verschwanden sie wieder alle zur gleichen Zeit. Ich lehnte mich nun so weit ich konnte aus dem Boot, um sie möglichst auch unter Wasser an mir vorbeikommen zu sehen. Der erste tauchte direkt neben meinem Boot auf, fast als wolle er mich besehen, einer schwamm unter dem Boot in etwa fünf Meter Tiefe hindurch. Ein dritter hielt ganz und gar an und lag auf der Oberfläche des Wassers, weniger als sechs Meter vom Boot entfernt. Ich lehnte mich hinaus um ihn zu berühren - ich weiß nicht genau was ich mir dabei dachte, ich war so aufgeregt. Es verbindet mich eine besondere Liebe zu diesen Tieren. Doch plötzlich lehnte ich mich zu weit hinaus, verlor die Balance und fiel ins Wasser. Ich hielt mich am Boot fest und sah zu, wie sich die Gruppe der Wale langsam enfernte.

Ich schwelgte noch in dem Erlebnis, den Walen allein und dann auch noch in ihrem Element, so nah gekommen zu sein, als mir auffiel, daß ich schnell kalt wurde. Ich mußte wieder ins Boot und zurück ans Land, es war nicht mehr Sommer. Zu der Zeit war ich etwa einen Kilometer vom Land entfernt. Ich versuchte ins Boot zu kommen, aber es gelang mir nicht. Ich konnte mein verletztes Bein nicht über die Bootswand heben und hatte nicht genug Kraft im Oberkörper, um mich einfach hochzuziehen. Ich war damals schon über siebzig. Das kalte Wasser tat ein Übriges.

Zuerst konnte ich es nicht glauben, daß es mir nicht gelingen sollte. Ich versuchte es immer wieder. Die Tätigkeit hielt auch den Gedanken, daß ich es nicht schaffen und vielleicht umkommen könnte, zunächst von mir fern. Aber langsam gewann er Halt in mir. Ich wußte, daß ich in diesem kalten Wasser nicht unbegrenzt würde aushalten können. Und ich wollte so gern malen, was ich erlebt und auch fotografiert hatte. Ich war fast trauriger darüber, daß ich das nicht mehr tun würde, als über mein mögliches Ende. Nach etwa einer Stunde zog die Kälte so tief in mich ein, daß ich nichts mehr spürte. Ich hielt mich zwar noch am Boot fest, aber lange würde ich es nicht mehr schaffen können.

Dann kam der Moment, in dem ich aufgab. Ich ließ erst eine Hand vom Boot los und war im Begriff die zweite Hand auch loszulassen und unterzugehen – ich konnte mich einfach nicht mehr halten –, als gerade in dem Moment ein helles Leuchten von meinem Haus mir wie ein überirdisches Zeichen erschien. Mit einem Schlag spürte ich Kraft und begann wieder zu hoffen.

Ich lasse meine Wohnung meist offen, auf jeden Fall, wenn ich vorhabe, nur eine kurze Zeit fort zu sein. Meine Nachbarin, mit der ich befreundet bin, hatte sich selbst eingelassen und wirtschaftete in der Küche, um uns beiden Tee zu machen. Sie hatte nach mir gerufen, und als ich nicht antwortete, hatte sie vermutet, daß ich irgendwo im Garten oder im Studio sei und nicht anwortete, weil ich malte. Manchmal mag ich dann nicht reden und mich unterbrechen lassen – sie kennt das schon von mir. Aber als ich mich auch nach einer halben Stunde noch nicht meldete, begann sie nach mir zu suchen. Erst im Haus, dann im Garten und in der weiteren Umgebung. Nichts. Dann ging sie zurück in mein Wohnzimmer und begann mit dem dort immer aufgestellten Teleskop das Wasser abzusuchen und fand mich, wie ich mich ans Boot klammerte. Intuitiv spürte sie, daß ich in großer Not war und daß es vielleicht um Minuten gehen könnte. Als erstes telefonierte sie einen Nachbarn an, der nur ein paar hundert Meter entfernt wohnt und ein Motorboot besaß, und beschrieb ihm genau, wo ich mit meinem Ruderboot trieb. Dann ging sie zu dem Spiegel neben meiner Garderobe, hob ihn ab, trug ihn nach draußen und stellte ihn so auf, daß die Sonne des späten Nachmittags auf den Spiegel fiel, und die Reflektion bis zu mir auf dem Meer reichte. Dieses Aufblitzen rettete mir das Leben. Weil ich wußte, daß ich nicht mehr allein und Hilfe unterwegs war, fand ich noch Kraftreserven in mir. Ein paar Minuten später war der Nachbar bei mir und half mir zu sich ins Boot.

Das Bild drückt das ganze Erleben aus. Vorn der Mensch an der runden Form des Bootes und hinten die bunte Welt des Strandes und meines Gartens, aber verschwommen, weil ich sie zeitweilig in meiner Schwäche wie von unter Wasser aus sah. Ich habe das Bild in zwei Hälften geteilt – die eine ist das Leben, die andere der Tod. Sie gehören zusammen, sie sollen beide auf einem Bild erscheinen. Das ist die Geschichte dieses Bildes."

Ich hätte das Bild am liebsten gekauft, aber ich sah das kleine Schild: "Not For Sale." Der Maler sah, was ich dachte und sagte, daß ich sicherlich schon der hundertste sei, der das Bild kaufen wolle, aber er könne es nicht hergeben, weil er sich durch das Bild jeden Tag an die Zusammengehörigkeit von Leben und Tod erinnere. Auch sei das Bild ein Dank an das Leben – er empfinde die Jahre seit diesem Ereignis wie ein besonderes Geschenk. Es gab eine Postkarte von dem Bild, und die habe ich mitgenommen. Ich zeige sie dir, wenn du zurückkommst.

Für mich lebt in dem Bild der Mensch auf Messers Schneide. Es war mir, als wenn der Maler hier einen Moment eingefangen hatte, um den es in einem jeden Menschenleben geht. Wir steuern alle auf den Moment zu, wo Leben und Tod sich sozusagen die Hand reichen, und wo wir sterben oder leben können. Beides ist möglich. Ob das eine oder das andere geschieht, wird nur durch einen winzigen Umstand bestimmt. Unser Schicksal kann uns in diese oder jene Richtung führen.

Wir brauchen diesen Moment, um uns über den Wert unseres Lebens klar zu werden. Und wir brauchen ihn auch, um Klarheit zu schaffen – da wird alles Unwichtige wirklich unwichtig. Wir gewinnen die Perspektive für unser Leben wieder und verschwenden uns nicht an Unternehmungen, die keinen wirklichen Wert haben. Ich erlebe diesen Moment immer wieder einmal, besonders seit Christines Tod. In gewisser Weise bin ich der Maler, der sein Ruderboot schon mit einer Hand losgelassen hat und nun im Begriff ist, es ganz fahren zu lassen. Ich fühle diesen Moment, und er macht mich so wach, wie ich es vielleicht noch nie gewesen bin. Das hat nichts mit Todessehnsucht oder Todesahnung zu tun, im Gegenteil, das Leben ist so kostbar, wie es mir noch selten gewesen ist.

Inzwischen ist es Abend geworden. Als es zu dunkel zum Schreiben war, habe ich eine Kerze angezündet. Sie wirft ein mildes Licht in diesen Raum und läßt den Hintergrund im Dunkel verschwinden. Das sind Momente, in denen alles so unendlich einfach zu sein scheint. Ich sitze da. Ich lebe in diesem Augenblick, die Vergangenheit fällt von mir ab, die Zukunft ängstigt mich nicht. Es ist alles gut so, nichts muß anders sein. Es ist eine gefüllte Leere um mich und in mir.

Ich habe eine CD mit Kompositionen von Sibelius mitgebracht und lege mir jetzt den “Schwan von Tuonela” aus der Lemminkainen Suite auf.

Inzwischen habe ich das Stück zweimal gehört. Es ist wie ein großes Wasser, auf dem der Hörer schwebt, schwimmt, sucht. “Tuonela ist das Todesreich, umgeben von einem breiten, schwarzen Fluß und schnellen Strömungen, durch die der Schwan von Tuonela majestätisch gleitet und singt.” So hat es Sibelius selbst beschrieben. Diese Musik habe ich als Student besonders geliebt. Vielleicht war es das Dunkle, das Geheimnisvolle, diese Unsicherheit, die über uns allen schwebt, die mich so anzog. Was damals eine manchmal fast morbide Beschäftigung mit dem Tod war, ist heute ein realistisches Mitdenken des Endes.

Als die Musik vorbei war, habe ich lange still gesessen, erst mit offenen Augen am Fenster, das den Blick zum Meer freigibt, dann mit geschlossenen Augen, auf ein inneres Meer schauend. Bald verschwand das Meer und es blieb nur eine leere Stille zurück. Da wollte ich nichts mehr. Und niemand und nichts in mir wollte etwas mit mir machen. Ich war losgelöst und nur aufmerksam. Lautlos umgab mich das Leben.

Ich habe gestern vergessen dir zu sagen, daß ich die Lodge verlassen habe und jetzt in einem Bed-and-Breakfast Haus wohne. Ich habe ein Ehepaar am Strand kennengelernt und als ich sie über die Insel ausfragte, erzählten sie mir, daß sie zwei Zimmer in ihrem Haus vermieten. Als ich hörte, daß ihr Haus direkt am Meer liegt, habe ich sofort das eine Zimmer genommen. Jetzt sehe ich das Meer nicht nur, sondern kann es auch hören, besonders wenn die Flut kommt.

Der Zufall will es, daß der Mann Deutscher ist, etwa in meinem Alter, der eine Engländerin geheiratet hat. Er war zehn als er ausgewandert ist, spricht aber nur noch schlecht deutsch. Als wir in unserem Gespräch auf Heimat und Muttersprache zu sprechen kamen, merkte ich bald, daß er meine Verbindung zu Deutschland nicht verstand. Für ihn ist Deutschland ein entferntes Land, zu dem er kaum noch eine Beziehung hat. Er ist einmal wieder dort gewesen und das reiche ihm, sagte er. Ihn ziehe nichts zurück.

Es war für mich wichtig, das so zu hören. Es gibt auch diesen Umgang mit der Vergangenheit. Man muß nicht an dem Verlust seiner Heimat leiden, dachte ich. Aber schneidet man sich dann nicht von einem Teil seiner selbst ab? In dem Wohnzimmer dieser Leute gibt es keine deutschen Bücher, überhaupt nichts, was an den Ursprung seines Eigentümers erinnern könnte.

Nach einem Tag dort, habe ich schon einen Felsen am Meer entdeckt, der vom Wasser so ausgespült ist, daß mein Rücken genau in ihn hineinpaßt. Da werde ich bei Ebbe öfter sitzen. Ich habe das Zimmer für eine Woche gemietet. Aus meiner geplanten Woche auf Hornby sind jetzt zwei geworden. Es ist wichtig, dem nachzugehen, was in mir passiert.

21. Oktober

Gestern abend gab es einen mächtigen Sturm hier auf der Insel. Er war vorausgesagt worden und die Einwohner hatten die Möglichkeit, sich darauf vorzubereiten. Ich entschloß mich, den Sturm zu erleben. In Böen sollte er 120 Stundenkilometer erreichen. Am späten Nachmittag nahm der Wind schon zu, und ich zog mir Regensachen an und ging an den Strand. Es war Flut, und der Wind drückte das Wasser weit auf das Land hinauf. Einige angeschwemmte Bäume bekamen genug Wasser, um wieder zu schwimmen und sich im Sand und in den kleinen Steinen des Strandes zu wälzen. Am Anfang konnte ich auch noch das Geräusch hören, das dadurch entstand: ein musikalisches Klingen, als würden kleine Glasstücke aufeinander fallen. Zuerst gab es noch einige Möwen, die sich dem Wind aussetzten und mit großer Geschwindigkeit über das Wasser schossen, dann aber plötzlich in der Luft stillstanden, als könnten sie die Schwerkraft aufheben. Als der Sturm zunahm verschwanden sie.

Mit der zunehmenden Dunkelheit wurde es kälter und ich begann zu frieren. Ich wollte mich dem aussetzen und merkte, wie die Kälte langsam in mich hineinkroch. Außer mir war niemand am Strand und ich spürte die Anziehungskraft des Wassers. Ich konnte mir vorstellen, wie ein Mensch in die Wellen hineingeht und nicht umkehrt.

Ehe ich den Strand verließ, gingen meine Gedanken noch einmal zurück zu Christine. Vor drei Jahren als wir hier waren, ahnten wir beide nicht, daß sie den Krebs schon in sich trug. Wir waren etwa zu dieser Jahreszeit hier. Manchmal finde ich es seltsam, wie wir als Menschen so ahnungslos leben können, mit dem Tod schon in uns. Wir denken auf Jahre, auf Jahrzehnte in die Zukunft und dabei bleibt uns vielleicht nicht einmal mehr eine Stunde. Aber möglicherweise ist dies die einzige Art zu leben. Wir können nur den Moment leben und nicht schon immer unseren Tod denken. Aber was heißt es, den Augenblick zu leben?

Damals vor drei Jahren, gab es zwischen Christine und mir einen Satz der uns beschäftigte und den wir uns immer wieder zuriefen. Ich glaube sogar, daß er hier auf Hornby entstanden ist und von ihr stammt: "Das Leben packen!" Sie hatte das Empfinden, daß sie sich zu lange zurückgenommen hatte, daß sie zuviel auf das gegeben hatte, was andere von ihr erwarteten. Sie wollte auf eine neue Weise leben lernen. Und sie lernte es. Manchmal überraschte sie mich von hinten, packte mich am Oberarm und drückte so stark sie konnte, lachte und rief: "Das Leben packen!" Sie konnte trotz ihrer Gewissenhaftigkeit plötzlich alle Arbeit liegenlassen, mich ins Schlepptau nehmen und spazieren- oder ins Kino gehen, oder auch mal ungeplant ein Wochenende verreisen. Wenn ich dann Einwände hatte, fegte sie sie manchmal mit dem Satz "Das Leben packen!" weg, und wir zogen los. Einmal sagte sie: "Heute suchen wir uns keinen Film aus, damit wir nicht wieder in einen so ernsten gehen." Wir stellten uns einfach bei einem dieser Multikinos an und kauften uns eine Karte für das Kino Nr. 3, setzten uns hinein und stellten erst bei Beginn des Films fest, was wir sehen werden. Ein anderes Mal sind wir nach etwa einem Drittel des Films aufgestanden und in das Kino daneben gegangen und haben auch das nach einer halben Stunde wieder verlassen. Am Ende des Abends hatten wir drei Filme zu je einem Drittel gesehen und wußten, daß uns alle drei nicht genug interessierten, um sie ganz zu sehen.

Als die Diagnose von Christines Krankheit kam, war mein erster Gedanke: Wir haben zu spät begonnen mit dem Lebenlernen, bis ich begriff, daß es nicht zu spät war. Jeder Moment ist zu leben, und der Moment ist alles, was wir haben. Und so haben wir es dann auch gemacht. Wir haben die letzten Jahre bewußter gelebt. Du hast ja selbst gesagt, daß wir uns verändert hätten. Als ich gestern im Sturm am Strand stand, habe ich so laut ich konnte gerufen: "Das Leben packen!" und dabei an Christine gedacht. Der Satz ist ein wichtiges Vermächtnis von ihr.

Auf dem Rückweg vom Strand war es mir, als hätte ich dies alles schon einmal so erlebt. Da fiel mir plötzlich der Sturm in Vancouver ein, den ich als Student vor mehr als dreißig Jahren mitgemacht habe. Auch da war ich ans Meer gegangen.

Ich mußte von meinem Studentenzimmer durch ein Stück Wald gehen, um zum Meer zu kommen. Am Radio hatte man geraten, das Haus möglichst nicht zu verlassen. Das war für mich damals wie eine Aufforderung, mich in den Sturm zu wagen, und so war ich draußen als es losging. Erst brachen Äste von den Bäumen, später fielen ganze Bäume rechts und links von mir krachend nieder. Ich erinnere mich noch, daß ich kaum Angst hatte, als sei ich mir meines Überlebens gewiß. Vielleicht war es auch nur der Übermut der Jugend und das Gefühl, unüberwindlich zu sein und mich noch retten zu können, wenn etwas Gefährliches um mich herum passieren sollte. Oder es war die Gewißheit, daß ich wenigstens sechsundzwanzig Jahre alt werden würde? Zu dieser Zahl bin ich auf seltsame Weise gekommen. Ich war damals fast heimgesucht von einer Todesahnung, die mich nicht losließ. Ich habe mich viel mit dem deutschen Dichter Wolfgang Borchert befaßt. Ich habe alles von ihm gelesen, es war nicht sehr viel, und ich kenne fast alle Fotografien, die es von ihm gibt. Er starb mit sechsundzwanzig an den Folgen des Zweiten Weltkrieges, als dieser schon vorbei war. Aus Gründen, die ich nicht mehr weiß – es mag mit Borchert zusammengehangen haben – setzte sich der Gedanke in mir fest, daß ich auch mit sechsundzwanzig sterben würde. Der Gedanke machte mir keine Angst, es war einfach so und wenn es so sein sollte, dann würde es so sein. Es war eine Art jugendlicher Fatalismus.

Dies war eine Zeit, in der ich mich immer noch im Schreiben versucht habe, ehe ich es dann ganz aufgab. Eines Tages bestellte ich mir aus einer deutschen Literaturzeitschrift einige Bücher von jungen deutschsprachigen Lyrikern. Aufgrund einer kurzen Buchbesprechung zog mich ein Schriftsteller besonders an, er hieß Herbert Hinterleithner. Ich bestellte sein Buch, "Welt, die wir lieben." Als dann sechs Wochen später die Bücher kamen, griff ich sogleich zu seinem. Auf dem Umschlag war ein Aquarell von dem Autoren selbst (ich malte damals auch). Ich blätterte durch den Band und blieb an seiner Biographie hängen. Er war Soldat gewesen und wurde in Griechenland schwerkrank in ein Kriegslazarett eingeliefert. Sein Todestag wurde nicht angegeben, aber er wurde genau an dem Tag beerdigt, als ich in Deutschland geboren wurde. Der junge Mann war sechsundzwanzig. Die Krankenschwester, die sich über den Sterbenden beugte, berichtete, er sei mit den Worten "Gott ist groß, Gott ist gut" gestorben. Ich war damals dreiundzwanzig und hatte noch drei Jahre.

Für mich war dies eine wichtige Zeit mit sehr tiefschürfenden Überlegungen. Der Tod war mir nah, das spürte ich. Ich trug damals fast nur schwarz, und lernte – wie man es als junger Mensch vielleicht besser lernen kann, als später als Erwachsener – den Tod als Teil des Lebens zu verstehen. Dadurch hat sich damals ein Ernst in mir gebildet, der mir später manchmal die Leichtigkeit nahm. Es ist mir dann auch oft schwer gefallen, mit gerade dieser Sensibilität in einer Kultur zu leben, die sich täglich darin zu üben scheint, den Tod möglichst abzuschieben und ihn nicht als zum Leben dazugehörig zu sehen.

Aber zurück zu dem Sturm am Meer. Am Strand traf ich auf ein Mädchen. Es war unmöglich, sich in dem Sturm zu unterhalten, man hätte schreien müssen. Aber allein dadurch, daß wir beide so verrückt waren, am Meer, in der Gewalt dieser Naturkräfte zu stehen, gab es eine Verbindung, die ich als tief und wunderbar empfand. Als eine Böe sie umwarf, half ich ihr wieder auf. Ab und zu zeigte einer von uns wortlos auf etwas, was uns auffiel. Da zeitweilig sogar der Mond zu sehen war – es war fast Vollmond – zeichnete das Mondlicht die überkippenden Wellen in einem blauen Silberlicht, das die ganze Landschaft fast unwirklich erscheinen ließ. Ich hätte mich nicht gewundert, wenn plötzlich ein Ungeheuer aus dem Meer aufgestiegen wäre und uns zu sich gewinkt hätte. Auf unseren Lippen schmeckten wir das Salz, das der Wind von den Kronen der Wellen zu uns herüberschleuderte. Es war November, und wir froren, aber nichts hätte uns dazu gebracht, wieder in unsere Wohnungen zurückzugehen. Wir blieben die halbe Nacht, bis der Sturm nachließ.

Wir haben uns später dann noch einige Male gesehen und auch gesprochen – sie war auch Studentin –, aber ich bin ihr nie wieder so nah gewesen, wie an dem Abend ohne Gespräch und nur verbunden durch das gewaltige Schauspiel der Natur. Als wir den Strand verließen, hat sie mir ihre Hand gegeben, und so sind wir einige Straßen weit gegangen. Ich habe sie dann später gefragt, was sie veranlaßt hätte, mir so zu trauen, und sie hat mir geantwortet, daß es die Liebe gewesen sei – aber die Liebe zum Leben, nicht zu mir, weil sie mich ja nicht kannte. Auch ich hatte eine erotische Spannung gespürt, wußte aber auch, daß die Erotik sich nicht auf dieses Mädchen, Elvira, bezogen hatte. Ich habe viel darüber nachgedacht und bin immer noch der Meinung, daß wir oft unsere Liebe zum Leben mit der Liebe zu einer Person verwechseln, und dann enttäuscht sind, wenn wir uns mit der Person einlassen und die Liebe zum Leben dafür opfern.

Ich habe mich oft in meinem Leben in diese Zeit zurückgewünscht. Nicht weil ich damals besonders glücklich war. Das war ich eigentlich nicht – ich habe meine Einsamkeit machmal fast körperlich schmerzhaft erlebt – aber weil ich damals meine Liebe zum Leben und den Tod so zusammenbringen konnte, wie ich es erst vor einigen Jahren wieder vermochte.

Ich merke, daß sich der Sinn meines Schreibens weiter verschiebt. Wo ich am Anfang dir dein Leben im Kontext unserer Großfamilie verdeutlichen wollte, merke ich jetzt, daß ich noch nicht einmal mein Leben erklären kann. Ich kann es dir nur beschreiben. Ein ganzes Menschenleben ist schwer zu verstehen, und es in den Zusammenhängen und Einflüssen, die es geformt haben, zu verstehen, ist noch schwerer. Vielleicht kann ich nicht mehr, als für dich da sein. Das möchte ich dir vermitteln.

Beim Schreiben habe ich manchmal ein schlechtes Gewissen, weil ich so ausschließlich an dich schreibe und nicht auch gleichzeitig an Ellen. An Ellen würde ich ganz anders schreiben. Ihr Wesen würde andere

Verbindungen zur Vergangenheit in mir wecken. Vielleicht kommt die Zeit, wo ich an sie, so wie jetzt an dich, schreiben werde. Und Peter habe ich bisher nur ganz kurz erwähnt, glaube ich. Ich sammle Kraft, um in ein paar Tagen an die ganze Erinnerung an Peter heranzugehen. Es ist für mich das schwerste Thema von allen.

Jetzt stelle ich mir dein Gesicht vor und merke dabei, wie manchmal Christines Gesicht über deines rutscht. Einen Augenblick lang kann ich euch beiden nicht voneinander trennen. Du erinnerst mich sehr an sie. Das macht meinen Verlust manchmal leichter und manchmal schwerer. In dir ist sie da, und dann ist sie doch nicht da. Sie hatte eine Art, immer nach dem "Eigentlichen" zu fragen. Sie wollte das verstehen, was hinter allem steckt. Vordergründige Antworten waren ihr nicht genug. Ich merke an dir auch diesen Zug – dieses Suchen und Bohren.

Bei mir ist es jetzt 23 Uhr, und bei dir ist es schon acht Uhr morgens. Ich stelle mir vor, wie du zum Bäcker gehst, Roggenbrötchen holst und dir auf deinem Zimmer einen Tee kochst. In Gedanken bist du noch bei den Vorlesungen, die du gestern besucht hast. Ob du dir für heute abend, es ist ja Samstag, Freunde eingeladen hast oder eingeladen worden bist? Ich kann es mir vorstellen. Sei nicht zu sparsam mit deinem Geld. Wenn du mehr brauchst als wir für jeden Monat veranschlagt haben, mußt du dich melden. Du solltest dieses Jahr in Europa ausnutzen – es ist eine besondere Zeit, die vielleicht nie wieder so kommen wird, genieße sie. Ich sage das nicht mit erhobenem Zeigefinger, sondern mit einem lachenden Blick, der dich ermuntern soll, das große, alte Europa zu entdecken. Nimm doch einfach mal den Zug nach Venedig oder Paris. Gelingt es dir inzwischen schon besser, nicht mehr zu vergleichen? Kanada und Deutschland – die Länder, die Menschen, die Gewohnheiten sind verschieden, und doch gibt es für diese beiden Seiten des Atlantiks eine Erklärung und Berechtigung. Ich wünsche dir, daß du beide Länder schätzen und lieben lernst. Sie beide haben dich geformt, weil sie mich geformt haben.

Ich werde jetzt noch die dritte Sinfonie von Górecki genießen. Ich habe ihn erst kürzlich entdeckt und höre seine Musik in letzter Zeit viel, auch die anderen Kompositionen. Die dritte Sinfonie ist traurig, fast schwermütig, und doch spricht sie mich in ihrer Entschiedenheit an. Mit großer Ausdauer behauptet sich der Mensch gegen die Widerwärtigkeiten des Lebens. Der Sopran schwebt über der Vergänglichkeit und dem Tod. Des Menschen Wille, zu leben und einen Sinn zu finden, ist nicht auszulöschen. Ich habe das Empfinden, daß Górecki aus einer transzendenten Licht- und Kraftquelle schöpft.

Vor Jahren habe ich einmal eine Vorlesung über ein Wort von Malraux gehalten: "Das größte Geheimnis ist nicht, daß wir willkürlich in die Vielfalt der Welt und der Galaxien der Sterne geworfen worden sind, sondern, daß wir in diesem Gefängnis Bilder gestalten können, die kraftvoll genug sind, um unsere Nichtigkeit zu verneinen." Das höre ich in dieser Musik. Vielleicht, weil ich es hören will. Wir reagieren nicht nur auf das Chaos, sondern wir gestalten es.

24. Oktober

Heute kam mir ganz unvermittelt eine Szene von den ersten Tagen unserer Einwanderung in den Sinn. Nachdem wir in Quebec gelandet waren und die Zollabfertigung hinter uns hatten, nahmen wir den Zug durch das für uns fast unvorstellbar große Land. Es hieß, daß wir drei Tage und drei Nächte unterwegs sein würden. Irgendwo in der Mitte der Prärie, es muß Saskatchewan gewesen sein, hielt der Zug wieder einmal. Wir stiegen alle aus, um uns auf einem Bahnsteig, den man eigentlich nicht so nennen konnte, zu bewegen. Ein Junge, jünger als ich, lief in ein Getreidefeld gleich neben den Schienen und verschwand darin. Nach einigen Minuten wurde uns mit einer Trillerpfeife angezeigt, daß wir alle wieder einsteigen sollten. Der Junge war nicht zu sehen. Da ich am Zug entlanggegangen und nicht bei meinen Eltern war, konnte ich nichts sagen. Mein Englisch war nicht gut genug, um mich einem der Bahnangestellten verständlich zu machen. Als der Zug schon gut in Fahrt war, sah ich den Jungen aus dem Getreidefeld kommen und winken. Aber niemand schien ihn zu sehen. Vermutlich meinten seine Eltern, er sei bei Verwandten oder Freunden.

Das Bild, das ich noch immer sehe, ist die ungeheure Weite hinter dem Jungen, der allein auf dem Bahnhof, der nur aus einem Holzschild mit dem Namen des unsichtbaren Ortes bestand, zurückblieb. Über ihm schien sich der Himmel zu wölben, am Horizont waren einige Wattewolken zu sehen. Um mich war das

Geräusch von Gesprächen, untermalt vom gleichmäßigen Takt der Räder auf den Schienen. Da die Strecke kilometerlang ganz gerade verlief, konnte ich den Jungen so lange beobachten bis er ganz klein wurde und dann für meine Augen aufhörte sichtbar zu sein. Die Weite, die wogenden Getreidefelder, der sich wölbende Himmel, sie hatten ihn verschluckt. Ich ahnte, daß das Land alle Menschen, und seien es auch Millionen, verschlucken könnte.

Etwa eine Stunde später sah ich ungefähr einen Kilometer hinter unserem fahrenden Zug auf der Schotterstraße, die schon lange parallel zur Bahnlinie verlief, einen Pick-Up (das Wort habe ich erst später gelernt) fahren. Er schien uns einholen zu wollen. Ab und zu fiel er etwas zurück, weil die Straße kurviger war als die Schienen. Dann holte er wieder auf, erreichte uns fast, um wieder hinter uns zu bleiben. Er wirbelte dabei die ganze Zeit eine große Staubwolke auf, gegen die er selbst manchmal nur ein kleiner dunkler Punkt war. Als er endlich direkt neben uns fuhr, sah ich den Jungen in dem Auto. Der Fahrer hupte und gestikulierte und gelangte endlich auf die Höhe der Lokomotive. Dort begriff man, was geschehen war und brachte den Zug langsam zum Stehen.

Ich weiß noch wie mein Vater sich gewundert hat, daß ein Zug einfach in der Mitte der Landschaft halten kann. Er sagte, daß das in Europa unmöglich sei, aber dies sei eben das “Land der unbegrenzten Möglichkeiten”.

Ich beneidete den Jungen um dieses Abenteuer und stellte mir vor, wie er zuerst allein neben den Schienen gestanden hatte, und was ihm wohl in dem Moment durch den Kopf gegangen war. Ich fragte mich, ob er wohl Angst gehabt hatte, und konnte es mir sehr gut vorstellen.

So verloren ich auch den Jungen zu Anfang erlebte als der Zug langsam davonzog, so beruhigend fand ich es dann später, daß es möglich war einen Zug wieder einzuholen. Er war nicht auf immer fort. Ein Fehler konnte wieder gutgemacht werden. Diese Haltung hat mich von da an begleitet. Kanada schien mir wie ein Land, das trotz seiner Größe, den Menschen nicht vergißt. Vielleicht war es auch das Empfinden, daß angesichts der Größe des Landes, die Menschen zusammenhalten müssen und einander nicht vergessen dürfen. So lernte ich etwas über das Geborgensein.

Ein paar Tage später waren wir dann schon in Alberta auf der Farm und hackten Zuckerrüben in der heißen Sonne. Manchmal war es schier unerträglich, aber wir mußten durchhalten. Noch heute spüre ich die seltsame Atmosphäre, die zu dieser Zeit über unserer Familie lag. Dies sollte das gelobte Land sein, hier sollten sich unsere Wünsche und Träume erfüllen. Wir aber litten unter der Hitze und der Leere der Landschaft – es gab kaum Bäume –, wir vermißten unsere Verwandten und Freunde in Deutschland, und ich merkte meinen Eltern an, wie sie ihre Entscheidung, auszuwandern, in Frage stellten. Vielleicht war es ein Fehler gewesen. Meine Mutter weinte häufig, weil sie körperlich sehr schwer arbeiten mußte und es seelisch kaum verkraftete, daß es uns so schlecht ging. Die Unsicherheit war wieder da. Es war wieder Krieg, aber ein fast unsichtbarer, schleichender. Der Feind war nicht eine fremde Armee, sondern die Umstände, die uns aus den Händen genommen waren.

Ich habe das damals mehr geahnt als gewußt. Meine Eltern wollten nicht klagen, weil sie uns Kindern das nicht zumuten wollten, zumal es ja nichts half. Aber ich spürte, daß das Leben schwer war und schwerer wurde. Alles schien zerbrechlich zu sein. Nichts war sicher. Von heute auf morgen konnte sich alles ändern. Ich weiß noch, wie ich meinen ersten Indianer gesehen habe. Ich konnte Winnetou, den stolzen Häuptling der Apatschen, nicht in seinen Zügen sehen. Alles war anders, als wir es erwartet hatten. Die Enttäuschung war groß.

Ich habe dir ja schon einmal vor Jahren erzählt, wie ich als Junge beim Zuckerrüberhacken von einer Klapperschlange gebissen wurde. Es passierte, als es uns so schlecht ging, und das Ereignis traf mich darum mit wenig seelischen Widerstandskräften an. Ich hatte das Zuckerrübenfeld verlassen und mich neben das Feld ins verdörrte Gras gesetzt. Ich war müde, so müde, daß mir alles gleichgültig war und ich mir vorstellen konnte, zu sterben. Als ich wieder aufstand und querfeldein ging, muß ich auf eine schlafende Klapperschlange getreten sein. Sie hat mich nicht kommen hören und konnte mich darum auch nicht mit ihrem Klappern warnen. Sich selbst verteidigend biß sie mich durch meine Hose in die Wade. Es war wie ein Fausthieb und geschah sehr schnell. Die andern hatten in ihren Reihen weitergehackt und waren am Ende des Feldes, einige hundert Meter entfernt. Ich spürte das Gift der Schlange in mir. Langsam verlor ich das Gefühl im Bein und mir wurde noch wärmer als es mir ohnehin schon war. “So kann man sterben”, dachte ich und ließ mich treiben. Aber dann kam mein Lebenswille wieder. “Nicht so, nicht so,” schoß es mir durch den Kopf. In einem mir unerklärlichen “Anfall” von Naturreligion rief ich die Falken, die über mir kreisten, um ihren Beistand an. Ich betete zu den Wolken und dem blauen Himmel. Ich bat den Großen Geist, den ich von Karl May her kannte, um Hilfe. Und ich rief auch nach den anderen Arbeitern. Später habe ich die Sache mit dem Falken, dem Himmel und dem Großen Geist ganz vergessen, wahrscheinlich verdrängt. Es paßte nicht in das christliches Bild, das ich von mir hatte. Ich erinnerte mich darum bald nur noch an meine Hilferufe.

Mein Vater kam, band seinen Ledergürtel oberhalb des Knies um mein Bein und machte mit seinem Taschenmesser einen X-Schnitt durch die beiden Bißstellen. Er bat meinen Bruder, an der Stelle zu saugen, da er selbst eine von der Sonne verbrannte und aufgeplatzte Lippe hatte und befürchtete, etwas von dem Gift in diese Wunde zu bekommen. Ich sehe noch meinen Bruder über mich gebeugt, an der Wunde saugend und dann mit blutigen Lippen ausspuckend. Für den Rest des Tages durfte ich neben dem Feld liegen, und der eine oder andere schaute nach mir, wenn ihre Zuckerrübenreihen sie in meine Nähe brachten. An den folgenden beiden Tage brauchte ich nicht zu arbeiten und durfte zu Hause bei Mutter bleiben. Ich erholte mich, und es blieb kein Schaden zurück.

Wichtig an dem Erlebnis ist für mich rückblickend, daß ich in einem Moment der Krise meine christliche Erziehung so völlig vergaß. Vielleicht hatte ich mein Christsein immer als mit der Natur verbunden gesehen, es aber nicht gemerkt, oder es nicht bemerken dürfen. Darum habe ich das alles auch schon kurz danach vergessen. Meine Geschichte durfte diese Aspekte nicht in sich tragen. Zu Hause dankten alle Gott, dem "richtigen" Gott, für meine Errettung, und ich stimmte mit ein. Es hat Jahre gedauert, bis ich mich wieder an den Großen Geist und an die Falken von diesem Nachmittag erinnerte.

Ein anderes Erlebnis aus dieser Zeit machte einen ebenso tiefen Eindruck auf mich. Mit einem Jungen von der Nachbarfarm ging ich an einem freien Samstagnachmittag an den Fluß, an den Oldman River. Als wir uns dem Fluß näherten, hörten wir plötzlich einen

Schrei, der fast menschlich klang und sahen etwa fünfzig Meter entfernt in den Hügeln um den Fluß, wie ein Kojote im Beisein der Rehmutter ein Rehkitz riß. Sofort versteckten wir uns, so daß die Tiere uns nicht bemerkten uns schlichen uns näher heran. Die Rehmutter versuchte den Kojote mit Huftritten zu verjagen, der aber ließ sich nicht beirren. Das Kitz zitterte und blutete aus einer Wunde an der Kehle. Dann kam der letzte Biß und es fiel in sich zusammen, erst auf die Knie der Vorderbeine, dann gaben die Hinterbeine nach und schließlich fiel es auf die Seite und rührte sich nicht mehr. Der Kojote stand daneben und wartete.

Diese Szene hat eine tiefen Eindruck auf mich gemacht. Ich fühle noch heute ein Zucken in meinen Beinen – ich wollte aufspringen und das Kitz retten. Aber zur gleichen Zeit hielt mich etwas zurück: Ich wußte, daß dies der Weg der Natur war. Auch wußte ich natürlich nicht, wie der Kojote auf mich reagieren würde. Sicher hatte ich es damals nicht so formulieren können, dafür war ich nicht reflektiert genug, aber ich ahnte etwas über die Zusammenhänge in der Natur. Zwar erschreckte mich die Härte dieses Ereignisses, aber es hatte doch auf eine seltsame Weise etwas Klares und Reines. Ohne mir dessen bewußt zu machen, erlebte ich, wie verwoben in der Natur der Tod mit dem Leben ist. Beide sind untrennbar, das habe ich nicht vergessen.

Seit der Zeit verbindet mich eine besondere Liebe mit Kojoten, auch wenn der Kojote hier der Mörder war. Später als ich dann Hesses "Steppenwolf" gelesen habe, habe ich immer wieder an die Einsamkeit des Kojoten gedacht und sie mit der des Menschen in Verbindung gebracht. Es ist gefährlich, einsam zu sein und gleichzeitig ist es die Einsamkeit, die uns die Tiefe gibt, durch die wir wirklich zueinander finden.

Ich höre mir jetzt noch eine CD von Gordon Gibson an. Er hat Tonaufnahmen von wilden Wölfen in der Natur gemacht und Michael Maxwell hat dazu ganz einfache Kompositionen, für Geige, Viola, Cello, Baßgeige, Flöte, Oboe und Gitarre geschrieben. Dazu kommen noch die Stimmen von anderen Tieren aus der Wildnis: grey tree frog, barred owl, yellowthroat, northern flicker, rose-breasted grosbeak, bullfrog, red-winged blackbird und loon.

Ich habe mich entschieden und mir auf dieser Insel einen Arbutus-Baum ausgesucht und ihn zu meinem Baum gemacht. Er steht im Nordosten der Insel. Man muß etwa eine Viertelstunde vom Ende der Straße am Meer entlang gehen. Am leichtesten geht es bei Ebbe, weil man dann über den Strand laufen kann.

Es gibt auf dem Weg zu meinen Baum einen Stein mit einer eingeritzten Figur. Ich vermute, daß sie von den Indianern stammt, die entweder die Insel zeitweilig bewohnt haben oder bei ihren Fischzügen auf ihr gelandet sind. Die Figur stellt einen Menschen dar, der einen Speer zum Fischen in der Hand zu halten scheint. Ich habe bisher jedes Mal angehalten, ihn mir anzusehen, und dabei entsteht für mich eine Verbindung zu der Vergangenheit, zu einem wilden und freien Leben mit einem direkteren Kontakt zu Erde und Wasser. Ich werde dabei auch freier und die moderne, verkopfte Welt fällt ein wenig von mir ab. Ich kann mir vorstellen, mit dieser Figur zu reden, auch wenn ich es bisher noch nicht getan habe. Ich weiß nicht ob sonst noch jemand die Figur kennt? Sie liegt verborgen zwischen zwei Felsen, die eng beieinander stehen.

Zweihundert Meter hinter dieser Figur wächst dann mein Arbutus-Baum. Er steht etwa vier Meter über dem höchsten Stand der Flut, auf einer Landzunge, die vom

Meer umspült wird. Sein Stamm hat einen Durchmesser von fast fünfzig Zentimetern und schält sich an der Süd- und Westseite. Er wirkt, als wolle er sich entkleiden. Auch die großen Äste unten schälen sich. Das helle Grün, das immer wieder nachwächst, wirkt wie neues, gerade geborenes Leben. Weiter oben ist die Borke ein laut rufendes Rot, besonders wenn die untergehende Sonne sie trifft.

Ich stelle mich unter diesen Baum, in seinen Schutz. Einmal habe ich auch schon die Arme um ihn geschlungen und sein Leben in mich aufgenommen. Ein Baum hat eine ungeheure Energie und kann sie abgeben, wenn wir bereit sind, sie anzunehmen. Wichtig ist mir noch, daß ich den Baum gewählt habe. Es gibt auf dieser Insel viele Arbutus-Bäume, ein jeder auf seine Weise interessant und schön. Und doch fühlte ich die Notwendigkeit, einen auszuwählen, um mit ihm zu kommunizieren. Dadurch sehe ich nun auch die anderen Bäume bewußter. Vielleicht sind Freundschaften auch so. Durch die tiefe Freundschaft zu einem Menschen gelangen wir näher an alle heran, weil wir an einer Stelle die Liebe lernen.

Als Kostbarkeit jetzt spät abends, höre ich mir noch ein Stück für Cello und Klavier von Antonia Jimenez an, einer jungen chilenischen Komponistin. Es ist ein Stück, das manchmal vor Schönheit kaum zu ertragen ist und den Menschen freilegt, wie bei einer Obduktion – nur ist es nicht der Körper, sondern die Seele, die wir zu sehen bekommen, die Seele der Komponistin und auch unsere eigene Seele. Erstaunliche Musik, die durch ihre Harmonien mich öffnet, so daß ich mich der Musik hingebe und meine Sehnsüchte berühre, die tiefer sind als irgendwelche vordergründigen Wünsche. Ich gelange an das, was mich zutiefst bewegt und höre es außerhalb von mir, nicht nur als innere Stimme. Die Musik macht mich mir selbst sichtbar. Das ist ihr Zauber. Stell dir vor, ein Mensch, den du nicht kennst, der dir nie begegnet ist, spricht mit dir am Telefon und beschreibt deinen Körper in allen Einzelheiten. So ungefähr erlebe ich diese Musik: Sie beschreibt meine Seele bis in Details. Es mag sein, daß mich diese Musik deshalb so berührt, weil ich sozusagen einen Zwilling von mir höre und sehe – jemanden, der die Welt ganz ähnlich sehen muß wie ich, sonst könnte die Musik sich nicht so anhören und mich so treffen. Plötzlich bin ich nicht mehr allein. Ich bin unter meinesgleichen. Darum wenden sich häufig auch Leser, Betrachter, Hörer an die Künstler der Werke, in denen sie sich wiedergefunden haben. Sie wünschen sich Kontakt, weil sie meinen, einem Bruder oder einer Schwester begegnet zu sein.

Ich glaube, daß neben aller geistigen Beschäftigung, zu der uns ein Kunstwerk zwingt oder herausfordert, wir es schätzen (eigentlich ein zu schwaches Wort), daß wir in ihm – in einem Bild, einer Komposition, einem Gedicht – uns selbst wiederfinden können. Wir sind auf der Suche nach uns selbst, wir wollen es wert sein, daß jemand sich um uns kümmert, uns vielleicht sogar liebt, daß wir nicht in der grauen Masse verschwinden, bedeutungslos, gesichtslos, fremd.

Die Schönheit, die kaum zu ertragen ist, ist folglich die Schönheit der eigenen Seele! Vielleicht ist "Schönheit" nicht das richtige Wort – das Wesen, das unauswechselbare Wesen der eigenen Seele. Wenn wir uns selbst in dieser Direktheit und Reinheit begegnen, sind wir erstaunt über das, was wir in uns spüren. Wir sind nicht nur von dem Kunstwerk begeistert – das wohl auch –, sondern auch von der Differenziertheit unseres eigenen Wesens. Über den Umweg des Kunstwerkes kehren wir zu uns selbst zurück. Darum kann Kunst –

so verstanden – heilen, wie kaum etwas anderes. Es ist eine Therapie ohne Therapeut – der Therapeut ist nicht so sehr das Kunstwerk, es ist die Begegnung mit uns selbst. Die Heimkehr zu uns selbst ist unsere Heilung, weil wir daran leiden, in der Fremde zu sein. Im Gleichnis vom verlorenen Sohn heißt es, "er kehrte in sich", als er an seinem Tiefpunkt angekommen war, und von da an wurde er gesund.

Mich hat dieses Thema schon lange beschäftigt. Als ihr klein wart, haben Christine und ich immer ganz bewußt Bilder in euren Zimmern aufgehängt, von denen wir meinten, daß etwas Heilendes von ihnen ausginge. Durch die Bilder und auch durch die Musik, die wir euch vorgespielt haben, solltet ihr eingeladen sein, zu euch selbst zu kommen und euch heimisch zu fühlen in der Welt. Es ging uns nicht in erster Linie darum, daß ihr gute Kunst an den Wänden hattet, sondern daß ihr ermuntert wurdet, bei euch selbst zu sein.

Ich merke, wie schwer mir das Schreiben fällt - als wehrte die Sprache sich gegen mich und wollte sich nicht von mir gestalten lassen. Meine Worte klingen so hölzern, wenn ich sie mit dem vergleiche, was ich in mir trage und was ich dir sagen möchte. Ich kann nur hoffen, daß du diese Briefe mit deinem Herzen liest.

Wahrscheinlich weil ich mich soviel mit dir beschäftige, habe ich letzte Nacht von dir geträumt. Ich drehte mich immer im Kreis und konnte nicht aufhören, mir wurde schon schwindelig. Es fühlte sich an, als säße ich auf einem Karussell. Dann sah ich dich abseits stehen und konnte mich bei jeder Drehung an dir orientieren. Da ließ die Drehbewegung langsam nach und alles kam zum Stehen. Ich suchte nach dir, aber du warst nicht mehr aufzufinden.

Ich habe mir heute morgen ein "leises Frühstück" gemacht. Das ist eine Angewohnheit, die ich mir seit Christines Tod zugelegt habe. Ich versuche alle Geräusche, auch die geringsten, beim Frühstückmachen und Essen zu vermeiden. Dadurch tue ich alles ganz langsam und vorsichtig. Das genieße ich, und in der Stille, die mich dabei umgibt, entsteht etwas in mir. Heute war also wieder ein "leises Frühstück", und da konnte ich dem Traum in aller Ruhe nachgehen. Erst fand ich keine Bedeutung, und wollte ihn gerade denen zuordnen, die mir nichts sagen. Aber dann fiel mir auf, daß du in der Kreisdrehung ganz wichtig warst und später nicht mehr vorkamst. Stück um Stück tat sich mir dann der Traum auf.

Ich glaube, daß die Beziehung zu dir wichtig für mich ist. An ihr hängt einiges für mich. Du bist mir ein Orientierungspunkt, der mir hilft, aus der Drehbewegung herauszukommen. Aber am Ende bist nicht du es, sondern ich selbst schaffe es. Es ist die Energie, die du verkörperst, die ich in mir anzapfen muß. Ich ahne, was für eine Energie das ist. Mir gefällt deine Entschiedenheit. Vielleicht sogar deine Kompromißlosigkeit. Das ist, was ich zu lernen habe. Ich weiß, daß ich alle Aspekte meines Traumes bin, aber gerade durch dich gelange ich an die Teile von mir, die ich noch entwickeln muß. Ich glaube, daß es in jeder Familie besondere Konstellationen gibt, auf denen die Gemeinschaft ruht, oder durch die sie sich weiterentwickelt. Das ist kein besonderer Verdienst derer, die zu diesen Konstellationen gehören, sie begünstigen lediglich die Entwicklung der Familie. Du bist wichtig für mich, und dann bist du es auch wieder nicht. Mein Leben wäre auch ohne dich erfüllt.

Stell dir vor, ich bin heute im Meer baden gewesen. Es war ein wunderbar warmer Tag, um 16 Grad, und da reizte es mich plötzlich noch ein letztes Mal in diesem Jahr das Salzwasser auf der Haut zu spüren. Ich fuhr an den Sandstrand auf der Ostseite der Insel und lief in die Wellen hinein. Aber lange hielt ich es nicht aus, es war doch sehr kalt.

In der letzten Zeit habe ich manchmal das Empfinden, daß ich mich auf eine gewisse Art schone. Ich lebe zu sehr in meinem Kopf und spüre meinen Körper nicht. Vielleicht ist es eine zu einseitige Begegnung mit dem Leben. Das war heute anders. Schon nach ein paar Sekunden im kalten Wasser konnte ich die Wirkung, die von meinem Körper auf den Rest von mir überging, spüren. Es war, als veränderte sich mein Selbstverständnis. Normalerweise sehe ich mich als Summe dessen, was ich denke, glaube, wünsche und fühle. Das ist möglich, weil ich einen Körper habe, der eine Behausung für meine Gedanken ist. Im kalten Wasser war es anders: Ich war in erster Linie ein Körper mit

Schmerzempfinden – ich habe mir meinen Fuß an einem Stein blutig gestoßen, und besitze nur geringe Toleranzen, was Wärme und Kälte betrifft – die Kälte des Wassers war fast nicht auszuhalten. Und irgendwo denkt, glaubt, wünscht, und fühlt es in diesem Körper. Die alte Frage stellte sich wieder neu: Bin ich ein spirituelles Wesen, das physische Erlebnisse hat, oder bin ich ein physisches Wesen, das spirituelle Erlebnisse hat? Übrigens haben einige Leute, die zufällig da waren, geklatscht als ich mich zu ihrer Überraschung ins Wasser stürzte. Es ist ja immerhin schon der 25. Oktober, und da baden eigentlich nur Verrückte.

Es hat mich daran erinnert, wie wir beide einmal an Long Beach auf Vancouver Island waren. Du warst gerade acht Jahre alt geworden. Ich glaube, es war Februar, und wir sind in Badeanzügen am offenen Meer entlanggelaufen. Die Luft war voller kleiner Schneeflocken, und wir sind so schnell gelaufen wie wir konnten, vielleicht einen Kilometer den Strand hinauf und dann wieder zurück. Wir haben uns auch für einige Sekunden ganz in die Wellen getaucht und kaum geglaubt, daß man diese Kälte ertragen könnte. Erinnerst du dich noch? Und dann haben wir uns in das heiße Becken gestürzt, das zu dem Motel gehörte, in dem wir übernachteten und haben genossen, wie unsere Körper, nachdem sie abgestorben waren, langsam wieder zum Leben kamen.

Ich habe noch Jahre danach diese Tage wie einen Gradmesser für unsere Beziehung gesehen. Wir waren an den Tagen so "zusammen", so aufeinander eingestimmt, ohne uns auch nur die geringste Mühe zu geben. Wir waren Vater und Tochter in Harmonie, wie sie nicht schöner sein kann. Wir haben Halma gespielt und ich habe dir Schach beigebracht, haben gelesen und konnten es aushalten, lange nicht miteinander zu reden.

Wir mußten uns gegenseitig nichts beweisen. Nachdem wir überlegt haben, was wir kochen wollen, sind wir einkaufen gegangen und haben zusammen gekocht und dabei herumgealbert. Wir haben zusammen Musik gehört – du liebtest damals Nana Mouskouri über alles. Abends haben wir Christine angerufen und du hast deiner "Mutsch" erzählt, was du am Tag alles gesehen und erlebt hast – die Muscheln am Strand, die Weißkopfadler, die zweihundert winzigen Krebse, die wir in einem kleinen natürlichen Becken gezählt haben, die auf die nächste Flut warten mußten, damit sich das Wasser in ihrem Becken wieder erneuerte. Wir haben den Indianer besucht, der in Tofino an einem großen Totempfahl schnitzte und uns ein paar Brocken seiner Sprache, Haida, beibrachte. Wir haben uns morgens dick eingemummt an den nebligen Strand gewagt und die Brandung bestaunt, die sich auf den Felsen brach.

Lange habe ich das wiederholen und festhalten wollen und dabei gemerkt, daß es nicht geht. Noch Jahre danach habe ich nicht annehmen wollen, daß dieses Glück vorbei und nicht zurückzuholen war. Noch heute beschleicht mich Wehmut, wenn ich an diese Tage denke. Zu Hause habe ich noch ein paar Möwenfedern, die ich damals am Strand aufgelesen habe. Sie stecken in der Korkwand über meinem Schreibtisch.

Ich habe etwas ähnliches mit Ellen erlebt, als wir ein Wochenende allein zum Skilaufen waren. Ich glaube, sie war damals zwölf und liebte das Laufen im Tiefschnee leidenschaftlich. Und mit Peter war es eine Kanutour, die zu einem großen Erlebnis wurde. Ohne die Ablenkung durch andere fanden wir auf einem wenig befahrenen Fluß in der Einsamkeit des Nordens so zueinander, wie später nie mehr. Wenn es mir doch gelungen wäre, auf diese Momente mit ihm etwas Bleibendes aufzubauen, vielleicht hätte ich das spätere

Unglück abwenden können! Manchmal bereue ich ein wenig, nicht öfter etwas mit einem von euch dreien allein unternommen zu haben. Zu zweit war es leichter, einander wirklich näher zu kommen.

Nun möchte ich noch einmal von unserer Auswanderung erzählen. Weißt du, daß es keine richtige Geschichte der Auswanderer gibt? Es gibt Daten, Zahlen, Listen und gedruckte Fotos von den Familien, die damals ausgewandert sind. Aber das ist nicht die Geschichte der Auswanderer, sondern die Geschichte der Agenturen, die verantwortlich für diese Auswanderer waren. Unsere Geschichte, meine Geschichte, ist nie aufgeschrieben worden. Vielleicht ist sie auch nicht aufzuschreiben. Das Eigentliche ist so tief innen geschehen, daß es nicht in Worte zu fassen ist. Ich selbst werde mir erst jetzt meiner Geschichte bewußt. Langsam und über viele Jahre hin ist etwas an mir geschehen, das ich selbst kaum bemerkt habe. Und doch ist aus dem kleinen Jungen in dem deutschen Dorf nach dem Krieg jetzt ein älterer Mann geworden, der fließend Englisch spricht und einen kanadischen Paß trägt. Wie ist das passiert? Und was ist während dieser Verwandlung geschehen – was ist alles geopfert worden, und was ist an fremden Einflüssen angenommen worden, vielleicht sogar gegen den eigenen Willen, der versuchte, sich zu behaupten?

Ich habe viel darüber nachgedacht und wünschte manchmal nichts so sehr, wie für einen Moment mich selbst in der anderen Alternative zu sehen – wer wäre ich, wenn ich nicht mit meinen Eltern ausgewandert wäre? Was würde ich fühlen, wie würde ich sprechen, wie sähe ich das Leben, wo würde ich wohnen, welchen Beruf würde ich ausüben? Ich bin nicht unzufrieden mit meinem Leben – das ist nicht die Ursache meines

Fragens – und doch bleibt die große Ungewißheit, wer ich jetzt wäre, ohne die Auswanderung? Gibt es einen Kern, der sich durchgesetzt hätte, ganz gleich, wo ich gewohnt hätte und mit wem ich in Kontakt gekommen wäre? Gibt es ein unauswechselbares Wesen in uns, das sich unabhängig von Einflüssen entwickelt?

Es gibt wenig im Leben, was einen Menschen so grundsätzlich und umfassend beeinflußt, wie die Auswanderung. Fast alles wird neu – die Gewohnheiten, die Sprache, das Selbstverständnis in einer neuen Kultur. Weißt du wie uns die anderen Kinder genannt haben, als wir zuerst in Kanada ankamen? Wir waren die "D.P.s". Auch wenn es nur "displaced persons" hieß, und die vielen staatenlosen Menschen nach dem Zweiten Weltkrieg bezeichnete, war es doch ein Schimpfwort, das die, die es gebrauchten, überhaupt nicht verstanden. Und doch war es so wahr. Wir waren displaced persons, weil wir das verlassen hatten, wo wir heimisch waren. Die Umstände hatten uns gegriffen und von einem Kontinent, einem Land und einem Dorf in ein anderes Dorf, in einem anderen Land auf einem anderen Kontinent verpflanzt. Aber kann man Menschen verpflanzen? Man kann es, aber sie verändern sich und sind nicht mehr die, die sie waren. Und wenn man uns nicht "D.P.s" nannte, wenn man uns stärker verletzen wollte, dann gab es das Wort "Nazi". Es war ein schlimmes Wort, und wir Kinder wußten kaum, was es bedeutete. Aber wir wußten, daß wir uns schämen mußten, aus einem Land zu kommen, in dem es Menschen wie die Nazis gab, was immer sie auch getan hatten.

Aber wir hatten nicht nur unsere Heimat verloren. Dadurch, daß die Älteren, die Generation unserer Eltern, sich nicht oder nur sehr schwer veränderte, waren wir Jüngeren diesem fremden Land doppelt ausgesetzt. Unsere Eltern, die damals jünger waren als ich jetzt, hatten schon in ihrer Heimat ihren inneren Weg gefunden, ihre Gewohnheiten, ihren Umgang miteinander. Sie wanderten damit aus und machten in dem neuen Land so weiter, auch wenn um sie herum vieles anders war. Auch für sie war es schwer, aber auf andere Weise. Sie trugen ihre Wurzeln in sich, während wir unsere verloren hatten.

Unsere Eltern konnten uns nicht schützen, wo wir es nötig gehabt hätten, vielmehr mußten wir sie begleiten, zu Ämtern und in Geschäfte, weil sie noch nicht genug Englisch konnten, oder innerlich in einer Kultur, die für sie fremd war. Wir mußten älter und erwachsener sein, als wir es waren.

Jetzt habe ich dir einen richtigen Vortrag gehalten! Es ist einfach aus mir herausgekommen. Ich merke daran, daß ich damit noch immer nicht fertig bin und es wahrscheinlich auch nie sein werde. Es gehört zu mir, mich mit diesem Stück meiner ganz eigenen Geschichte zu beschäftigen. Manchmal hätte ich Lust, eine Geschichte der Auswanderer zu schreiben, aber man müßte es in einem Roman tun, nicht in einem Sachbuch. Man müßte die Schicksale vieler Menschen zusammenfügen und sie zum Schicksal einiger machen, die das erleben, was wir fast alle erlebt haben: den Verlust einer Welt, das Fremdsein in der neuen Welt, die Desorientierung, die Unbeholfenheit, die Verlockung des Neuen, die Wurzellosigkeit, die Hilflosigkeit, das Glück, es zu schaffen, die Verzweiflung, die Fremdartigkeit des Klimas, die Großartigkeit der Landschaft, und so unendlich viel mehr, daß dieser Roman so bunt und hinreißend werden würde, daß jeder, der ihn liest, versteht, was Auswanderer durchmachen. Aber vielleicht ließe es sich auch so nicht in Worte kleiden und würde für die meisten Leser einfach eine gute Geschichte sein, und nur für die zu empfinden, die sie selbst durchgemacht haben.

Vielleicht will ich dir damit nur sagen, wie schwer es uns fiel, unsere Identität zu finden. Das soll keine Klage sein, sondern nur die Lebensaufgabe beschreiben, die vor uns stand, ob wir es wollten oder nicht. Auch mit meinen dunkelblauen Paß, dem kanadischen, bin ich doch kein Kanadier und werde es wahrscheinlich nie ganz sein. Auch wenn niemand genau sagen kann, was ein Kanadier ist, bin ich doch ein wenig von alledem, was man mit den Einwohnern dieses Landes verbindet. Die mehr als vierzig Jahre sind nicht spurlos an mir vorübergegangen. Und ebenso bin ich nicht nur das, was man mit dem Wort "Deutscher" verbindet, und bin gleichzeitig doch auch alles das ein wenig.

Es war in unserem ersten Jahr hier. Ich ging noch in die Klasse, die man für Neukanadier eingerichtet hatte. Wir waren ein gutes Dutzend aus verschiedenen Ländern und sollten so schnell wie möglich Englisch lernen, damit wir in die unserem Alter entsprechenden Klassen kommen konnten. Ich war sehr schüchtern und hatte furchtbare Angst, daß mich jemand ansprechen könnte. Den andern ging es ähnlich.

In meiner Nachbarschaft wohnte ein Mädchen, etwa in meinem Alter, die den gleichen Schulweg hatte. Ich paßte immer auf, welche Straßenseite sie wählte und ging dann auf die andere Seite. Aber bald hatte sie das heraus und ging früher los als ich. Wenn sie mich dann hinter sich kommen sah, schien sie sich mit irgend ewas zu beschäftigen – ihren Schuhen, Schulbüchern, ihrer Jacke – und so holte ich sie zwangsläufig ein. Allerdings wechselte ich dann wieder die Straßenseite und mußte so nicht mit ihr gehen. Nach einigen Tagen solcher Manöver ging sie mitten auf der Straße und als ich dann kam, entschied sie sich für die gleiche Seite und wartete wieder geschickt. Ich tat so, als hätte ich etwas vergessen und kehrte um. Am nächsten Tag gab ich vor, es plötzlich ganz eilig zu haben und sprintete an ihr vorbei, ehe sie mich ansprechen konnte.

Ich wußte, daß mir die Ideen bald ausgehen würden. Ich versuchte unsere Wohnung so spät zu verlassen, daß ich es noch gerade schaffte, oder ganz früh, ehe sie unterwegs war. Aber nichts glückte wirklich. Es wurde immer deutlicher, daß ich ihr auswich. Dann kam der Tag, an dem es so albern und unmöglich ausgesehen hätte, ihr aus dem Weg zu gehen, daß ich es drauf ankommen ließ. Fünfzig Meter trennten mich noch von ihr, vierzig, dreißig, zwanzig, ich ging immer langsamer, sie auch, bis sie ganz still stand. Ich war fast neben ihr und sie verstellte mir den Weg, ich hätte um sie herumgehen müssen. Es wäre lächerlich gewesen. Ich sah sie direkt an – ich weiß nicht woher ich den Mut nahm. Sie sah mir in die Augen. Sie schminkte sich schon. Ihre Lippen waren ein leichtes Lilarot, ich sehe sie noch vor mir. Sie hatte fast violette Augen, wie ich sie bei Liz Taylor in einer Zeitschrift gesehen hatte. Sie fragte mich nur: "What´s your name?" Dabei lächelte sie mich an, wie ein deutsches Mädchen nicht gelächelt hätte. Wenigstens schien es mir damals so. Ich war durcheinander und konnte ihr Lächeln nicht deuten. Lacht sie mich aus oder ist es ein freundliches Lächeln? Und was hatte sie gefragt? Sie wollte meinen Namen wissen. In meinem Kopf war ein Chaos und ich dachte auf verschiedenen Ebenen gleichzeitig und konnte darum keinen Gedanken bis zu Ende verfolgen. So dauerte es einige Sekunden, ehe ich ihr meinen Namen sagen konnte. Ich war verloren, was mochte sie von jemandem denken, der erst überlegen muß, wie er heißt? Jetzt hatte sie wirklich etwas zu lachen. Aber sie lachte nicht, sondern lächelte weiter und schien zu verstehen, daß ich Zeit brauchte, ehe ich ihr meinen Namen sagte. In dem Moment fand ich meine Hoffnung wieder.

Gerade ein halbes Jahr vorher hatte ich in Deutschland begonnen, mich für Mädchen zu interessieren. Ihre Andersartigkeit hatte mich angezogen, und natürlich auch das, was die älteren Jungen über sie erzählten, ohne daß ich davon auch nur die Hälfte verstand. Wenn mich jetzt aber jemand beobachtet hätte, hätte es so gewirkt, als wenn Mädchen aussätzig seien und ich vermeiden wollte, mich anzustecken.

Den Rest des Weges zur Schule ging ich mit ihr zusammen und beantwortete ihre Fragen so gut ich konnte. Ich freute mich über alle die Worte, die ich schon gelernt hatte. Sechs Monate später – ich konnte inzwischen fast fließend Englisch –, kam ich in ihre Klasse, weil wir gleichaltrig waren und konnte ihr mit schüchterner Begeisterung von meinem Leben auf dem kleinen deutschen Dorf erzählen. Sie wollte immer mehr hören und lachte dabei freundlich. Ich bin ihr immer dankbar dafür geblieben, daß sie in meine Schüchternheit eingetreten und mir dort begegnet ist. Das war Diane.

In unserer Familie hat es, soweit ich mich erinnern kann, immer Menschen gegeben, die unter ihrer tiefen Abneigung anderen gegenüber litten, aber unfähig schienen, etwas dagegen zu tun. Sie bemühten sich, so gut es ging, allen wohlgesonnen zu sein, aber sie waren es nicht. Bei einigen nahm die Ablehnung Formen an, die, obwohl gesellschaftlich noch sanktioniert, zwischenmenschlich von anderen für unmöglich gehalten wurden. Auf meines Vaters Seite der Familie gibt es einen Hang zur Kritik, die, obgleich sie versucht förderlich und aufbauend zu sein, doch meistens einen so negativen Eindruck auf die Betroffenen macht, daß daraus eine stille und manchmal auch harte Auseinandersetzung wird, die alle überrascht und befremdet. Kurz und direkt gesagt: Es gibt bei uns den Hang, Menschen nicht zu mögen. Diese Neigung in meinem Vater traf auf die Grundeinstellung meiner Mutter, alle zu mögen und mit allen gut auskommen zu wollen. Ich habe immer beides in mir gespürt und wußte, daß ich mich entscheiden mußte, wie ich leben wollte. Es ist mir nicht immer gelungen das Aufbauende, Positive zu wählen – und sucht man erst etwas zum Kritisieren, findet man es auch.

Auch dir spüre ich beides an. Einerseits wollen wir zugewandt sein, offen, freundlich, vielleicht sogar liebend, aber dann regt sich sofort die Kritik in uns, als gäbe es nur eine Art, die Welt zu erleben und auf sie zu reagieren und der uns gegenübersitzende Mensch hat diese Art einfach nicht und ist damit unzureichend. Wir stellen ein Zeugnis aus, auch wenn niemand uns darum gebeten hat; wir werten und trennen uns damit von anderen. Dahinter steckt Unzufriedenheit, Besserwisserei, und ein unstillbarer Wunsch nach Perfektion.

Ich erinnere mich in diesem Zusammenhang an eine Begebenheit, die das auf eine komisch-tragische Weise illustriert. Mein jüngerer Bruder Alfred, er mag damals vierzehn gewesen sein, hatte lange an einem Projekt für die Schule gearbeitet und jetzt war es fertig. Es war eine Arbeit über Indien und Gandhi. Um die Arbeit anschaulicher zu machen, hatte er einen sehr einfachen Webstuhl der Art gebaut, wie Gandhi sie für die arme Bevölkerung Indiens entwickelt hatte. Dabei ging es ihm nicht darum, einen funktionstüchtigen Webstuhl zu basteln, sondern um die Illustration eines Prinzips: Es ist manchmal möglich, mit einfachen Mitteln eine grundsätzliche Veränderung zu erzielen. Das hatte er bei Gandhis Webstuhl und in seinem Pazifismus entdeckt. Ich fand es damals beachtlich, daß ein Vierzehnjähriger das so klar sehen konnte.

Beim Abendbrot kündete er an, daß sein Projekt fertig sei und er es uns vortragen und zeigen wolle. Während wir unseren Nachtisch aßen, redete Alfred fünf Minuten lang frei – neben ihm auf dem Boden stand der Webstuhl, der durch seine einfache Konstruktion überzeugte. Schon während Alfred sprach, merkte ich meinem Vater eine Unruhe an. Kaum war er fertig, da begann Vater an dem Webstuhl etwas auszusetzen. So wie er gebaut wäre, würde er nicht funktionieren, meinte er, und es entspann sich etwa folgendes Gespräch.

"Dad, es ist nur ein Beispiel für meinenGedanken."

"Aber warum dann nicht gleich etwas bauen, was auch funktioniert, damit man sieht, wie es wirklich war?"

"Weil das zuviel Arbeit gekostet hätte, und es darum in diesem Projekt nicht geht. Ich bin zufrieden, wenn ich zeige, wie der Webstuhl ungefähr ausgesehen hat."

"Jede Arbeit, die wert ist, daß man sie tut, ist wert, daß man sie richtig tut."

"Ich habe meine Arbeit richtig getan. Es kommt nicht auf den Webstuhl an, sondern auf die Gedanken, die in diesem Projekt stecken."

Ich spürte, daß es hoffnungslos war. Die beiden würden wieder einmal nicht zueinander finden. Dann schaltete sich meine Mutter in das Gespräch ein.

"Vater (ich mochte es nicht, wenn sie ihn Vater nannte, weil er doch nicht ihr Vater war und ich hätte es gern gehabt, sie hätte ihn nicht mit seinem "Titel" versehen, sondern ihn einfach Herrmann genannt), laß doch von dem Jungen ab. Ich finde er hat eine gute Arbeit geleistet und ich habe in den fünf Minuten, die er gesprochen hat, mehr über Indien und Gandhi gelernt, als je zuvor. Ich bin beeindruckt."

Ich durchschaute ihre Taktik. Sie demonstrierte, wie man auf Alfred eingehen konnte, machte es sogar ein Stück vor und hoffte, daß mein Vater es einsehen und ihr nachtun würde. Aber meist hatte das den gegenteiligen Effekt. Er spürte dann, daß man sich gegen ihn verschwor und mußte darum seine Sicht noch mehr betonen. Ich will dir jetzt nicht dieses Abendbrotgespräch in allen Einzelheiten schildern, aber am Ende bearbeiteten wir alle Vater, daß er doch etwas Positives an Alfreds Projekt finden und es auch ruhig sagen solle. Aber er weigerte sich, je mehr wir ihn dazu drängten. Ich fand das unmöglich und habe ihn dann direkt herausgefordert.

"Vater, du schaffst es nicht, ein Lob auszusprechen! Du schaffst es nicht."

Das konnte er nicht auf sich sitzen lassen und raffte sich darum auf, etwas Gutes zu sagen. Doch nach einem halben Satz kam das große "Aber", worauf ich ihn sofort unterbrach.

"Dein Lob hat meistens eine Einschränkung. Du brauchst oft ein 'Aber.' Kannst du nicht einmal einfach nur loben und es dabei belassen?"

"Natürlich kann ich das, aber wenn es nicht angebracht ist, tue ich es nicht."

"Hier ist es angebracht."

Er wollte etwas sagen, aber ich unterbrach und sagte: "Was nach deinem 'Aber' kommt, ist meistens viel länger, als alles davor."

Ich gab auf, und mein Vater schaffte es nicht. Es war tragisch, aber gleichzeitig auch komisch. Wir sahen alle wie er sich wand, aber es gelang ihm nicht, ein Lob ohne Einschränkungen auszusprechen. Er konnte nicht sagen: "Das ist gut, wirklich gut." Punkt. Ende. Das Verrückte war, daß er weder über Indien noch Gandhi viel wußte und darum eigentlich nicht urteilen konnte. Aber das hielt ihn nicht ab. Es gehörte zu seiner Natur, Bescheid zu wissen, Bescheid wissen zu müssen und zu beurteilen.

Habe ich dir schon mal ganz deutlich gesagt, wie froh ich bin, daß du dich immer mehr in die Schrifstellerei wagst? Ich bin glücklich, daß du diese Möglichkeit des Ausdrucks gefunden hast. Ich habe eines deiner Gedichte übersetzt, um es einem Freund in Deutschland zu schicken. Vielleicht hast du Spaß daran, es auf Deutsch zu lesen. Ich werde es erst verschicken, wenn du mir die Erlaubnis dazu gibst. Es ist "the way the world is". In den letzten Zeilen drückst du das aus, was ich die letzten zwanzig Jahre lang versucht habe zu leben. Ich wollte und will noch manches von dem vergessen, was ich gelernt habe, weil es angelernt ist und mich vom Leben trennt. Aber es ist nicht leicht. Zu Hause habe ich die englische Fassung deines Gedichts mit dem kleinen Greenpeace-Magnet am Kühlschrank befestigt.

wie die welt ist

die welt ist offen und verrückt
wie ein wildes tier.
die welt will nichts,
sondern nur, daß du bist,
vielleicht nicht einmal das.
die welt kann dich nicht unterscheiden,
von sich selbst,
weil du zu ihr gehörst.
die welt ist so fromm wie gott,
und betet doch nicht,
sie denkt nicht
und glaubt nichts.
was du gelernt hast,
hast du nur gelernt,
vergiß das nicht,
du hast es nur gelernt,
nimm es nicht so ernst.
das andere lebt in deinem fleisch.

Diese ganze Schreiberei an dich ist fast wie eine Beichte. Ich hoffe, daß ich dir damit nicht zuviel zumute, aber ich weiß, daß du einiges vertragen kannst. Ich habe ein großes Bedürfnis nach Transparenz in meinem Leben, es ist manchmal fast wie ein körperlicher Wunsch. Ich muß dann das Leben besser verstehen, sonst werde ich verrückt. Ich kann etwas nicht ungeklärt lassen, weiß aber schon während ich es denke, daß manches nicht endgültig zu klären ist. Aber darum geht es auch nicht. Vielleicht ist der Wunsch nach Klärung schon genug, weil er uns das Leben anders angehen läßt. Durch diesen Wunsch sind wir offener und direkter. Auf jeden Fall merke ich, daß ich dir nicht nur deinetwegen schreibe, sondern auch meinetwegen. Ich schreibe mich zu einer Klärung hin.

Über dem Meer lag heute abend eine dunkle Wolkenbank und verdeckte alles, was in der Ferne lag. Da, wo ich war, war noch Licht – auf dem Strand, auf den Steinen mit ihrem grünen Moos, auf den Wellen, die sich hoben und senkten, auf mir, versunken in meinen Gedanken. Plötzlich ging mir auf, daß ich im Licht war. Ich konnte diesen Augenblick meines Lebens verstehen, und eine tiefe Freude durchzog mich. Ich muß nicht mehr sehen, als das. Es ist genug, dachte ich, es ist genug. Die ferne Wolkenbank machte mir keine Angst.

26. Oktober

Ich merke, daß ich bisher Christines Tod nur immer nebenbei erwähnt habe. Ein wenig scheue ich mich, darüber zu schreiben, aber heute will ich es tun. Das Geheimnis, das mit ihrem Tod zusammenhängt, sollte für dich nicht länger ein Geheimnis sein. Ich möchte es dir anvertrauen.

Die letzten Tage mit Christine waren sehr schwer. Ich brauche dir ja die Einzelheiten nicht zu beschreiben, du hast es selbst oft genug miterlebt. Sie bekam keine Luft mehr, und die Angst vor dem Ersticken nahm ihr alles "detachment", wie sie es so gern nannte, diese Fähigkeit, alles loszulassen, sich zu lösen von allem und es gewähren zu lassen. Zwischendurch faßte sie immer wieder Mut, hoffte im Stillen auf ein Wunder. Ich spürte die Verlockung, mich einfach im Glauben fallenzulassen, einzutauchen in eine Frömmigkeit, wie ich sie als Kind gekannt habe. Aber das wäre gewesen, als würde ich nicht glauben – ich wäre rückwärts gegangen und hätte Gott nur als Allheilmittel benutzt, und das wollte ich nicht. Aber die Verlockung war da. Ich verstehe seither, wie Menschen ihre innere Entwicklung einfach rückgängig machen und sie für ein Stück Lebens opfern. Ich wußte um den Beistand Gottes, auch wenn kein Wunder geschah. Und das war nicht mein Stolz, wie es einige meiner Bekannten nennen. Für sie ist unsere völlige Hilflosigkeit vor Gott die größte Gabe des Menschen an ihn. Ich kenne den Gedanken, aber ich teile ihn schon lange nicht mehr. Es würde mir wohl kaum auf Dauer angenehm sein, wenn ein Mensch sich mir gegenüber immer wieder gänzlich hilflos verhielte. Warum sollte es darum Gott gefallen? Ich glaube, hier handelt es sich um ein Relikt aus einer früheren Zeit, in der wir noch viel stärker als jetzt in hierarchischen Strukturen dachten, in denen immer einer der Hilfsbedürftige und der andere der Helfer war. Aber das will ich nicht mehr. Mein erwachsener Glaube wagt es, sich in seiner Selbständigkeit auszudrücken.

Am letzten Abend stand es um Christine besonders schlimm. Sie verlor einige Male das Bewußtsein, weil sie unter Sauerstoffmangel litt, aber sie erholte sich immer wieder, und wir konnten reden. Doch die Zwischenräume, in denen sie frei atmen konnte, wurden immer kürzer. Es war fast, als könnten wir genau ausrechnen, wieviel Zeit sie noch hatte. Und dann kam plötzlich eine längere Phase, in der sie genug Luft bekam, sich entspannte und die Angst sie verließ. Ich erlebte sofort zwei Regungen: Einmal dachte ich, daß ich sie vielleicht doch noch länger bei mir behalten würde, vielleicht noch einige Tage oder gar Wochen. Diese Hoffnung war immer da. Wie stark habe ich das gehofft! Ich war nicht bereit sie zu verlieren. Die andere Regung war: Dies ist eine Pause, ohne Angst, ohne Not, um Abschied zu nehmen, um einander ohne Druck dieses letzte Mal in die Augen zu sehen und zu wissen, daß wir auf eine gewisse Zeit getrennt sein werden, aber daß es nicht für immer ist. Auch Christine hatte diese Empfindungen. Du weißt ja, wie gern sie gelebt hat und wie gern sie noch weiter unter uns geblieben wäre. Es fiel ihr schwer, auch nur eine Stunde oder einen Tag vor ihrer Zeit zu gehen. Und doch wählte sie die zweite Alternative. Sie bat mich, die Ruhe zu nutzen und ihr die Spritze zu geben. Wir hatten das schon einige

Wochen vorher besprochen. Wenn es so schlimm werden sollte, daß ihr ganzes Leben nur noch Angst sein würde, dann wollte sie so erwachsen sein, nicht am Leben festzuhalten. Dieser Augenblick war jetzt gekommen.

Ich hatte versucht, mich auf diesen Moment vorzubereiten, ich wollte ihm nicht hilflos gegenüber stehen, auch besonders Christines wegen nicht. Aber darauf kann man sich nicht einstellen. Alle Vorbereitung ist nur eine Sache des Kopfes, ganz gleich, wie plastisch man sich alles vorstellt. Es ist dann doch etwas ganz anderes, den Menschen, den man liebt, vor sich zu haben und beteiligt zu sein an seinem Tod. Und immer wieder die verwegene, die verzweifelte, verrückte Hoffnung, die einen heimsucht, so daß man völlig handlungsunfähig wird! Und doch wußte ich, daß die Liebe mir hier gebot, zu handeln. Ich kann das nicht für jemand anders sagen, ich sage es nur für mich und meine Situation mit Christine. Alles andere war für mich in dem Moment Theorie – aber Christine vor mir, mit ihrer ungeheuren Atemnot, die jeden Moment wieder einsetzen konnte, das war die schreckliche Wirklichkeit. Auch wenn der Tod zum Leben dazugehört, so ist er doch schrecklich in seiner Zerstörung. Und es geschieht nicht nur erst, wenn er zuschlägt und das Leben nimmt, sondern er beginnt schon viel früher, wenn er das Dasein so einschränkt, daß es kaum noch Leben ist.

Am Ende war sie es, die sogar noch ein wenig scherzen konnte, als sie sagte: "Du mußt mir helfen, mußt mir den Schubs geben, um den Weg in die Freiheit zu finden. Ich will wieder tief und ohne Angst atmen. Ich gehe in eine Welt ohne Angst und ohne Tränen." Ich merkte ihren Worten eine Unsicherheit an – sie formulierte ihren Glauben, ihre Hoffnung, nicht ihr Wissen. Sie war in diesem Augenblick stärker als ich.

Kannst du das mit der Spritze verstehen? Ich habe dir damals nichts davon gesagt, weil ich dir die Verantwortung nicht zumuten wollte. Auch wollte ich nicht, daß du eventuell schuldig gesprochen und bestraft wirst. Aber niemand hat mich verdächtigt, weil man wußte, wie krank Christine war und weil ich früher einige Male sehr deutlich gesagt habe, auch auf dem Hintergrund meines Glaubens, daß ich nicht dafür sei, Sterbehilfe zu leisten. So gab es natürlich keine Autopsie, und ich war froh darüber, daß niemand ihren Körper mit einem Messer berührt hat und diese wunderbare körperliche Einheit, die ich genauso geliebt habe, wie ihre Seele und ihren Geist, zerstört hat. Ja, ich habe ihr eine Spritze gegeben, mit der sie eingeschlafen ist und dann im Schlaf eine zweite, die ihr Herz versagen ließ. Vorher haben wir uns in den Armen gehalten, als wollten wir unsere Körper miteinander verschmelzen lassen. Sie war gefaßter als ich. Die Einzelheiten, wie ich an die Spritze kam und anderes, muß ich dir nicht schreiben, es ist nicht wichtig. Sie ist schmerzlos in meinen Armen eingeschlafen. Ich habe sie noch lange gehalten und meinen Tränen freien Lauf gelassen. Danach habe ich dann nicht mehr weinen müssen, auch nicht auf der Beerdigung, wie du ja weißt, was einige Verwandte nicht verstehen konnten.

Ich werde bei der nächsten Gelegenheit auch offen mit Ellen reden. Ich habe nicht Gott gespielt, wie es manchmal genannt wird, sondern ich habe mich an Gottes Seite gestellt und bin gerade in Christines Sterben durch und durch Mensch gewesen und habe das, was ich getan habe, als ihr Freund getan. Aus Liebe zu ihr habe ich die Einstellung, die ich jahrelang eingenommen hatte, verlassen, weil sie mir nicht mehr recht erschien. Ich habe keine Angst vor Gott, und weiß mich nicht verdammt. Für mich war es ein weiterer Schritt ins

Erwachsensein. Es tut mir leid, daß ich Christine nicht schon früher gesagt habe, daß ich dazu bereit sein würde, wenn es die Umstände erfordern sollten – es hätte sie vielleicht beruhigt. Erst in den letzten Wochen war es für mich klar und da habe ich es ihr auch gesagt.

Es ist gut für mich, dies mit dir zu teilen. Ich weiß, daß du schon lang diese Einstellung gehabt hast und mich darum auch verstehst. Nun bin ich mit diesem Geheimnis nicht mehr allein, und es ist schön, gerade dich da bei mir zu wissen. Jetzt bin ich auch das Gefühl los, daß ich ursprünglich an dich schreiben wollte, um dir das zu sagen. Ich merke, daß es viel mehr war als das, was ich mit dir teilen wollte. Aber das hast du sicherlich längst gemerkt.

Sie hat eine Lücke hinterlassen, eure Mutter. Rückblickend merke ich auf eine neue Weise, wie ich sie geliebt habe. Ich weiß, daß wir beiden euch Kindern manchmal nicht verliebt genug erschienen. Wir waren auch nicht verliebt – oder nur selten. Ich weiß nicht, ob wir es je so waren, wie es in Filmen gezeigt und wie es von den meisten Menschen angestrebt wird, wobei ich oft denke, daß vielleicht nur ganz wenige es so erleben, wie es besungen und geträumt wird. Vielleicht gehört es zu dem, was man in unserer Gesellschaft lernt: sich einzubilden, daß man das fühlt, was man zu fühlen hat, weil es Vorstellungen davon gibt, denen wir versuchen, gerecht zu werden. Aber wir haben uns mit einer Zuwendung geliebt, in der auch Platz war für Ehrlichkeit und Echtheit, ja, sogar für Ärger. In unserer Liebe war es wichtig, daß einer über die Freiheit des anderen wachte und einer den anderen befähigte, unabhängig und erwachsen das zu leben, was wichtig ist.

Ich spüre immer noch eine gewisse Leere, aber sie ist nicht mehr so schmerzhaft wie vor einem Jahr. Die Zeit hat mir geholfen. Die Schwere kommt manchmal daher, daß es mir so fremd und verwirrend erscheint, jetzt nur noch für mich als einzelnen denken zu müssen. Wir haben immer gemeinsam an unserer Beziehung, die dreißig Jahre anhielt, gebaut. Wir gingen immer auf etwas zu, wie ein Wanderer einen Gipfel anstrebt. Wir bauten an unserer Ehe wie ein Architekt an einem Haus baut. Die Zukunft war immer der wichtigste Teil in unserem Umgang miteinander. Dann kam die Diagnose ihres unheilbaren Krebses und zog alles in die Gegenwart. Wir lebten von Tag zu Tag, ohne Ausblick, ohne die Möglichkeit, den Gipfel zu erreichen, das Haus fertigzustellen. Die Gegenwart wurde übergroß. Jeder Tag war eine Herausforderung, bei der nicht genug Zeit und Kraft für Zukunftsgedanken übrigblieb.

Als sie starb, fiel alles in die Vergangenheit zurück. Ich lebte von dem, was wir gemeinsam gehabt hatten. Ihr Tod löschte die Gegenwart aus und es dauerte Monate bis ich mir wieder eine Gegenwart schaffen konnte, sozusagen gegen die Vergangenheit, die alles beherrschen wollte. Inzwischen habe ich auch wieder eine Zukunft: Ich mache Pläne, freue mich auf etwas, kann mir wieder vorstellen, alt zu werden. Jetzt sind Vergangenheit, Gegenwart und Zukunft einigermaßen ausgewogen, und existieren miteinander.

Ich begriff mehr und mehr, daß, auch wenn man zu zweit an etwas baut, es trotzdem noch wichtig ist, das ganz eigene Haus fertigzustellen. Es gibt nichts im Leben, was nicht dazu beitragen könnte. Ob es das tut, liegt an jedem selbst. Manche wehren sich so heftig gegen die Umstände ihres Lebens – wie den Tod ihres Partners, oder einen Verlust anderer Art – daß sie nicht weiter an ihrem Haus bauen. Sie schlüpfen hinaus aus dieser größten aller Aufgaben, lassen den Bau verkommen, tun sich selbst leid, werden immer kleiner und versuchen mit ihrem Leiden und Selbstmitleid die

Umstände ihres Lebens zu bestimmen. Das ist kein Leben.

Ich muß mich jetzt neu erfinden. Ich lebe ohne Partnerin, ohne Kinder und werde in einigen Jahren ohne meinen Beruf leben. Und das alles geschieht, wo ich doch gerade erst gelernt habe verheiratet zu sein, mit Kindern zu leben und meinen Beruf gut zu machen – so scheint es mir manchmal. Physiologisch werden wir viel schneller erwachsen und alt, als psychologisch. Die Seele hinkt hinterher, und der Abstand zwischen den beiden ist schmerzlich.

Ich habe mir ein paar Erzählungen von Theodor Storm auf die Insel mitgenommen. Ich glaube du hast ihn nie gelesen, er ist einer dieser schwermütigen norddeutschen Dichter. Bei ihm entscheiden oft Kleinigkeiten über ein ganzes Leben. Aufgrund einer Entscheidung verfehlt ein Mensch sein Glück, und manchmal beruhte diese Entscheidung nur auf einem Mißverständnis. Ungeheuer hart ist die Zeit, der alles, aber auch alles, anheimfällt. Ich werde heute abend einige Novellen von ihm lesen und versuchen, diesen Dichter zu spüren, über die Entfernung und die Zeit hinweg. Er hat vor über hundert Jahren gelebt.

Nach zwei Storm-Novellen habe ich mir jetzt “Ein deutsches Requiem” von Brahms angehört. Christines Tod ist heute ein Jahr her. Plötzlich ist der Abstand dazu wieder ganz weg. Das erste Jahr ohne sie, nach über dreißig Jahren mit ihr. Sie mochte dies Requiem besonders gern. Ich kann sie noch die Arie singen hören, “...und ich davon muß, und ich davon muß...” als sie schon von ihrem bevorstehenden Tod wußte.

Irgendwann haben wir einmal entdeckt, daß Brahms in einem Brief an Reinthaler geschrieben hat, daß er gern das Wort “deutsches” durch das Wort “Menschen” ersetzen würde. So würde es “Ein Menschen Requiem” heißen. So empfinde ich es auch: Es ist Ausdruck des Menschseins, mit seinen Höhen und Tiefen, mit Glück und Verlust, mit Zweifel und Gewißheit. Die Musik erinnert mich an das wogende Meer, an Ebbe und Flut, an die großen Bewegungen des Lebens. Besonders gefreut hat uns immer, daß das Dies Irae, der Tag des Zorns – die Sequenz, die es in fast allen Messen gibt – hier nicht zu finden ist. Brahms wollte mit seiner Musik trösten und Christine hat immer betont, wie tröstend sie gerade diese Musik fand. Mit Hilfe dieses Requiems gelang es ihr, das eigene Leben in einem größeren Zusammenhang zu sehen. Es machte ihr ein Leben nach dem Tod faßbar.

Den Wechsel zwischen dem sanften und manchmal geheimnisvollen Passagen einerseits und den überzeugten, festen Aussagen andererseits, fand sie besonders stärkend. Wenn der Chor singt “Der Tod ist verschlungen in den Sieg. Tod, wo ist dein Stachel!” dann sprach für sie daraus die Überzeugung, daß mit dem Tod nicht alles aus ist und damit lebte sie in der letzten Zeit.

Ich habe einmal von meinem Arbeitszimmer aus gehört, wie sie den CD-Spieler im Wohnzimmer so programmiert hatte, daß er immer das Sopransolo spielte, das mit den Zeilen beginnt:

Ihr habt nun Traurigkeit;
aber ich will euch wiedersehen,
und euer Herz soll sich freuen,
und eure Freude soll niemand von euch nehmen.

Dazu kommt dann der Chor mit dem Satz “Ich will euch trösten, wie einen seine Mutter tröstet.” Mir schien es, als wolle sie sich mit dieser Aussage und mit der Musik, die schon fast himmlisch ist, stärken für den schweren Weg, der noch vor ihr lag. Jede Wiederholung ließ diese Boschaft tiefer sinken, in die Seele, in den Geist und auch in den Körper. Als sie es sicherlich zehnmal gehört hatte – es ist ja nur acht Minuten lang – ging ich zu ihr hinunter, setzte mich zu ihr und wir hielten einander ganz eng und fest, während diese Musik sich immer wieder wiederholte. Christine schlief in meinen Armen ein und bald danach muß auch ich eingeschlafen sein. Als wir später aufwachten, es war schon lange nach Mitternacht, sang Gundula Janowitz immer noch "...eure Freude soll niemand von euch nehmen." Am nächsten Morgen sagte sie: "Ich fühle mich in der Musik von Brahms so heil, so gesund. Müßte es der Musik nicht möglich sein, den Krebs in meinem Körper zu heilen?" Ich spürte ihre Hoffnung, sagte aber nichts. War ich zu ängstlich und kleingläubig?

bei Tofino auf Vancouver Island, am 27. Oktober

Nachdem ich gestern über die großen Bewegungen bei Brahms geschrieben habe, bekam ich plötzlich Lust, an das offene Meer zu fahren. Heute morgen bin ich aus meinem Zimmer auf Hornby ausgezogen, habe die Fähre nach Denman und Vancouver Island genommen und bin nun schon seit einigen Stunden hier am Meer bei Tofino. Es ist windig, und die Wellen, die wenigstens zwei Meter hoch sind, brechen sich gewaltig an den Felsen. Die Welt am Meer wirkt so groß und einladend, und ich konnte nicht widerstehen. Es war mir, als brauchte ich die endlose Weite, um in sie hineinzugehen und selbst weiter zu werden.

Als ich die Fähre von Hornby nahm, sah ich einige Jungen in der Nähe angeln. Neben ihnen standen Eimer, in denen schon geangelte Fische lagen, hauptsächlich Schollen. In Sekunden standen plötzlich Bilder meiner Jugend vor mir. Als ich vierzehn, fünfzehn, sechzehn war, verbrachte ich fast den ganzen Sommer über am Meer und an den Flüssen im Norden. Meistens brach ich mit einem oder auch mehreren Freunden schon früh auf, die Angeln unter dem Arm. Wir hatten einige Kilometer zu gehen, aber die letzten paar hundert Meter liefen wir immer, weil wir so gespannt waren, ob wir eine gute Angelstelle finden würden, an der die Fische standen und auch bissen.

Das Angeln war viel mehr, als nur einen Köder ins Wasser zu hängen und zu warten, daß ein Fisch anbeißt. Es hieß, dem Leben die Chance zu geben, mich abzuholen und mich mitzureißen in sein Abenteuer. Nichts drückt es so aus, wie ein Erlebnis, das ich in dem Sommer des Jahres hatte, als ich sechzehn wurde.

Zum Fischen am Fluß mußten wir einen langen Pfad durch einen fast undurchdringlichen Wald zurücklegen, der wie ein Märchenwald aussah. Moos hing von den Bäumen und überall vermoderten Baumstämmen aus Jahrhunderten, und auf ihnen wuchs schon die neue Generation Zedern, Fichten und Hemlocktannen. Rehe, Schwarzbären, Stinktiere, Stachelschweine, Berglöwen, Eichhörnchen und viele andere Tiere teilten den Wald mit uns. Am Ende des Pfades lag der Fluß, der je nach Jahreszeit entweder hoch oder tief stand, wild oder ruhig in seinen Ufern floß. Im Herbst, wenn es viel regnete und besonders im Frühjahr, wenn der Schnee schmolz – es schneite dort durchschnittlich acht Meter im Jahr – wurde der Fluß zu einem gewaltigen Strom, der alles mit sich riß. Es war dann nichts Ungewöhnliches, Bäume von einem Meter Durchmesser in ihm schwimmen zu sehen. Irgendwo, weiter flußaufwärts, wusch der Fluß eine Links- oder Rechtskurve mehr und mehr aus, legte die Wurzeln einer großen Tanne bloß, trug das schützende Erdreich ab, bis die Tanne sich nicht mehr halten konnte und in den Fluß stürzte. Wenn das Wasser dann tief genug war, riß es den Baum mit, wirbelte ihn in den reißenden Fluten umher und ließ ihn dann auf einer Sandbank so auflaufen, daß er nicht mehr wegkam, oder drückte ihn krachend in andere Stämme, die sich schon in einer Kurve verklemmt hatten.

Wo wir gern fischten, machte der Fluß eine scharfe Rechtskurve und an der Außenseite dieser Kurve lagen die Bäume von Jahrzehnten, kreuz und quer übereinander. Unter ihnen lief das Wasser hindurch. An dem Tag, den ich nie vergessen werde, kamen wir wie sonst aus dem Wald und balancierten über die Baumstämme, um auf eine Sandbank zu gelangen. Beim Überqueren eines Baumes sah ich unter mir im Wasser Hunderte von Fischen stehen, dich an dicht, so daß es aussah, als könne man auf ihnen über das Waser gehen. Einige waren knallrot, andere lila, wieder andere hatten tigerartige Streifen an ihren Seiten. Später lernte ich ihre Namen kennen: Sockeye, Humpback, Spring, es waren Lachse, die zum Laichen an den Ort ihrer Geburt zurückwollten. Ich starrte in das Wasser und konnte es nicht glauben. Es war für mich wie ein Weltwunder, das ich anschauen durfte, ich war ein Teil dieser herrlichen Natur. Danach habe ich es dann jedes Jahr erlebt und immer wieder neu gestaunt über die Zielstrebigkeit der Lachse, die sich nicht beirren ließen, so nah wie es nur geht an den Ort ihrer Geburt zu gelangen, um dort dann selbst zu laichen, zu sterben und so ihren Lebenskreis zu schließen.

Manchmal dachte ich an Harry, Günther, Adalbert, Karl, Uwe, Helga, Tina und meine anderen Spielgefährten weit weg auf dem Dorf in Deutschland und es beschlichen mich unterschiedliche Gefühle, die einander behinderten, sich gegenseitig auslöschen wollten, und am Ende doch alle in mir Bestand hatten, weil sie das ausdrückten, was unumgänglich war und wahrscheinlich ein ganzes Leben zu mir gehören würde. Nur wußte ich es damals noch nicht. Das eine Gefühl war das der ungeheuren Entfernung von meiner Kindheit auf dem norddeutschen Dorf. Ich hatte etwas verloren, was ich nie wiedergewinnen würde. Ich sah meine Spielgefährten ihre Burgen und Baumhäuser bauen, ihre Drachen steigen lassen, auf den Wiesen Schlittschuhlaufen und dabei langsam erwachsen werden, und konnte ihnen nicht zurufen, konnte nicht winken und gesehen werden, konnte nicht mit ihnen teilen, was sie gerade machten. Ich war abgeschnitten, ausgesetzt in eine Welt, die für sie unerreichbar war. Für einen Jungen wie mich, in einer Familie, die gerade genug Geld zum Überleben hatte, war der Atlantik unüberbrückbar. Fliegen war damals noch nicht so üblich wie heute. Zu dem trennenden Atlantik kam dann noch der nordamerikanische Kontinent dazu, der ebenso breit war wie der Ozean und genauso unüberquerbar schien. Da stand ich also mit diesem Gefühl des Ausgesetztseins, das ich damals noch nicht einmal beschreiben oder benennen konnte.

Andererseits gab es das Gefühl eines unbeschreiblichen Abenteuers. Das, was wir als Kinder nur gelesen hatten, lebte ich jetzt. Hier gab es noch Wildnis und es konnte durchaus sein, daß mein Fuß der erste Fuß eines weißen Menschen auf einer gewissen Stelle war. Vielleicht waren wir die ersten Weißen, die einen kleinen Bergsee schwimmend überquerten. Die Welt hatte den Charakter eines Märchens, in dem ich mitspielen durfte. Hier war noch nichts festgelegt, hier war alles noch so offen, wie es ein jeder wollte oder vertragen konnte. Aber es war mir unmöglich, dieses Erlebnis mit meinen früheren Spielkameraden zu teilen, und das schmälerte die Freude ein wenig. Aber ich hatte neue Freunde, mit denen ich das alles unternahm. Das versöhnte mich wieder.

Wie tief mich diese Naturerlebnisse geprägt haben, kann ich selbst kaum beurteilen, aber ich denke, daß ich ohne diese Jugend nicht der Mensch geworden wäre, der ich jetzt bin. Durch diese Erlebnisse hat sich auch mein Gottesbild geweitet. Ich habe damals begonnen die natürliche Welt als heilig zu sehen. Damals wurde in mir angelegt, was ich heute artikulieren kann. Ich sehe in den Bäumen und Flüssen, in den Bergen und Wolken, in den Tieren und Blumen meine Brüder und

Schwestern. Ich bin eingebunden in die Herrlichkeit und den Schrecken, die beide Teil dieser natürlichen Welt sind, und habe kein Recht mich über meine Mitwelt zu stellen. Was ich der Welt um mich tue, tue ich mir.

Ich bin glücklich, daß du diese Haltung zur Welt nicht nur übernommen, sondern weitergeführt und auf deine Weise erfüllt hast. Ich bin stolz auf deinen Begriff Eco-Imagination/Eco-Phantasie und habe ihn unter meinen Freunden schon öfter erwähnt. Wir brauchen die Phantasie und die Liebe zur Welt, wenn sie und wir überleben wollen. Darum zieht es mich jedes Jahr in die Wildnis, ob die der Wüste, oder die des Nordens, weil ich spüre, daß dort meine Phantasie und Liebe regeneriert werden.

Vor Jahren habe ich gelesen, daß Blaise Pascal, der französische Philosoph und Wissenschaftler, ein wichtiges Dokument, in dem er seine Stellung zu sich selbst und Gott formuliert hatte, in seine Kleidung eingenäht hat, damit er es immer dicht bei sich hatte. Bis zu seinem Tode hat er dieses Dokument bei sich getragen. Ich habe so etwas ähnliches gemacht. Vielleicht lachst du, aber ich möchte es dir gern erzählen.

Es war ein direktes Ergebnis von Christines Tod. Du weißt, wie ich mich ganz neu orientieren mußte, als sie nicht mehr da war und alle Entscheidungen meines Lebens von mir allein getroffen werden mußten. Ich hatte das Bedürfnis, meinem Leben eine deutliche Richtung zu geben. Wie konnte ich formulieren, was ich eigentlich wollte? Ich suchte nach einer Formulierung, die nicht nur für einige Monate oder ein Jahr halten würde, sondern für den Rest meines Lebens. Was konnte ich sagen? Was würde mich immer wieder herausfordern und lebendig halten? Ich habe Christines und mein Leben durchgeblättert, wie ein Fotoalbum. Ich habe nach dem roten Faden gesucht, um ihn auch in der Zukunft weiterzuspinnen und nicht abreißen zu lassen. Einerseits finde ich es mit zunehmendem Alter leichter, mich auf die transzendenten Werte zu konzentrieren, andererseits ist und bleibt es auch jetzt noch eine ständige Herausforderung. Nichts kommt von selbst, und doch kann man nichts erzwingen. Ich habe viele Sätze probiert, einige Tage lang, und sie dann wieder verworfen. Sie waren nicht groß genug, als daß ich in ihnen den Rest meines Lebens hätte zubringen können. Am Ende bin ich auf etwas gestoßen, das ganz einfach war, und sich doch ein Leben lang immer wieder verwandeln kann, so daß die Herausforderung nie aufhört.

Bewußter werdend lieben

Das war mein Satz. Er enthält alles, nichts ist ausgelassen. Ich habe diese drei Worte in grobes Sackleinen gestickt, in verschiedenen Ausführungen, und dann in meine beiden liebsten Jacken und einen Pullover eingenäht. Manchmal spüre ich das grobe Leinen, es macht sich bemerkbar, nicht als Irritation aber als Erinnerung, daß ich diese Entscheidung getroffen habe und sie ernst nehmen will.

Der Zufall (den es, glaube ich, nicht gibt) will, daß ich heute, am Ende des Tages, an dem ich dir den Satz, der über meinem Leben steht, geschrieben habe, auf einen Artikel in TIME stoße, in dem von Mitgliedern einer Gruppe berichtet wird, die es sich als Aufgabe gestellt haben, jeden Tag wenigstens eine sinnlose Tat zu tun. Leider sind diese Handlungen meistens negativ und destruktiv. Ihr Motiv, so sagen sie selbst, ist es, zu zerstören, im Kleinen und im Großen. Sie wollen unsere Gesellschaft aushöhlen, damit sie irgendwann zusammenbricht. Es würde mich nicht wundern, wenn aus dieser Gruppe eine ganze Bewegung wird. Meine erste Reaktion war: "Typisch LA", weil Los Angeles eine so verrückte Szene ist. Aber dann dachte ich weiter. Vielleicht haben sie Angst vor dem Sinn, weil der Sinn uns mit dem Leben und dem Lieben verbindet. Wer Sinn sieht, lebt in Hoffnung und kann darum auch enttäuscht und verletzt werden. Vielleicht wollen sich diese Jugendlichen vor Verletzungen schützen.

Wie wäre es, wenn wir "sinnlose Taten der Liebe" täten? Sinnlos nur, weil wir sie nicht berechnend begehen, sondern frei und für den Moment. Vielleicht gibt es ja einen großen Rechner, auf dem jede Tat der Liebe eine Tat der Gewalt und der Sinnlosigkeit auslöscht oder aufhebt. Dann sind wir am Zustand der Welt beteiligt und können sie verändern, indem wir Entscheidungen für das Leben treffen.

Ich kenne, trotz meiner Freude am Leben, jetzt Tage, an denen ich spüre, daß es mir nicht mehr so gut gelingt, das Leben anzuziehen. Ich schiebe es auf mein Alter, aber ich weiß, daß das nicht ganz richtig ist. Es passiert nicht mehr von selbst, wie damals, als ich jung war – da schien das Leben immer zu mir zu kommen, manchmal sogar zu dicht und heftig. Jetzt bedarf es eines größeren Einsatzes. Ich muß mir Gedanken machen, wie und wo ich mir das Leben öffne, um in es hineinzugelangen. Es bietet sich mir nicht mehr so an – als ich Kind und Jugendlicher war, war alles eine offene Tür für mich, durch die ich gehen konnte, wenigstens theoretisch, auch wenn ich manchmal Angst hatte, den Schritt zu machen. Aber die Welt war offen. Heute sind manche Türen geschlossen und ich muß einen Geheimcode benutzen, um sie zu öffnen. Für mich ist der beste Code die Begeisterung. Ich gebrauche sie, um ins Innere von Dingen, Gedanken, Abläufen und auch Menschen zu gelangen.

Es ist abends. Heute habe ich nur auf die Geschichte unserer Familie gelauscht, die mich durchzieht wie ein großer Strom. Ich war dabei offen für das, was immer wiederkehrt, für die Gestalt unserer Familie, die auch mich gestaltet hat. Dabei kam mir immer wieder das Wort "Unlösbarkeit", wie ein musikalisches Thema.

Als Kind und Jugendlicher habe ich, und meine Geschwister wahrscheinlich auch, mit dem Gedanken gelebt, daß alles lösbar ist. Das hat uns begleitet, weil wir so oft etwas lösen mußten. Für meine Großeltern und Eltern gab es die beiden großen Kriege, die alles in Frage stellten und Außerordentliches von den Menschen, die sie überlebt hatten, verlangten. Für meine Familie kam dann die Auswanderung nach Kanada dazu. Es hieß Unzähliges bestehen und verarbeiten. Auch für mich gab es als Kind und Jugendlicher immer wieder neu die Entwirrung und Auflösung aller Widerstände zu leisten. Es war nie eine Frage, ob es zu schaffen sei, sondern immer nur, wann es geschafft sein würde. Aufgeben war nie eine Möglichkeit. Verwirrt sein durfte man nicht.

Und so haben wir das heilende Erlebnis, verwirrt vor der Welt zu stehen und das auszuhalten, nicht gehabt. Verwirrt zu sein und es zu bleiben, war eine Schwäche, die verheimlicht werden mußte. Wir haben das Leben reduziert, um nie an ihm zu scheitern. Aber das war auch eine Form von Scheitern: Nicht scheitern zu dürfen. Die meisten Menschen lernen gerade dadurch, daß sie scheitern. Aus den verarbeiteten Fehlern entsteht ihre Reife. Aus der Überwindung von widrigen Umständen entsteht ihr Glanz. Aus Reibung entsteht Energie. Was sie nicht kennen, spornt sie an. Was unvollkommen ist, gibt ihnen Visionen und Träume. Was sie verloren haben, verleiht ihnen innere Größe. Aber all das durften wir nicht. Unser Motto war es, zu triumphieren.

Ich sage dies alles nicht als Vorwurf gegen meine Großeltern und Eltern, wohl aber als Eingeständnis unserer Begrenztheit, die wir nicht verwandeln durften. Es war nicht gern gesehen, sich das eigene Scheitern bewußt zu machen. Aber man kann doch nur verwandeln, was einem bewußt wird. Wir dagegen sollten unser Scheitern mit doppeltem Eifer überwinden und wußten nicht, daß alles, was einem bewußt wird, sich allein schon durch die Bewußtwerdung verwandelt.

Ich erinnere mich an ein einschneidendes Erlebnis, das ich hatte, als ich Mitte dreißig war. Ich hatte mich damals entschlossen, neben dem Lehramt noch Astronomie zu studieren und mußte dazu die entsprechenden mathematischen Fächer belegen. Es dauerte nicht lange, bis ich merkte, daß ich es nicht schaffen würde. Vielleicht hätte ich es so gerade geschafft, unter großen Anstrengungen, und das wollte ich nicht. Zunächst war ich tief enttäuscht von mir selbst. Etwas gelang mir nicht und es würde mir wahrscheinlich auch dann nicht zu meiner Zufriedenheit gelingen, wenn ich mich viel mehr anstrengte. Das Ergebnis lag nicht in meiner Hand. Es war das erste Mal, daß ich das so erlebte und dabei auch durchdachte. Daraus habe ich den Schluß gezogen, euch die Freiheit zum Versagen zu lassen.

Ich hatte mir etwas zugetraut und es nicht geschafft, und es war klar, wie ich darauf zu reagieren hatte: mit

Zerknirschung und dann mit verdoppeltem Mut. Aber an diesem Tag wollte ich das nicht, sondern wollte meinen Verlust erleben, meine Unfähigkeit, mein Versagen. Ich wollte mich nicht unter Druck setzen. Und das Wunderbare geschah: Der Verlust tat sich auf und ließ mich in eine andere Welt ein. Plötzlich war ich da, wo es in Ordnung ist, nicht mehr weiter zu wissen, bankrott zu sein. Und gerade hierin erlebte ich eine Befreiung, die alle gehabten Erfolge und Fähigkeiten überstieg. Ich war frei, weil ich mir selbst erlaubte, zu scheitern.

Gott – das große Thema! Du hast einmal im Ärger gesagt, daß bei uns alles immer mit Gott zu tun hat. Dich störte das, vielleicht weil es für dich in dem Alter – ich denke, du warst sechzehn – nicht natürlich war. Du wolltest dich mit anderem beschäftigen, und wir kamen dir mit unseren Überlegungen in die Quere. Später hat mir das leid getan. Es war meine eigene Kurzsichtigkeit. Ich habe Gott nicht groß genug gesehen, habe ihn doch noch verknüpft mit gewissen Einstellungen und Gedanken.

Es gab Zeiten, da hat es mich schmerzlich berührt, daß dich die Welt der spirituellen Fragen so wenig anzugehen schien. Ich habe dich ja manchmal einen "Neuheiden" genannt – mit gemischten Gefühlen. Einerseits war ich stolz, daß du den Mut hattest, anders zu sein, dein Leben anders zu gestalten, als ich es getan habe. Christine und ich haben manchmal gesagt, daß wir irgendetwas doch richtig gemacht haben müssen, wenn du so entschieden deinen Weg gehst, mit einem anderen Moralverständnis und deinem eigenen Empfinden für die wahren Werte des Lebens. Wir wollten keine Tochter, die das tut, was wir tun, nur weil wir es tun.

Aber dann tat es auch weh, weil ich gern in dir jemanden gehabt hätte, mit dem ich über meine spirituellen Interessen reden konnte. Der Glaube, dem ich entwachsen bin, war für mich wie eine warme Jacke, in der ich mich wohlgefühlt habe, wenigstens zeitweilig. Das hast du nicht verstanden und es hat dich auch nicht interessiert. Es hatte für dich etwas fast Komisches – wie ein Relikt aus einer anderen Zeit –, während ich nie vergessen konnte und es auch nicht wollte, woher ich gekommen bin. Nicht nur, was wir an Neuem umarmen, prägt uns, sondern auch das, was wir hinter uns lassen, weil es seinen Eindruck auf uns gemacht hat und uns die Gestalt gegeben hat, die wir jetzt haben – ob wir es gut finden oder nicht. Ich werde die Prägung meiner Vergangenheit immer in mir tragen.

Es gibt eine Seite unserer Verwandtschaft, die auch wegen deines "Neuheidentums" weniger mit uns redet. Schon ich war mit meinen Fragen und meiner unorthodoxen Art manchmal eine Zumutung für sie, und als sie dann später dich erlebten, hatten sie den Beweis, daß, wenn Eltern im Glauben nicht mehr "richtig stehen", wie sie es nennen, es auch nicht anders von den Kindern zu erwarten sei. Früher hat mir das zu schaffen gemacht, aber inzwischen bin ich fest genug, meinen Weg zu gehen, auch gegen diesen Widerstand, der sich in einer stillen Nichtachtung ausdrückt.

Inzwischen weiß ich nun, daß deine Spiritualität eine andere ist als meine, daß sie aber auch auf ihre Weise da ist. Ich weiß, daß du die Hemmungen nicht hast, die ich gehabt habe, und die das Leben schwerer machen. So wie meine Mutter mich immer wieder in den Schoß ihres Glaubens zurückhaben wollte und nicht verstehen konnte, daß ich meinen eigenen Weg zu Gott und von den mir überlieferten Gottesbildern weggehen mußte, so wünsche ich manchmal, daß die Weite, in die du dich begibst, nicht ganz so weit wäre. Vielleicht gibt es auch eine Weite, in der man verlorengeht, fürchte ich dann, lasse es aber bald wieder los, weil ich weiß, daß du dein eigenes Leben leben wirst, in dem ich mit meinem Glauben vorkomme oder nicht. Beides kann sein, ich weiß es.

Warum ich dieses Thema angeschnitten habe, kommt eigentlich jetzt erst. In den letzten Jahren hat sich in mir eine so große Sehnsucht entwickelt, daß ich kaum Worte dafür habe – eine Sehnsucht nach einem Erwachsensein Gott gegenüber. Alles, was ich bisher geglaubt habe, scheint mir wie eine Vorübung für das gewesen zu sein, was ich jetzt suche und in Ansätzen schon in mir finde. Wir haben aus Angst an Gott geglaubt – selbst unser Lieben war noch von Angst gefärbt. Wir haben versucht, ihn gütig zu stimmen. Auch in den fortgeschrittensten Formen unseres Glaubens war noch soviel Angst.

Der Liberalismus – von manchen hoch gelobt – mit seiner Lässigkeit und Toleranz, die oft billig erworben sind, ist für mich nicht die fortgeschrittene Form zu glauben. Und die Rückkehr in eine Hörigkeit Gott gegenüber, in der alles in einem Entweder-Oder gesehen wird und wo ich mich entweder für Gott oder für mich entscheiden muß, ist nicht die Antwort, die mich interessiert. Es sind dies Formen, die rückwärts gewandt sind. Ich will nach vorn, in eine Grenzenlosigkeit, in der alles von der Liebe her gesehen wird. Ich kann mir vorstellen, daß diese Sehnsucht einmal eine so große Anziehung auf mich ausüben wird, daß ich nicht anders kann, als meinem Ziel durch den Tod näherzukommen. Dann wird der Tod wirklich eine Tür sein. Darin sehe ich eine Verheißung, die mein Leben bereichert. Das ist kein Todeswunsch, sondern der Wunsch nach Erleuchtung und Heilung.

Es gibt Augenblicke, da habe ich das Gefühl, dich zu verlieren. Ich empfinde es als einen Verlust, den ich mir selbst anzukreiden habe, denn ich habe nicht das in dich hineingelegt, was ich jetzt zu ernten wünsche. Ich habe nur geglaubt, es dir weitergegeben zu haben und muß jetzt erleben, daß mein Glaube zu schwach war, um dich in die Richtung zu schieben. Und dann schäme ich mich dieser Gedanken, weil mir kaum etwas wichtiger ist, als deine freie Entscheidung zu respektieren. Einer muß über die Freiheit des anderen wachen, ich über deine und du über meine. Laß mich dich nicht in eine Richtung drängen, die dir nicht entspricht. Ich muß gegen die Seite in mir kämpfen, die besser zu wissen meint, was spirituell ist.

Ich bin bis in die tiefsten Ecken meines Gewissens und meines Selbstverständnisses hinein geprägt von einem Hang, vielleicht sogar einem Zwang, das Richtige zu tun, zu glauben, zu wissen. Nur langsam und mit viel Mühe lerne ich, daß Lebendigkeit mehr wert sein kann, als Richtigkeit. Meine Eltern haben es mir nicht vorgelebt, denn sie konnten es selbst nicht, weil sie es wiederum von ihren Eltern nicht gelernt hatten. Ich habe in unserer Familie damit angefangen – du triffst in mir die erste Generation, die so befreit leben will. Manchmal denke ich, daß wir doch schon einiges geschafft haben, oder? Und dann spüre ich wieder eine Art Verspannung in meinem Körper, eine Hemmung, die wie von einer anderen Welt hineinreicht in die Fasern meines Körpers und mich zurückholt von dem, was ich gerade spontan getan hätte. Von meiner Oma ist ein Spruch überliefert, den sie mal zu meinem Vater gesagt haben soll, als dieser klein und ungehorsam war: "Lieber ein totes als ein ungehorsames Kind." Später hat sie diese Position etwas gemildert, aber solch ein Spruch geht nicht nur in den Kopf und in die Gefühle eines Kindes, sondern er geht auch in den Körper, in die Muskeln, Sehnen, die Adern, die inneren Organe und bildet dort eine Ablagerung, eine Wirklichkeit, die nicht mit Denken und Handeln zu verdrängen ist. Es ist ein langer Prozeß, diese Sprache an den Körper ungültig zu machen und durch eine neue Sprache, eine Sprache des Lebens, zu ersetzen.

Es gibt Tage, da sehe ich etwas neidisch auf dich – du hast so viel weniger Ballast, mit dem du dich herumschleppen mußt. Aber vielleicht bringt dein Jungsein in einer Welt wie unserer wieder ganz neue Probleme und Herausforderungen mit sich. Ich habe schon oft gedacht, daß ich heute eigentlich nicht jung sein möchte. Ich beneide dich darum auch wieder nicht.

kurz nach Mitternacht

Ich habe eben die Nachrichten an mich von meinem Anrufbeantworter zu Hause abgerufen. Eine kurze Nachricht von dir war auch dabei. Plötzlich war es, als würdest du mir über die Schulter sehen, hier beim Schreiben. Ich werde dich gleich anrufen, ehe du etwas mit deinen neuen Freunden unternimmst – bei dir ist es ja schon Sonntagmorgen. Ich stelle mir Tübingen im Oktober wunderbar vor. Im Herbst war ich noch nie dort. Wie mag es sein, jetzt am Neckar entlangzuschlendern. Ich tue es in Gedanken und rede mit dir, während neben uns auf dem Fluß einige Gruppen junger Leute flußaufwärts staken.

Jetzt habe ich mit dir telefoniert und eigenartigerweise warst du mir am Telefon nicht so nah wie vorher, als ich in meinem Schreiben mit dir sprach. Ich habe dir nichts von meinen Briefen an dich erzählt. Ich habe Angst, dem ganzen Unternehmen seine Energie zu nehmen, wenn ich vorzeitig darüber rede.

Seitdem entschieden war, daß du zwei Semester in Deutschland studieren würdest, habe ich immer wieder an meine Studienzeit denken müssen. Ich gehöre rein zeitlich gesehen zu den 68ern, von denen du vielleicht inzwischen etwas in Deutschland gehört hast, auch wenn ich nicht aktiv an der Studentenrevolution beteiligt war. Ich habe damals weniger bewußt gelebt. Ich nenne es für mich manchmal meine Zeit der "religiösen Kurzsichtigkeit." Die Welt hatte einfach, fast simpel, zu sein, und so war sie es auch, auch wenn mein Leben eigentlich kompliziert war. Ich sah die Welt durch die Brille meines Christseins, das im Vergleich mit dem vieler anderer, recht offen und frei war. Und doch schuf diese Brille eine Trennung zwischen mir und der Welt. Das steckte so tief in mir drin, daß ich es nur selten wirklich gemerkt habe. Von dieser Vereinfachung mußte ich mich freikämpfen. Christine ging es ebenso. Du bist ohne diese Brille aufgewachsen, und doch bist du von ihr beeinflußt worden. Du hast unsere Reaktion auf die Enge gespürt, und dann deinerseits wieder darauf reagiert. Vieles davon ist ohne Worte abgelaufen, nur über Atmosphäre und Ausstrahlung.

Jede Ideologie und jede Doktrin, sei sie politischer, religiöser, oder allgemein weltanschaulicher Art, hält uns das eigentliche Leben mit seinen Leiden und Freuden vom Leib. Wir mußten darum erst manche Vorstellungen und Einstellungen ablegen, um frei zu werden. Dadurch wuchs in uns ein Kern ganz eigenen Lebens. Es entstand auch Reibung und Frustration, die wiederum Energie und Wachstum erzeugten. Erst wußten wir, was wir nicht mehr wollten und später kam dann langsam das hinzu, was wir wollten.

Wie erlebt ihr euer Erwachsenwerden, ohne diesen Kampf um Freiheit? – ich kann es mir nicht richtig vorstellen. Besitzt ihr das, was ihr habt, wenn ihr es euch nicht hart erarbeitet habt? Oder ist schon diese Überlegung wieder Ausdruck einer Art Arbeitsethik, in der alles Gute schwer erarbeitet sein muß und man sich nicht beschenken lassen kann? Ich weiß es nicht.

Einerseits sind wir uns so nah – ich denke da auch an Ellen – haben viele Jahre miteinander gelebt und unendlich viel miteinander geteilt, und doch leben wir in ganz unterschiedlichen Welten. Ich bin noch in der ersten Hälfte des Jahrhunderts geboren, du und Ellen eben in der zweiten. Dementsprechend erleben wir die Welt, ganz gleich wie viele Unternehmungen wir starten, um das zu überwinden. Wie wir uns auch wehren mögen, wir sind Kinder unserer Zeit. Unterschiedlicher Zeiten.

29. Oktober

Seit Christines Tod beschäftigt mich mein eigener Tod noch mehr als früher. Auch gehe ich auf die sechzig zu, und da beginnt der Tod eine Realität zu gewinnen, die er vorher nicht hatte, auch nicht bei aller Beschäftigung mit ihm. Ich glaube dabei nicht, daß ich morbide werde. Weil ich zu dieser Familie gehöre, interessiert mich natürlich wie man "in unserer Familie gestorben ist." Ich habe deshalb herumgefragt, Briefe geschrieben, meine eigenen Erinnerungen aufgezeichnet und dabei festgestellt, daß es auch da mehrere "Strömungen" gibt. Die einen sehen den Tod als eine letzte große Niederlage an. Er ist der Feind, der am Ende doch nicht zu besiegen ist. Andere sehen in ihm die letzte große Freisetzung. Nach dem Tod beginnt für sie das eigentliche Leben. In der Familie meines Vaters hat man den Tod meistens verdrängt. Er gehört nicht zum Leben, er ist eine Peinlichkeit, über die man nicht redet – eigentlich gibt es ihn nicht. Er ist dann nur plötzlich da und überrascht die Unvorbereiteten. Ich habe nur wenige gefunden, die den Tod als einen wirklichen Bestandteil des Lebens sahen und mit seiner Wirklichkeit gelebt haben.

Ich erinnere mich an meinen Onkel Walter, der vor einigen Jahren gestorben ist. Wir haben uns nicht oft gesehen, aber ich weiß noch, wie ich ihn als Kind erlebt habe. Nach unserer Auswanderung habe ich ihn dann noch dreimal in Deutschland besucht. In gewisser Weise war er allem Neuen gegenüber aufgeschlossen. Er war fortschrittlich, und ich habe ihn dafür geschätzt, besondes als ich jung war, und er Verständnis für uns Jugendliche zeigte. Als ich ihn dann im Alter besucht habe, hat es mich erschreckt, wie wenig er sich wirklich auf den Tod vorbereitet hatte. Er hatte keinen Frieden mit seinem Leben gemacht. Auch als ich ihn das letzte Mal sah, es war zu seinem vierundachtzigsten Geburtstag, begehrte er noch gegen den Lauf seines Lebens auf. Seine Erwartung an das Leben war so groß, daß sie nie zu erfüllen gewesen wäre. Und so blieb er unruhig und unzufrieden. Er fühlte sich vom Leben verraten. Alles schien wie in eine tiefe Tragik getaucht zu sein. Auch als er so alt war, daß er keine Veränderung mehr erwarten konnte, gab er seine Klagen nicht auf.

Dieses Anklagen war verquickt mit einer Frömmigkeit, die es ihm eigentlich nicht erlaubte zu klagen. Und so kamen seine Vorwürfe verdreht heraus. Immer wieder betonte er, daß Gott es schon recht gemacht habe, was er dann aber mit der Aussage seines nächsten Satzes wieder aufhob. Er konnte weder das eine noch das andere wirklich glauben, und es gelang ihm nicht, die beiden Sichtweisen wirklich zu verbinden. Er zerriß sich dauernd selbst.

Ich fand es einerseits sehr traurig und andererseits fast komisch. Ein Mensch an der Schwelle des Todes – er war in den letzten Lebensjahren an einen Rollstuhl gebunden, hatte einen künstlichen Darmausgang und massive Herzprobleme –, der aber nicht aufhören konnte, immer wieder Vermutungen anzustellen, wie es hätte sein können und warum es nicht so gekommen ist, wie er es sich gewünscht hatte. Dabei verklärte er alles, was andere besaßen und bemitleidete sich selbst. Auf mich wirkte es wie ein Festhalten am Leben um jeden Preis. Wir hörten dann ab und zu vom Altersheim und von unseren deutschen Verwandten, wie es mit ihm immer schwerer wurde und er am Ende fast unausstehlich war. Das Pflegepersonal kam nicht mehr klar mit ihm, und sie konnten ihn zum Schluß nur noch in seinem Zimmer einschließen. Er war dabei noch ganz klar und erlebte alles bewußt mit. Es muß die Hölle für ihn gewesen sein, weil er sein verfehltes Leben immer noch leben wollte.

Für mich ist er ein abschreckendes Beispiel, so gern ich ihn auch hatte. Mit vierzig und fünfzig wäre es an der Zeit gewesen, sich mit den Umständen seines Lebens anzufreunden. Er wäre gern wieder Landwirt geworden, wie er es vor dem Krieg war, aber das hat er nicht geschafft. Er wäre gern mit seiner Frau alt geworden, aber sie ist jung gestorben. Er hätte gern Kinder gehabt, aber auch das war ihm nicht vergönnt. Wenn er das spätestens mit fünfzig angenommen hätte, hätte er wenigstens noch fünfunddreißig Jahre erfüllt leben können und aus dem, was das Leben ihm gab, etwas machen können. Er konnte sich nicht von seinen Vorstellungen lösen und diese haben ihm dann ein erfülltes Leben verstellt und das Altern und Sterben ungeheuer erschwert.

Ich übe das Loslassen. Ich mußte Christine loslassen. Ich muß meine Studenten loslassen, deren Lebendigkeit ich immer noch genieße. Ich muß das Unterrichten loslassen, dieses Bearbeiten eines Stoffes, das mich immer wieder erfreut. Ich muß loslassen, daß ich im Leben nicht erreicht habe, wovon ich geträumt habe. Ich muß mein Bild von Familie loslassen. Ich muß dich und Ellen loslassen. Noch immer lerne ich, Peter loszulassen – darüber an einem anderen Tag mehr. Ich merke, wie wichtig es ist, meine Lieblingsgedanken loszulassen. Oft kommen sie dann verwandelt zurück, aber nur, wenn ich ihnen die Freiheit schenke und sie nicht wie einen Besitz festhalte.

Manchmal meine ich, daß die Vorbereitung auf das Sterben nichts weiter ist, als die Vereinfachung des Lebens. Aber was heißt das? Ich ahne es mehr, als daß ich es weiß. Aber ich arbeite mich heran an die Einsichten. Ein Beispiel: Ich habe in meinem Leben viel auf Effizienz geachtet. Auf einer Fahrt in die Stadt habe ich möglichst mehrere Ziele angesteuert und hier und da etwas erledigt. Die Fahrt sollte sich lohnen. Ich habe geübt, zwei Dinge auf einmal zu tun, vielleicht sogar drei – dann war ich stolz. Es hat lange gedauert bis ich gemerkt habe, daß ich bei keinem der drei Dinge wirklich dabei war. Während ich das eine tat, war ich noch beim letzten oder schon beim nächsten. Ich habe so gelebt, weil ich nicht anders konnte oder es nicht besser wußte, und darum tut es mir nicht leid. Aber jetzt versuche ich, anders zu leben. Ich erlebe es wie ein Stück Heiligkeit und Reinheit, nur eine Sache zu wollen und in einer tiefen Leidenschaft diese Sache zu verfolgen, bis sie sich auftut und mir die Schätze, die sie in sich birgt, schenkt. Die Leidenschaft bezieht sich auf die Entschiedenheit, mich an einem Punkt festzulegen und das zu lieben, was vor mir liegt.

Erinnerst du dich, daß ich vor etwa zwölf Jahren einige Wochen weg war? Es hieß, ich sei in Europa zu einem Studienaufenthalt. Christine und ich haben diese Erklärung damals für die beste für euch gehalten. Ihr wart gerade Teenager, und wir wollten euch nicht mehr aufbürden, als gut war. Aber heute kann ich darüber schreiben und es dir zumuten.

Ich war damals im Norden Kanadas und bin allein gewandert. Ich mußte weg. Es war eine schwierige Zeit, in der ich mich mit der Form meines Lebens auseinandersetzen mußte. Unsere Ehe war an einem kritischen Punkt, wir verstanden uns nicht mehr so wie früher und hatten beide Angst, auseinanderzudriften. Wir waren auch wütend aufeinander, ohne unsere Wut wirklich begründen zu können. Die Gründe, die wir fanden, waren sehr fadenscheinig. In meinem Beruf war ich an einem Punkt angelangt, mit dem ich nicht gerechnet hatte. Das Unterrichten machte mir keinen Spaß mehr, und ich fand meine Studenten furchtbar unreif und langweilig. In einem Satz gesagt: Mein Leben war nicht das, was ich mir immer vorgestellt hatte. Ich habe, seitdem ich fünfzehn oder sechzehn bin, eine Vorstellung gehabt, wie ich einmal leben wollte. Vor zwölf Jahren wurde mir klar, daß sich meine Erwartungen nicht erfüllen würden. Nie. Ich wußte es und konnte mir nicht weiterhin etwas vormachen. Ich würde nicht das erreichen, was ich erhofft hatte, und nicht der sein, der ich wünschte zu sein – dieser überdurchschnittliche Mensch, dieser Mann, der die Welt verändert. Ich würde es nicht schaffen. Auch würde ich nicht die Ehe haben, von der ich im Stillen geträumt hatte. Ob es sie gibt und jemand sie lebt, weiß ich nicht – ich bezweifele es.

Vor zwölf Jahren sah ich die ungeheure Durchschnittlichkeit meines Lebens und war nicht bereit, sie anzunehmen, wenigstens nicht ohne einen Kampf. Manche würden es Midlife-crisis nennen, und vielleicht war es das auch. Die einzige Art zu kämpfen, die ich damals kannte, war, mir und meinen Freunden zu beweisen, daß ich doch überdurchschnittlich war. Kurzerhand packte ich meine Sachen für die Wildnis. Christine wollte mich zurückhalten, weil sie meinen Ärger, meine Wut und auch meine Hilflosigkeit spürte, aber ich ließ mich nicht zurückhalten. Ich wies sie zurück – ich wollte ihr Mitleid nicht, dabei wollte sie mir nur anbieten, diese Zeit gemeinsam mit mir durchzustehen. Als ich dann erst unterwegs war, wollte und konnte ich nicht mehr zurück. In meinem Stolz schaffte ich nicht mehr, als von unterwegs kurz bei ihr anzurufen und ihr zu sagen, ich sei im Yukon und würde erst in drei Wochen zurück sein. Ich war herzlos, buchstäblich herz-los. Zwar wußte ich, wie sie sich sorgen würde, aber ich wollte mich darum nicht kümmern, ich hatte kein Herz, um darauf zu achten.

Nach zwanzig Stunden Autofahrt gen Norden, ließ ich mich mit einem Wasserflugzeug in eine einsame, menschenleere Gegend einfliegen und bat den Piloten, mich drei Wochen später, etwa hundertfünfzig Kilometer, drei Bergzüge – einer davon völlig vergletschert – und vier Flußläufe weiter an einem kleinen namenlosen, unbewohnten See wieder abzuholen. Ich hatte diese Strecke schon einige Jahre lang auf Karten studiert und wußte, daß es zu machen sei. Es war die härteste Probe, die ich mir ausdenken konnte.

Drei Wochen lang hatte ich nur mich und was ich auf dem Rücken trug. Ich wurde mit jedem Tag kleiner angesichts der immensen Landschaft, und gerade in diesem Schrumpfungsprozeß wuchs ich innerlich. Jeder Tag brachte neue Angst und Unsicherheit. Es verging kaum eine Stunde, in der ich mir nicht der Unmöglichkeit dieses Unternehmens bewußt wurde. Der eine Satz – "Ich schaffe es nicht" – hieb auf mich ein, wie nichts zuvor in meinem Leben. Dem konnte ich immer nur praktische Handlungen entgegensetzen: einen Fuß vor den anderen zu setzen, mich meiner Kleider zu entledigen und durch Bäche zu waten und eisige Flüsse zu überqueren, zu fischen, Feuer zu machen, jeden Abend mein Essen hoch in einen Baum zu binden, um es nicht an Bären zu verlieren, Karten zu studieren, den Kompaß zu konsultieren. In jedem Kilometer begegnete ich der Möglichkeit des Scheiterns und das hieß hier, umzukommen.

Am meisten Angst machte mir auf Dauer die Un-Menschlichkeit der Landschaft. Es gab nichts

Menschengemachtes, kein Bewußtsein, das auf mich so oder auch nur ähnlich reagieren würde, wie ich es konnte. Ich könnte angesichts der Berge, Flüsse, der Blumenwiesen, der Bäume und Tiere sterben und nichts um mich herum würde auch nur einen Atemzug lang aussetzen. Alles würde genau so weitergehen, und am Abend würde ich, wie alles, was dort stirbt, Futter der Kojoten und Vielfraße sein. Diese Nichtigkeit war manchmal kaum auszuhalten, bis es mir gelang, genau das als meine Stärke zu verstehen. Ich begriff, daß ich zu allem dazugehörte und eine Seite von mir sich nicht darum zu kümmern und zu sorgen brauchte, wenn ich aufhörte zu sein. Es war eine andere Sicht von der Welt und von mir in ihr. Es gelang mir, mein Menschsein loszulassen, weil es mich von der Landschaft trennte, und mich als ein Teil des Ganzen zu sehen.

Ich erlebte die Landkarten, die ich studieren mußte, um mich zurechtzufinden, wie mystische Stücke Papier. Auf ihnen konnte ich feststellen wo ich war – ich erkannte meinen Platz auf der Erde, sah mein Ziel vor mir, konnte die Strecke sehen, die ich zurückgelegt hatte, spürte meine wachsende Zugehörigkeit zu den Bäumen, Bergen und Tieren und lernte dadurch mehr und mehr über mich selbst. Verstehst du das? Ich habe ja schon immer, solange ich zurückdenken kann, gern über Landkarten gesessen. Seit dieser dreiwöchigen Wanderung liebe ich Landkarten noch mehr. Vielleicht ist es auch die Verkleinerung der Welt, die mich anzieht. Das Unüberwindliche wird überschaubar – mit dem Finger auf der Karte kann ich über Seen und Berge, durch weiten Ebenen und über Gletscher zu meinem Ziel kommen. Auf einer Karte kann ich meinen Standort einzeichnen und mich so in der Welt verstehen, in Beziehung zu allem, was mich umgibt.

In einem Fluß verlor ich eine Landkarte, die ich zu

lose auf meinem Rucksack befestigt hatte. Zwei Tage lang ging ich ohne Karte, bis ich auf der Anschlußkarte angekommen war. Da hatte ich schon fast gelernt, ohne Karte auszukommen, auf meinen sechsten Sinn zu achten, wie die Zugvögel, oder wie Hunde und Katzen, die über Hunderte von Kilometern wieder nach Hause finden. Morgens, nach dem Frühstück, faltete ich in einem heiligen Akt meine Sachen zusammen, meinen Biwak-Sack und Schlafsack, packte meine Kleidung in den Rucksack, holte mein Essen aus dem Baum, wo es zur Sicherung war, sah mir die Landkarte an und entschied mich für eine Route. Ich war in den Dingen, und die Dingen waren in mir. Die Berge sahen mir zu, und ich tat es für sie, so wie sie für mich strahlten und erhaben dastanden.

Wenn ich über diese Wochen rede, dann interessiert die meisten nur die äußere Härte, die eine solche Wanderung mit sich bringt. Aber die psychologische Disziplin ist viel wichtiger. In der eigenen Seele, mit ihren Abgründen und Falschmeldungen, mit ihrem Selbstmitleid und Stolz ist es leichter verlorenzugehen, als in der Weite der Landschaft.

Der Höhepunkt und gleichzeitig der Punkt meiner Veränderung war die Begegnung mit einem Grizzly. Ich habe euch davon ja schon früher erzählt, aber euch nie die inneren Vorgänge geschildet, die wichtiger waren, als das äußere Überleben. Ich wußte, daß dies ein Gebiet mit Grizzlies war, aber wie schon so oft bei meinen Wanderungen, hatte ich die Gedanken daran ausgeschaltet. Allerdings suchten diese Gedanken mich heim, als ich unterwegs war, und die Geräusche im Busch waren Warnungen und Herausforderungen. In den ersten Tagen sah ich Schwarzbären, in guter Entfernung auf einer sonnigen Wiese. Teddybären, im Vergleich mit Grizzlies. Als ich höher in die Berge kam, wußte ich, daß ich mehr und mehr in den Bereich des Ursus arctos horribilis kam. Hier waren sie die Könige, denen niemand gewachsen war, und es galt, sich ihnen zu unterstellen, sie nicht zu reizen, ihnen aus dem Weg zu gehen und Demut zu üben. Dazu hatte ich Gelegenheit.

Erst sah ich links von mir einen kleinen Bären, recht nah, vielleicht dreißig Meter entfernt. Der Wind stand vom Bären auf mich zu und er konnte mich darum nicht riechen. Ich erinnere mich noch genau, wie ich das dachte, wie ich den Gedanken im Kopf herumrollte, während ich mit meinem rechten Auge gerade am Rand meines Gesichtskreises und etwa fünfzig Meter entfernt eine Erle von sechs Meter Höhe sich furchtbar schütteln sah. In dem Moment verlangsamte sich die Zeit und wurde ungeheuer zähfließend. Ich versuchte den Bären und die Erle in meinem Kopf zu verbinden, weil ich intuitiv spürte, daß sie zusammenhingen, aber das Denken ging zu langsam. Es war nur den Bruchteil einer Sekunde später, als ich die Grizzly-Mutter durch die Büsche auf mich zurasen sah. Ich hatte einige Tage vorher zum Spaß geübt, mich hinzuwerfen, in der Hoffnung, es nie gebrauchen zu müssen. Ich glaube diese Übung war meine Rettung. Die fünfzig Meter würde der Bär in nicht mehr als vier oder fünf Sekunden zurücklegen. Und so war es. Kaum hatte ich mich hingeworfen – fast instinktiv und ohne wirklich überlegen zu können, ob dies das richtige Verhalten war, und ohne den Schmerz zu spüren, als ich beim Hinwerfen mit dem Kinn auf einen Stein aufschlug –, war die Bärin schon über mir. Ich mußte mich nicht beherrschen, wirklich still zu liegen – bei ihrem Atem und ihrem Brummen war ich wie versteinert. Ich hätte mich in den ersten Sekunden nicht bewegen können, auch wenn ich es gewollt hätte. Ich fühlte ihre Krallen auf meinem

Rücken. Mit einem Fuß trat sie auf mein Bein und ich spürte die Zentner auf mir. Nach ein paar Sekunden, als mein Denken wieder funktionierte, stellte ich mich auf den alles überwältigenden Schmerzmoment ein, in dem die Bärin zuschlagen oder -beißen würde. Ich wartete – während sie weiter an mir roch – und spürte ein inneres Zucken und die starke Versuchung, aufzuspringen und davonzulaufen, was sicherlich mein Tod gewesen wäre. Langsam gewann ich mein normales Zeitempfinden wieder, während die Bärin vielleicht eine Minute lang an mir schnüffelte. Als sie dann weder zubiß noch zuschlug, begann mich eine große Ruhe zu durchströmen. Ich kann es nicht anders sagen – es war fast eine Geborgenheit, trotz dieser sehr gefährlichen Lage, in der ich mich noch immer befand. Ich lebte noch. Es war ein Wunder. Der junge Bär war inzwischen näher gekommen, und ich hörte sein hohes fast baby-artiges Quieken. Ich fühlte, daß mein Leben von seinem Verhalten abhing. Vielleicht würde die Mutter von mir ablassen, wenn sie ihr Junges in Sicherheit sah. So geschah es dann vermutlich auch. Nach fünf Minuten, als ich keine Geräusche mehr um mich hörte, bewegte ich mich zum ersten Mal, schaute auf und sah, daß ich allein war. Es war noch nicht meine Zeit gewesen.

Was in diesen Minuten in mir passiert ist, hat mich bis heute nicht verlassen. Bei all meiner Liebe zur Natur, die ich vor diesem Erlebnis schon hatte, bin ich doch immer als Mensch, und darum mit einem Gefühl der Überlegenheit, in die Wildnis gegangen. Als das erfolgreichste aller Tiere, fehlte es mir an Demut, an Verständnis und Einordnen. Ich sah mich wie von oben auf die Erde getan, nicht aus ihr erwachsen. Hier, platt auf der Erde liegend, begriff ich meine Erdigkeit. Jetzt spürte ich mein Gefühl der Überheblichkeit, das ich vorher gar nicht bei mir vermutet hatte, und begriff, daß ich

Zugehörigkeit lernte sollte, mußte, wollte. Ich bin ein Teil dieser natürlichen Welt, ich gehöre zu dieser Wiese, zu diesen beiden Bären, zu den Erlen und Tannen, den Bergen dahinter, den Blumen die ich mit meinem Gesicht gegen die Erde drückte, zu den Menschen weit weg, die keine Ahnung von meiner Lage hatten, zu Gott, ganz gleich wie man das Geheimnis auch beschreibt, zu den Sternen, dem Makrokosmos, in dem sogar unser ganzer Planet nicht mehr ist als ein Sandkorn ohne besondere Bedeutung. Meine Trennung von dieser berührbaren Welt, war ein Ausdruck meiner Lieblosigkeit und Einbildung. Das mußte sich verändern. Vorsichtig richtete ich mich auf, und aus meiner Tiefe stieg ein wortloser Dank dafür auf, daß ich überlebt hatte und dazugehöre zu dieser Herrlichkeit und diesem Schrecken. Ich hatte nicht mehr das Bedürfnis, über etwas zu befinden, etwas gut oder schlecht zu heißen und mit meinen Verstand Trennungen zwischen mir und der Welt zu schaffen. Ich begriff die Welt ganz neu.

Es gibt ein Bild von mir, das ich mit Selbstauslöser am Ende dieses ereignisreichen Tages aufgenommen habe, auf dem ich wie ein Geist aussehe. Es war bewölkt und ich befand mich im Schatten eines Felsvorsprungs – vielleicht hat das mit meinem geisterhaften Aussehen zu tun. Aber ich finde mich darauf weiser, reifer, als ich je auf einem Bild ausgesehen habe. Es ist, als wenn das Erlebnis auch den Körper verändert und ich die Bärin und ihr Junges in mich aufgenommen hätte.

Ich war einen Tag eher als verabredet, an dem See, und konnte mich ausruhen und entspannen. Aus Steinen, die ich aufeinander schichtete, baute ich eine Art Mal am Rande des Sees. Ich ritzte und zeichnete keine Buchstaben hinein. Nur die Anordnung der Steine sollte anzeigen, daß ich hier gewesen war. Das genügte.

Als das Wasserflugzeug am nächsten Tag eine große Schleife über mir flog und zum Landen ansetzte, war es fast wie ein Antiklimax. Es ging nicht um das Ziel, das ich erreicht hatte, sondern ich begriff, daß der Weg zu mir die Hauptsache gewesen war, durch die wilde Landschaft, die ich auch selbst war. Ich hatte mich bestanden.

Die Bedeutung dieses Erlebnisses wächst mit den Jahren. In ihm fand ich zurück zum Leben und zu der Haltung, daß ich das Leben habe, was ich mir geschaffen habe. Und ich begriff, daß auch ein normales, durchschnittliches Leben einem Zauberkunststück ähnelt – wenn man es nicht verplempert. Der Rucksack war das Sinnbild für meine Entwicklung. Er wog zu Beginn fünfundzwanzig Kilo – das Äußerste was ich über eine so lange Strecke tragen konnte – aber im Laufe der Wanderung wurde er immer leichter. Ich legte Ballast ab. So wie ich auf meiner Wanderung manches nicht brauchte, was in der Stadt nötig erscheint, brauchte ich danach auf meiner inneren Reise manches auch nicht mehr – ich lebte von der Reise. Die Sehnsucht selbst ist Nahrung. Seitdem habe ich manches von dieser Freiheit wieder verloren – die Zivilisation hat mich wieder eingeholt, aber in mir trage ich noch das Wissen um diese Haltung und es gelingt mir häufig, davon ein Stück zu verwirklichen. Demut, Staunen und eine tiefe Dankbarkeit sind geblieben.

fast Mitternacht

Vorhin war ich noch am Strand. Die Mondsichel war sichtbar. Ich erlebe diesmal das offene Meer anders als früher, aber ich kann nicht beschreiben, wie anders. Vielleicht komme ich jetzt nicht mehr mit irgendwelchen Bildern ans Meer. Es ist nicht mehr Symbol, nicht mehr Träger meiner Wünsche, sondern nur einfach diese unentwegte Bewegung, dieses zeitlose Ebben und Fluten, eine Urgewalt, die uns immer begleitet hat. Trotz seiner zerstörerischen Seite, der auf Dauer nichts widerstehen kann, hat es eine beruhigende Wirkung auf mich. Lange stand ich still und spürte, wie mein Körper sich auf den Rhythmus der Wellen einstellte. Es ist fast, als würde das Meer etwas in mir in Bewegung setzen, wenn ich hier bin.

Ich habe wieder eine der kleinen Wohnungen in Ocean Village, dem Motel, in dem ich damals auch mit dir war. Als ich vorhin vom Meer zurückkam, habe ich mir Constance Dembys "Novus Magnificat" angehört. Sicherlich wird es nicht als eine der großen Kompositionen in die Geschichte eingehen, aber im ersten Teil, nach einundzwanzig Minuten, kommt eine Passage die eine Art innerer Expansion in mir auslöst, die mich glücklich macht. Es ist mir, als wenn das, was um mein Herz liegt und es fesselt, weggenommen würde. Ich werde weit und frei.

30. Oktober

Auf dem Weg zum Strand bin ich heute auf eine Familie von Waschbären gestoßen. Auf eine wunderbare Weise sind sie sich ihrer Umwelt genau bewußt, aber sie tun so, als würde diese sie nicht sonderlich interessieren. Ihre Masken lassen sie wie Banditen in einem schlechten Western aussehen. Ich mußte daran denken, wie du als Kind, ehe wir wußten, daß du mit einem Auge Probleme hattest, dir oft deine Augen gerieben hast, während du im Sandkasten spieltest. Deine schmutzigen Hände hinterließen waschbärartige Markierungen auf deinem Gesicht. Du hast uns dann manchmal forschend von der Seite angeblickt, um ein Auge auszuschalten. Ähnlich habe ich es auch heute bei den Waschbären erlebt. Sie beobachteten mich aus ihren Augenwinkeln ganz genau, waren immer auf der Hut, liefen aber nicht weg. Wenn sie sich aufrichteten, um besser zu sehen und sich wieder auf alle viere herabließen, bewegten sie sich ganz langsam, fast wie in Zeitlupe. Ich erinnere mich, daß du dich manchmal so langsam bewegt hast. Dann wirktest du weiser, als du es für deine Jahre sein konntest.

Ich habe in den Wochen, seitdem ich begonnen habe, immer wieder überlegt, warum ich dir auf diese Weise schreiben will und du hast meine Erklärungsversuche gelesen. Aber das trifft es alles nicht. Ich möchte dir einfach schreiben. Das soll mir genug sein. Vielleicht ist es nichts weiter als der Wunsch, dir nahe zu sein. Ich kenne den Wunsch schon lange. Ich habe immer wieder das Empfinden, als läge eine besondere Verheißung in dieser Annäherung. Mit dem Wort "Verheißung" meine ich einen Weg in eine andere Wirklichkeit, in der sich Möglichkeiten öffnen, die ich sonst noch nicht einmal geahnt habe und vielleicht auch nicht ahnen kann, weil ich allein zu begrenzt denke. Ich spüre, daß sich das Leben auftun kann, um uns auf eine unbeschreibliche Art mitzunehmen, in sich hinein. Darum suche ich nach dem echtesten Ausdruck zu dir hin. Ich fühle mich dabei etwas unbeholfen. An manchen Tagen fällt es mir schwer, zu schreiben. Ich bin nicht geübt. Mir kommen die Worte nicht so, wie ich es in mir fühle, aber ich vertraue darauf, daß du auch zwischen den Zeilen lesen kannst.

Ich erinnere mich noch daran, wie wir in der Prärie wohnten und von unserer Farm aus den Berg, "Chief" genannt, in den Rocky Mountains sehen konnten. Er lag fast genau hundert Kilometer Luftlinie von unserer Farm entfernt. Mit dem Berg verband ich immer eine Art Paradiesvorstellung – zu dem Berg zu gelangen hieß, die Weite des Lebens zu erleben. Auf eine nicht erklärbare Weise verband ich diesen Berg auch mit meinem Eltern. Vielleicht war es mein Wunsch, oder sogar mein Wissen, daß meine Eltern mich zu diesem Berg führen würden oder müßten – das war ihre Aufgabe. Aber wir sind nie dorthin gefahren – meine Eltern haben mich nicht in diese Weite geführt. Wir hatten in der Zeit, die wir dort wohnten, kein Auto, aber vielleicht konnten sie mich auch innerlich nicht dorthin führen, weil es für sie ein fremdes Land war, in dem sie sich nur schwer zurechtfanden.

Vielleicht versuche ich an dir gut zu machen, was meine Eltern an mir versäumt haben – damals auf der Farm in der Weite der Prärie, die manchmal eine große

Enge für mich bedeutete, weil mich keiner an die Hand genommen und die Weite geführt hat. Ich habe dir das Laufen und Springen beigebracht, dann das Sprechen und Lesen, das kompliziertere Denken, das Aushalten, das Feststehen, das Erkennen. Vielleicht ist dieses Schreiben nichts anderes, als dich heute mitzunehmen, nicht mehr als jemand, der dich leitet, sondern als jemand, der wünscht mit dir zusammen zu gehen. Erlaubst du mir das noch? Oder kann es sogar sein, daß ich dich bitte, mich an die Hand zu nehmen, indem ich dir so offen schreibe? Vielleicht brauche ich deine Begleitung ebenso, wie du meine brauchst.

Manches wird mir jetzt beim Schreiben selbst erst klar. Das habe ich mir erhofft. Ich schreibe mich zu mir selbst hin. Wenn ich bei mir bin und du bei dir, dann können wir uns begegnen. Läßt du mir den Raum und die Zeit? Ich bin froh, mich dir zuwenden zu können. Es ist eine so einfache Sache, und doch ist sie mit Hoffnung oder Verzweiflung verbunden, mit Einsamkeit oder Verlassenheit. Unser Leben ist immer nur so gut wie unsere Beziehungen sind. Aber wir glauben es nicht. Wir meinen, wir könnten an unseren Beziehungen vorbei irgendwo anders ein Glück finden. Aber das ist eine Illusion.

Oft scheint es mir, als habe ich zwei Leben: eins, in dem ich mich bewege, entscheide, vergesse, mich aufraffe, um erneut gegenwärtig zu sein und mein Leben zu bewohnen – ein Mensch in seinem Kampf, gezogen, geschoben, aufgehalten von den Umständen, die nicht in meinen Händen liegen. Das andere Leben ist genauso wirklich, es ist phantasiert. In ihm bin ich der Weise, der die Zusammenhänge durchschaut, aber ich bin auch der Versager, der gegen seine Begrenzungen aufbegehrt. Ich bin der Schriftsteller, der ich einmal werden wollte, ich bin der Weltreisende, dessen Heimat der ganze

Planet ist und ich bin der Einsame in der Blockhütte am Ende der Welt im Norden Kanadas. In meinen Vorstellungen stelle ich den Weltrekord über 800 Meter auf, von dem ich als Junge geträumt habe und mache eine Erfindung, die Tausenden das Leben retten wird.

Wie bekomme ich die beiden Leben zusammen, oder welches der beiden ist wichtiger, echter, wertvoller? Ich weiß es nicht. Meistens sage ich mir, daß das gelebte Leben wichtiger ist – ich bin doch realistisch, stehe mit beiden Beinen auf der Erde, weiß um meine Begrenzungen und meistere das, was mir das Leben aufträgt. Aber dann gibt es Momente, da weiß ich, jenseits allen Zweifels, daß das phantasierte Leben wichtiger ist. Es ist das, was mich über die Enge, die ich in mir trage, für die ich niemanden beschuldige, hinausträgt. Weil ich phantasieren kann, bin ich frei.

Weißt du, ich bin wie viele meiner Altersgenossen mit der Schere im Kopf aufgewachsen: diese Schere schnitt alles weg, was phantastisch war, was wir träumten, und wo wir uns größer dachten, als es sich "ziemte". "Ziemen" war ein wichtiges Wort, aber vielleicht kennst du es nicht – es war nicht wichtig in unserem Wortschatz in deiner Kindheit und auf Englisch scheint das Wort ohnehin nie den Wert gehabt zu haben. Es "ziemte" sich, was zu denken erlaubt war, was zu glauben erlaubt war. Alles andere war ein stiller Größen-Wahn, eine Herausforderung an Gott, auf die er nur anworten konnte, indem er den Menschen, der so dachte, niederschmetterte. Gott liebt den Menschen, so hieß es, und doch schien er eine außerordentliche Freude daran zu haben, uns in unsere Schranken zu weisen und uns abhängig von uns selbst zu machen. Wie klein war doch dieser Gott, der nie unsere Phantasie entgrenzte, für den wir uns nicht begeistern konnten, außer in einer seltsamen Fremdheit dem Leben gegenüber. Wir konnten nicht abheben und fliegen, endlich fliegen. Der Mensch mußte kriechen.

Aber zurück zu der Schere. Noch heute spüre ich sie. Wenn mir etwas gelingt, denke ich unwillkürlich, es kann nicht sein, es wird irgendwann schon wieder schiefgehen, paß auf, gleich kommt´s, jetzt, jetzt, da ist es wieder, das Versagen – du hast zuviel gewollt, hast dich angemaßt, hast deine Begrenzung als Mensch verlassen wollen, hast den Sündenfall wiederholt in deinem Hochmut. Und ehe mir dieser ganze Ablauf bewußt geworden ist, tritt diese innere Zensur ein – und ich denke wieder schnell, was sich ziemt. "Halte dich herunter" hieß es. Nur wer hoch hinaufsteigt, kann am Ende tief fallen, und die, die am höchsten gestiegen sind – sie haben sich „verstiegen" – fallen am tiefsten.

Und weil das so ist, weiß ich, daß das phantasierte Leben ganz wichtig ist – oft wichtiger als das gelebte, weil es mir die Welt auftut und ich sie sehe, wie sie auch sein kann, jenseits aller Begrenzungen, als eine spirituelle Wirklichkeit, nicht gebunden an das Material des Alltäglichen. Das gelebte Leben ist nur möglich, weil es das phantasierte gibt. Ahnst du ein wenig von meiner Begrenzung, die manchmal fast in eine Verkümmerung ausgeartet ist? Selbst jetzt noch, trotz aller äußeren Erfolge, erlebe ich mich gelegentlich als Versager. Dann brauche ich Phantasie, um mich zu retten.

Als ich heute zum Mittag in einem Restaurant in Tofino war, hörte ich am Nebentisch einen Mann meines Alters, der alles schlechtmachte. Die, die mit ihm aßen, schienen beeindruckt von seiner Sprache und seinen Einsichten. Er schimpfte nicht nur, sondern sprach intelligent und wählte sein Worte gut, und doch schien er nicht zu merken, daß er mit seiner Analyse, so gut und treffend sie auch wirkte, zum Problem und nicht zu

Lösung und Erlösung dieser Welt gehörte. In seinem Denken schien alles zum Scheitern verurteilt zu sein. Mit einem gewissen Ehrgeiz und einer Arroganz, die sich aber nicht als solche ausgab, fegte er alle positiven Vorschläge vom Tisch, um am Ende in einer künstlichen Demut zu bedauern, daß es eben keine Lösungen für die vielen Probleme gebe.

Ich war eher mit dem Essen fertig als er, und konnte mir beim Vorbeigehen an seinem Tisch nicht verkneifen zu sagen: "It´s better to light a candle, than to complain about the darkness." Ich weiß, daß es vielleicht etwas zu einfach ist, zu sagen, man solle lieber eine Kerze anzünden, als über die Dunkelheit zu schimpfen, aber es bleibt bei aller Kompliziertheit der Welt doch wahr und wichtig. Wenn wir das aus den Augen verlieren, hilft uns unsere ganze Intelligenz nicht, und wir werden uns zugrunde richten.

Es gibt Tage, die sich auf Wochen oder Monate ausdehnen können, wo ich meine ganze Energie gebrauche, um nicht mutlos zu werden. Unsere Generation hat gesehen, was geschehen müßte, im Bereich des Friedenstiftens, der Gleichberechtigung der Geschlechter, der Erhaltung der Umwelt, des Abbaus von Rassismus, und wir haben erlebt, was nicht geschehen ist. Wir hatten die große Hoffnung und kämpfen jetzt mit der schleichenden Verzweiflung, weil das Herz des Menschen sich nur sehr langsam und meist nur unter Druck verändert. Wir versuchen, erwachsen zu sein, ohne dabei hoffnungslos und zynisch zu werden.

drei Stunden später

Im Zusammenhang mit dem Thema von vorhin dachte ich an die Rolle der Ironie in unserer Familie. Ironie ist immer ein Teil unseres Umgangs miteinander gewesen. Es gibt den beißenden Sarkasmus eines Onkels, dem nichts so viel Freude zu machen schien, als jemanden bloßzustellen. Und es gibt das liebevolle Sich-lustig-Machen über einen anderen Menschen, der sich dagegen nicht wehren kann, weil er nicht da ist, oder weil er die nötigen sprachlichen Fähigkeiten nicht hat. Ich habe oft darüber nachgedacht, was diesen Umgang miteinander erzeugt und was er bezweckt.

Mir fällt dazu eine Szene aus meiner Kindheit ein. Ich war etwa neun Jahre alt und hatte gerade gelernt, wie man aus Papier Tiere falten kann. Ich hatte zunächst mit Zeitungspapier und grobem Packpapier geübt und dann hatte meine Mutter mir bewilligt, einige Tiere aus gutem, weißen Papier zu falten. Es sollte eine Überraschung für meinen Vater sein, der auf einer Reise war. Ich war schon ganz aufgeregt und auch ein wenig stolz, wie gut es mir gelang. Da ich eine rege Phantasie hatte, lebten diese Tiere für mich. (Du darfst nicht vergessen, daß es kein Fernsehen gab, und Bilderbücher sowie Spielzeuge damals nach dem Krieg auch noch sehr rar oder zu teuer für uns waren.) Ich hatte einen kleinen Zoo zusammengestellt: ein Pferd, einige Schafe, ein Schwein, einen Löwen, ein Zebra, dem ich vorsichtig Streifen anmalte, einen Leoparden, dem ich Punkte aufklebte, und noch einige andere Tiere. Aus dem Wald holte ich einige Äste und Gräser und baute ein Gehege für meine Tiere, wobei ich darauf achtete, daß der Löwe den Schafen nicht zu nahe kam.

Als Vater nach Hause kam, hatten wir gerade Besuch. Nach der Begrüßung zog ich Vater zu meinem Zoo und führte die Tiere vor. Die anderen sahen zu. Mein Vater lachte und nahm einzelne Tiere in die Hand. Dann faltete er bei einigen Tieren das Papier auf, so daß sie nicht mehr so aussahen, wie ich sie gefaltet hatte. Der Löwe bekam plötzlich einen Kamm auf dem Rücken, aus den vier Beinen der Schafe wurde ein dicker Kasten. Dazu sagte mein Vater dann etwas, was die anderen zum Lachen brachte. Etwa: “Das ist aber ein dickes Zebra,” oder “Das Schwein hat ja Flügel.”

Erst konnte ich auch lachen, aber ich lachte nur, weil die anderen es taten. Eigentlich verstand ich nicht, warum ich lachte. Ich merkte nur, daß mein Vater überhaupt nichts von dem sah, was mir soviel Freude an meinem kleinen Zoo gemacht hatte. Er sah nicht, mit wie viel Liebe ich die Tiere gefaltet hatte. Als alle genug gelacht hatten, begann ich meine Tiere zu verteidigen, aber ich wurde nicht gehört. Dann sagte mein Vater noch einige Dinge, die wieder alle zum Lachen brachten. Dabei sprach er zu mir, aber in einer Weise, daß ich ihn nicht verstand, während die anderen ihn gut zu verstehen schienen. Meine Verteidigung machte das ganze noch lächerlicher, weil es deutlich war, daß ich die ganze Sache sehr ernst nahm, während die anderen, unter der Anleitung meines Vaters, es immer lustiger fanden.

Hier maß sich ein Neunjähriger mit einem Vierzigjährigen und verlor. Ich war nahe daran, zu weinen und als meine Mutter das merkte, machte sie dem Ganzen mit einem diplomatischen Wort (so sehe ich es heute) ein Ende. Aber sie ist nicht wieder auf diesen Zwischenfall zurückgekommen. Ich ging bald darauf in mein Zimmer, kroch unter die Bettdecke und weinte mich aus. Noch heute fühle ich die Verunsicherung von damals. Es war ein Weinen der Hilflosigkeit – ich verstand den ganzen Prozeß nicht und konnte noch nicht einmal sagen, was ich nicht verstand. Ich fühlte mich nur ausgeliefert.

Später am Abend verwandelte sich diese Hilflosigkeit in einen richtigen Ärger, und das war sicher meine Rettung. So konnte ich das Ganze loslassen und nicht depressiv werden. Ich war wütend auf meinen Vater. Er hatte sich die Tiere noch nicht einmal richtig angesehen, hatte mich nicht gefragt, wo ich das Falten gelernt hätte, hatte mich nicht für die saubere Arbeit gelobt – einige Tiere hatte ich drei- und viermal gefaltet, bis sie perfekt waren. Und irgendwo tief drinnen zog ich mich ein Stück von meinem Vater zurück. Ich würde es mir gut überlegen, ob ich ihm das nächste Mal so etwas zeigen würde.

Das Verrückte ist, daß ich diese ironische Seite auch in mir spüre und immer auf der Hut sein muß, um nicht auch genauso zu handeln. Besonders hier auf diesem Kontinent, wo es immer wichtig ist, daß man einen Witz auf Lager hat, um die Lacher auf seiner Seite zu haben. Wenn man mal jemanden damit verletzt, dann wird schnell gesagt: „Oh, it´s all for fun", was bedeutet, daß es in Ordnung ist, wenn es doch nur Spaß ist. Zwischen Erwachsenen, die sich verteidigen können, mag das gehen, aber wenn es Kinder betrifft, die noch nicht einmal verstehen, was los ist, kann es tödlich sein.

Mein Vater war als jemand bekannt, der nicht einmal einer Fliege etwas zuleide tun könnte. Aber mir tat er weh, und niemand schien es zu merken. Ich bemühe mich, meinem Vater nicht die Schuld zu geben, auch wenn ich ihn als schuldig empfinde. Es war seine Art zu überleben und wer weiß, wo die Ursachen dafür bei ihm liegen. Aber auch wenn es keine Frage der Schuld ist, so habe ich doch alles getan, daß diese Art des Umgangs miteinander in unserer Familie keinen Platz hat. Ich habe darum oft das Ernstsein dem Witzeln vorgezogen und bin dabei manchmal zu ernst geworden.

Ich habe dich beobachtet und festgestellt, daß du nichts von dieser Unart hast. Du vertraust und sagst, was du meinst, und meinst, was du sagst. Man muß nicht immer denken, daß du gerade wieder einen Witz machst, und du eigentlich genau das Gegenteil meinst. Das finde ich angenehm. So kann man einander näher kommen.

Ich merke, wie ich beim Schreiben über dieses Thema richtig in Fahrt gekommen bin. Wahrscheinlich sitzt einiges tiefer, als ich es ahne. Ich glaube, daß frühe Verletzungen dieser Art direkt in unseren Körper gehen, weil wir sie mit unserem Verstand damals nicht erfassen konnten. Der Körper ist schutzlos und läßt alles mit sich machen, besonders wenn es als Zuwendung zu geschehen scheint. Vielleicht rührt daher bei manchen Menschen die existentielle Unsicherheit und Angst, die sie nicht erklären können, und vor der sie nie sicher sind, weil sie zu ihnen zu gehören scheint.

Vielleicht hätte ich damals eine solche Briefreihe an Peter schreiben sollen. Aber ich war ihm gegenüber manchmal fast schüchtern, aus Angst, daß er mich nicht verstehen würde, wenn ich mich ihm so näherte. Früher habe ich nicht gedacht, daß es so etwas innerhalb der Familie geben könnte. Da kennt man sich doch, da hat man miteinander gelacht und geweint, hat Pläne geschmiedet und miteinander Niederlagen verarbeitet – wie könnte es da Schüchternheit geben? Und doch gibt es sie. Je älter ich werde, desto mehr merke ich, wie wir gefangen sind in unserem Körper, in unserem Wesen, in unseren Gedankengebäuden, in unseren Emotionen – und wie wir so oft nicht über unsere Begrenzungen hinausgelangen. Da ist es dann fast ein Wunder, wenn wir überhaupt zueinander finden.

Wenn ich gewußt hätte, daß es plötzlich keine Möglichkeit mehr geben würde, an Peter zu schreiben, mit ihm zu reden und ihn zu ermutigen, hätte ich sicherlich mehr versucht. Diese Schuld trage ich in mir: Ich habe nicht alles getan.

Vancouver am 1. November

Ich bin wieder in der Stadt. Heute früh hatte ich den Wunsch, zurückzukehren. Vier Stunden später hatte ich Vancouver Island überquert und war auf der Fähre von Nanaimo nach Horseshoe Bay. Jetzt bin ich schon seit einigen Stunden im Haus am Berg und genieße das Bekannte um mich, meine Dinge, die ich gern in die Hand nehme und liebe. Es ist gut wieder hier zu sein. Ich wollte auch gern heute abend zu der Frauengruppe gehen. Letzte Woche habe ich gefehlt, was mir aber nicht leid tut, weil ich innerlich soviel Gutes in dieser Zeit erlebt habe.

Es ist schön, wieder nach Hause zu kommen, auch wenn ich die Leere des Hauses manchmal schmerzhaft spüre. Früher war ich ab und zu ganz gern allein im Haus. Dann bin ich von Zimmer zu Zimmer gegangen, um die Räumlichkeit zu spüren. Ich bewegte mich ganz bewußt durch den dreidimensionalen Raum. Mit jedem Gegenstand verband ich eine Erinnerung. Jetzt merke ich, wie allein ich oft bin, trotz aller Freunde.

Auf der Fähre habe ich zwei Männer beobachtet und dem Ton ihrer Unterhaltung gelauscht. Auch wenn ihre Worte persönlich waren, klang doch eine große Distanz aus ihnen, als unterhielten sich zwei Tonbandgeräte miteinander. Ihre Worte trugen keine Seele. Ihre Bewegungen waren ohne Zuwendung. Erst als die Fähre zehn Minuten später zum Docken ansetzte, sagte der jüngere beiläufig “Dad” zum älteren. Vater und Sohn. Auch wenn ich sie nicht kannte, traf mich das.

Wie fremd sie einander waren! Ob Peter und ich manchmal auf Außenstehende so gewirkt haben?

Während der letzten drei Wochen wollte ich dir wegen Peter schreiben, habe es aber nicht geschafft. Seinen Tod, der ja nun schon vier Jahre zurückliegt, habe ich nicht so gut verarbeitet wie den von Christine. Ich spüre noch immer eine tiefe Schuld, wenn ich an ihn denke. Es gelingt mir nicht, mich freizusprechen. Der Therapeut, mit dem ich damals gearbeitet habe, konnte mir auch nicht helfen. So habe ich mit dieser inneren Unruhe gelebt und weiß bis heute nicht, ob ich mich schuldig sehen soll, oder ob ich annehmen kann, daß es so, wie es passiert ist, sein Schicksal war.

Ich möchte es heute wagen, mit dir, sozusagen in deiner Begleitung, auch wenn du nicht hier bist, dieses schwere Thema anzugehen. Peter war dein Bruder, und ihr habt euch gut verstanden, wenngleich ihr auch verschieden wart. Wenn ich dich anrede, habe ich das Empfinden, daß auch er gegenwärtig ist. Du bist sein Fürsprecher in meinem Kopf – du kannst mir das zuflüstern, was ich in meiner Begrenztheit als sein Vater an ihm übersehen oder nie verstanden habe. Ich merke, daß ich bei dem Gedanken zittere. Meine Unsicherheit entsteht aus der Angst, von dir vielleicht nicht verstanden zu werden oder Peter jetzt noch nach seinem Tod Unrecht zu tun.

Ich will versuchen, einen Zusammenhang herzustellen, damit ich nicht nur in der so schmerzhaften Vergangenheit herumrühre. Wahrscheinlich gibt es in den meisten Familien Menschen, die nicht bereit sind, Verantwortung für ihr Leben zu übernehmen, die sich weigern erwachsen zu werden und immer wieder Wege finden, andere für ihre Schwierigkeiten verantwortlich zu machen. Aus den Erzählungen meiner Eltern und durch meine eigenen Beobachtungen weiß ich, daß es in jeder Generation unserer Familie einige gegeben hat, die so gelebt haben. Immer war jemand anders schuld an den Umständen ihres Lebens. Und alle, die ihnen nicht halfen, waren für sie keine "Familienmenschen", dabei ließen sie sich einfach nicht unter Druck setzen von denen, die gern andere benutzen und auch ausnutzen. Ich habe mich wie verrückt dagegen gewehrt, Peter als einen dieser Ausnutzer zu sehen, oder als jemanden, der nicht bereit ist, Verantwortung für sich selbst zu übernehmen. Ich habe immer wieder Erklärungen für seine Handlungen gefunden, Theorien zu seiner Entlastung entwickelt, oder es nicht als so gefährlich angesehen, aber nichts hat letztlich geholfen.

Wir haben es Peter schon sehr früh angemerkt. Als Kind konnte er sich herausreden, wie weder du noch deine Schwester es konnten. Und er schien es sich selbst zu glauben, daß er unschuldig und unbeteiligt war an dem, was geschah – nur die anderen hatten Schuld. Niemand verstünde ihn, alle seien gegen ihn, hieß es dann. So ging es immer weiter. Christine und ich haben versucht, ihm deutlich zu machen, daß er so nicht durchs Leben kommt. Wir haben geredet, Druck ausgeübt, ihn auf die Konsequenzen seiner Handlungen hingewiesen, aber nichts schien seine Grundeinstellung zu verändern. Ich weiß, daß auch du manchmal sehr frustriert über ihn warst. Aber durch seine Hilflosigkeit konnte er manchmal das Zerbrechen von Freundschaften etwas hinauszögern, bis am Ende seine Hilflosigkeit andere wütend und hilflos machte. Seine Passivität, die er wie eine Waffe gebrauchte, hat mich jedes Mal erschreckt. Er ließ alles an sich geschehen, war an seinem Leben unbeteiligt, war der alles Erleidende, bis es ihm zuviel war, und er zum Angriff überging. Dann folgten harte Anklagen und Beschuldigungen gegen fast jeden. Die drei Mädchenfreundschaften, die er vor Elaine hatte, sind auch an dieser Stelle in die Brüche gegangen. Keines der Mädchen war willig, sich immer wieder diesem Druck auszusetzen und nicht nur für sich selbst, sondern auch gleichzeitig für ihn verantwortlich zu sein.

Dann kam die Freundschaft mit Elaine. Sie war die reifste von den vier jungen Frauen, darum hielt die Freundschaft auch so lang. Aber schon vor der schicksalhaften Reise in den Süden, war auch diese Freundschaft ausgehöhlt. Ich weiß nicht, ob du das genau verfolgt hast, aber Elaine war nicht mehr bereit, für Peters Glück verantwortlich zu sein. Letztlich kann niemand für das Leben eines anderen einstehen. Ich weiß noch wie die beiden in seinem letzten Sommer gemeinsam Urlaub machen wollten. Elaine hatte feste Pläne – sie hatte sehr früh damit begonnen und ihre Reiseroute durch Kalifornien, Arizona und Utah festgelegt. Peter kam erst später dazu. Er war enttäuscht und beleidigt, daß Elaine ihn nicht früher eingeladen hatte, er wollte besonders gebeten werden, und dazu war sie nicht bereit. Vielleicht hat sie schon geahnt, was auf sie zukäme. Aber allein wollte er auch nicht reisen und so schloß er sich eine Woche vor der Abreise ihren Plänen an. Sie fand das in Ordnung, aber er war sauer, weil er nicht inständig genug gebeten worden war. Nichts war ihm recht, er suchte förmlich nach etwas, das er kritisieren konnte.

Bei der Abfahrt verstanden sie sich noch einigermaßen, aber dann wurde es wohl schnell unerträglich. Elaine hat mir nie alle Einzelheiten erzählt, aber von dem, was sie mir mitgeteilt hat, konnte ich mir ein Bild machen. Als ihr letztes Streitgespräch stattfand, saß Peter am Steuer. Es hat einige Monate gedauert, bis Elaine mir gesagt hat, daß sie sich unmittelbar vor dem

Unfall schlimm gestritten hatten und er sehr ägerlich auf sie gewesen war. In seinem Ärger ist er dann an der Küste von Oregon, südlich von Florence, von der Straße gefahren und einen Abhang hinuntergerollt, ob absichtlich oder ob es ein Unfall war, hat Elaine nicht sagen können. Sie neigt mehr dazu, zu glauben, daß es ein Unfall war, der aber aus seinem Ärger und seiner Unkonzentriertheit entstanden sein kann. Er hatte sich nicht angeschnallt, flog durch die Windschutzscheibe und gegen einen Felsen und war sofort tot, während sie, vielleicht weil sie angeschnallt war, mit leichten Verletzungen davonkam. Elaine hat sich lange Vorwürfe gemacht, nicht verständnisvoller auf ihn reagiert zu haben und nicht nachgiebiger und großmütiger gewesen zu sein. Ich habe versucht, sie davon freizusprechen, aber sie kämpft noch immer damit. Ihr geht es ähnlich wie mir.

Ich weiß bis heute nicht, was ich hätte anders machen sollen. Ich habe so sehr versucht, Peter vorzuleben und ihm auch zu zeigen, was für ein erhebendes Gefühl es ist, etwas zu schaffen, was man ganz allein eingefädelt hat und wofür man dann auch allein den Erfolg einstecken kann. Aber er wandte sich immer davon ab. Es war ihm entweder zu anstrengend, oder es lohnte sich nicht, dafür soviel einzusetzen. Er war bereit, die andern machen zu lassen und sich dann nur anzuhängen.

Wie hast du mich im Umgang mit Peter erlebt? Fandest du mich manchmal zu hart, habe ich ihn einfach nicht verstanden? Wie hast du den Verlust deines Bruders verarbeitet? Wie gehst du mit Menschen um, die von dir erwarten, daß du alles initiierst und dann dich verantwortlich machen, wenn etwas nicht klappt? Ich habe manchmal das Empfinden, daß ich an dieser Stelle einen blinden Fleck habe – ich konnte Peters Haltung nicht verstehen und habe auch heute noch

Mühe mit Menschen, die alles von mir abhängig machen und selbst nicht sagen, was sie wollen, geschweige denn etwas dafür einsetzen.

Ich habe Angst, daß, weil ich Peter nicht verstanden habe, ich ihn in meinem tiefsten Innern auch abgelehnt habe. Seine Art war mir femd. Ich habe ihm den stillen Vorwurf gemacht, daß er so war, wie er war. Dabei weiß ich, daß Menschen, denen etwas vorgeworfen wird, es besonders schwer fällt, sich zu verändern. Vielleicht habe ich es ihm gar unmöglich gemacht. Und hatte ich überhaupt das Recht, von ihm zu erwarten, daß er sich verändert?

Es ist das alte Problem von Eltern, die mit ihren Kindern nicht zufrieden sind. Dabei war ich mir dieses Problems bewußt und wollte unter keinen Umständen in diese Falle geraten. Ich wollte meine Kinder verstehen, ganz gleich wie verschieden von mir sie waren. Und wo ich sie nicht verstehen konnte, wollte ich sie respektieren. Habe ich Peter in seiner Andersartigkeit respektiert? Ich weiß es nicht. Habe ich ihm erlaubt seinen Weg zu gehen und die Konsequenzen zu tragen – und war der Unfall diese harte Konsequenz? Wie du merkst, bin ich voller Fragen. Du brauchst mir meine Fragen nicht schriftlich zu beantworten. Ich wollte dir nur andeuten, was mich bewegt. Vielleicht können wir, wenn du wieder zurück bist, mal darüber sprechen.

Die Frauengruppe heute abend war gut. Ich merkte am Anfang, daß ich dadurch, daß ich letzte Woche nicht da war den Anschluß etwas verloren hatte. Aber ich habe den Frauen erzählt, daß ich dir schreibe und was ich dabei erlebe, und daß ich es als ein spirituelles Abenteuer verstehe, als eine Suche nach der Kraft des Lebens. Es war wunderbar, wie sie mich zu verstehen schienen – ich brauchte nicht viel erklären. Als ich einige Minuten gesprochen hatte, sagte eine Frau, die sicherlich schon Mitte siebzig ist: "Da lebt Gott, das ist der Geist, der dich führt", und alle schwiegen und ließen diese Worte in sich nachklingen. Für mich war sie wie eine Prophetin, aber nicht abgehoben, sondern mitten in meinem Leben. Ich dankte ihr und fühlte mich mehr als verstanden.

Ich habe mich sehr über deinen Brief, den ich zu Hause vorfand, gefreut. Du schilderst deine Vorlesungen so anschaulich. Besonders gut finde ich, daß die Kinder meines Cousins aus dem Harz dich besucht haben, und daß ihr euch so gut verstanden habt. Ich merke, daß ich das fast körperlich miterlebe. Ich finde das gegenseitige Kennenlernen in der Familie sehr wichtig und habe versucht, es zu fördern.

Danke auch für die neuen Taschenbuchkataloge. Du weißt ja, wie gern ich in ihnen blättere – ich habe schon ein paar Titel gefunden, die ich bestellen werde. Das Buch von David Guterson, "Schnee, der auf Zedern fällt", das du drüben angekündigt gesehen hast, habe ich mir im September hier gekauft und sofort gelesen. Ich finde es wunderbar.

Ich mußte lächeln, als ich in deinem Brief über das Anstehen und Vordrängeln in der Bäckerei las. Das habe ich auch schon erlebt. Ich schlage dir vor, daß du, während du in Deutschland bist, es einmal probierst, dich in einem Geschäft frech vorzudrängeln. Und am nächsten Tag kannst du andern erlauben, sich vorzudrängeln. Wenn du beides kannst, stehst du nicht mehr unter dem Zwang, das eine oder andere zu tun – dann kannst du wählen und bist frei.

Ich habe mich jetzt entschieden, in weniger als einem Monat alles an dich abzuschicken. Bis dahin sammle ich noch weiter, aber dann möchte ich nicht weiter so schreiben, als hättest du keine Stimme.

2. November, morgens

Ist es nicht einleuchtend, daß wir eingebunden sind in einen Zusammenhang, zu dem die Jahreszeiten gehören, die Stufen der Liebe, die Glücks– und Enttäuschungsmomente, das Hell und Dunkel, das leidenschaftliche Festhalten und das schmerzvolle Loslassen? Vielleicht ist nicht mehr von uns gefordert, als daß wir uns dessen bewußt werden, und in den Rhythmus hineingeben, hineinbewegen und langsam das Tanzen lernen zu einer Musik, die nichts anderes ist, als unser Leben selbst. Es leuchtet mir darum ein, daß die Astrologie eine tiefe Weisheit ausdrückt, sofern sie sich als das Wissen versteht, das uns hilft, unsere Geburt als diesen Eintrittspunkt in den großen Tanz zu verstehen. Du und ich, wir sind an einer ganz bestimmten Stelle in diesen Rhythmus hineingeboren, und unser Leben besteht nun daraus, uns dieser Stelle und des ganzen Rhythmus bewußt zu werden, weil wir uns – in dem Maße, in dem wir bewußt werden – den Rhythmus zu eigen machen und dann über ihn hinaussteigen können. Was mir bewußt wird, beherrscht mich nicht mehr auf einer tiefen zwanghaften Ebene. Was ich kenne, kann ich gestalten und was ich gestalte, trägt in sich etwas von meiner Seele und meinem Geist und ist mir darum nicht mehr fremd oder feindlich gesonnen.

Du bist siebenundzwanzig Jahre nach mir in den Rhythmus eingetreten, und manches war zu der Zeit anders als zu meiner Geburt. Aber doch ähneln sich die Frühlinge aller Jahre, das Loslassen ist immer schwer, und Glück und Enttäuschung wechseln einander ab, wie sie es immer getan haben. Die Jahre haben uns manchmal getrennt, aber sie brauchen es nicht weiter zu tun. Wir sitzen auf dem gleichen Karussell, und während du dich in der Sonne befindest, kreise ich gerade durch eine Schattenseite, und während du die Hoffnung verlierst, mag ich gerade von einer Energie beseelt sein, die deine Hoffnungslosigkeit verwandeln kann, und während das Holzpferd, auf dem du sitzt, wild und frech aussieht und gerade in die Höhe steigt, ist meins ein zahmes Pony, das sich nach unten bewegt. Deins kann nur wild aussehen, weil meins zahm ist. Das eine macht das andere möglich. Wir gehören zusammen in dem Tanz, der alles einschließt. Das eine ist die Schattenseite des anderen, und ich lebe das, was ein anderer nur zu träumen gewagt hat. Den Weg, den ich nicht gehen wollte, geht jetzt ein anderer bis zu Ende.

Unser größtes Problem ist Kurzsichtigkeit – das läßt uns trennen nach Geschlechtern, Rassen, Glaubensrichtungen. Das macht uns unsäglich einsam. Alle Trennungen sind nur Illusionen. Und Illusionen entstehen nur, weil wir einander nicht kennen. Es ist unsere Unwissenheit, die uns trennt. Jeder Satz, den ich an dich schreibe, ist ein Gruß von mir über das Karussell hinweg, an den Blicken der anderen Reiterinnen und Reiter vorbei. Ich reiche dir die Hand und schaue dich an und lasse mich von dir sehen.

Während ich dies geschrieben habe, habe ich die neue CD von Emmylou Harris aufgelegt, “Wrecking Ball.” Ich habe sie mir noch kurz bevor ich nach Hornby gefahren bin gekauft. Vielleicht haben die Rhythmen auf dieser CD zu meinen Karussellbildern und den Gedanken über den Rhythmus im Leben beigetragen. Ich suche immer wieder nach Musik, die mich ausdrückt, die meine Stimmung aufgreifen kann. Auf der neuen CD ist ein Lied, dessen Text zwar nicht besonders tiefsinnig ist, aber die Musik trägt diese heilige Sehnsucht, von der ich öfter spreche, in sich. Ich weiß, daß Country Musik nicht so dein Ding ist, aber ich finde Emmylou ist kaum noch als Country zu bezeichnen. Höre dir doch mal das zweite Lied an, "Goodbye" von Steve Earle. Die Hintergrundmusik ist das Besondere für mich. Ich glaube, es ist eine elektrische Mandoline, die diese Sehnsucht transportiert. Auch das alte Jimi Hendrix-Lied öffnet mir das Herz. Wenn ich diesen Sound höre, weiß ich, daß es mehr gibt als nur das, was wir mit unserem Verstand und mit unseren fünf Sinnen erfassen können – die Sehnsucht nach einer Erlösung, die nicht einfach zu erfüllen ist. Ich glaube, daß dahinter der Wunsch nach dem eigenen Tod steckt, nicht um aus diesem Leben zu fliehen, sondern um durchzubrechen in eine größere, unbegrenzte Welt. Wie verlockend und gefährlich das ist.

Heute möchte ich dir sagen, wie glücklich es mich macht, mit dir reden zu können. Ich konnte mit meinem Vater fast nur über Äußerlichkeiten sprechen. Ich war schon erwachsen, als mir auffiel, daß er mich nie etwas ganz Persönliches gefragt hat. Er hat mich nicht nach meinen Gefühlen gefragt. Meine Meinung zu Geschehnissen in der Welt schien ihn nicht zu interessieren. Wenn es um Politik ging, hatte er seine Ansicht, und alles andere war unwichtig. Ich glaube, es ist vielen aus meiner Generation so mit ihren Vätern gegangen.

Bewußt geworden ist mir das alles erst, als ich merkte, wie gern und oft ich mich mit dir unterhielt und auch mit Peter und Ellen – trotz aller Schwierigkeiten – und wie wichtig mir gerade eure Gefühle waren. Unsere Gespräche gehören zum Schönsten meines Lebens. Nicht weil sie besonders schöngeistig waren, oder weil wir Dinge sagten, die andere nicht auch sagen konnten, nein, nicht deswegen. Das Glück entstand immer da, wo ich merkte, wie wir aufeinander hörten. In dem Hören drückte sich unser Respekt voreinander aus. Wir waren einander behilflich, die Worte zu finden, die das Innere freilegen konnten.

Ich glaube, daß mein Vater sich in seinem Innern Kontakt gewünscht hat, aber nicht wußte, wie das anzustellen war. Er war von einer Schüchternheit, die manchmal wie Desinteresse wirkte. Oft mußte er nach den richtigen Worten suchen und schwieg dann lieber ganz. Auch hatte er Angst, seine wahren Gefühle zu zeigen. Gefühle waren in der Generation noch etwas sehr privates. Von meiner Mutter habe ich gehört, daß sein Vater, den ich nicht gekannt habe, ihm diese Kontaktfähigkeit nicht vorgelebt hat. So hatte er kein Vorbild, an dem er sich orientieren konnte.

Jetzt möchte ich noch auf etwas zu sprechen kommen, was zwar kein Geheimnis ist, was wir aber über die Jahre im Gespräch immer nur gestreift haben. Ich glaube, es ist wichtig, es dir direkt zu sagen, denn ich erinnere mich an viele Gespräche mit meinen Eltern, in denen Themen angeschnitten, aber nie wirklich erforscht wurden. Und es wurde mir bei diesen Kurzgesprächen auch nie klar, daß ich noch mehr fragen müßte. Als dann beide gestorben waren, kamen mir Fragen, auf die ich gern eine Antwort gehabt hätte, aber es war zu spät. Mir fiel dabei auf, daß ich meinte, vieles zu wissen. Ich wußte es auch auf eine gewisse Weise, und dann wieder nicht, wenigstens nicht in der Tiefe, die nötig ist, um daraus etwas Wichtiges für das eigene Leben zu lernen. Es gibt viel verschwommenes Halbwissen, was dann zu Halb-Bewußtsein führt und nur halbherzige Veränderungen nach sich zieht.

Zurück zu uns. Wir haben gerade in den Jahren, in denen ihr drei geboren seid, viele Schwierigkeiten in unserer Ehe gehabt. Wir waren jung, und es war schon die Zeit, als Trennungen und Scheidungen häufiger wurden. Man konnte "Trennung" schon denken, auch in frommen Kreisen, und wir haben sie gedacht. Zunächst jeder für sich und dann später auch zusammen, manchmal im Ärger, manchmal mit einer Fassung, die uns selbst befremdete. Ich deute das heute als den Druck, unter den wir uns gegenseitig setzen wollten, um einander zum "besseren" Handeln zu zwingen. Trennung und Scheidung waren also eine denkbare Wirklichkeit.

Du weißt, wie verschieden wir beide waren. Wir haben einander mit unserer Unterschiedlichkeit das Leben manchmal schwer gemacht. Aber gleichzeitig war es auch gerade dieser Gegensatz, der uns die Welt erschlossen hat. Was ich nicht in mir trug, was ich vielleicht noch nicht einmal denken konnte, war für Christine das, was ihrem Herzen am nächsten lag – und umgekehrt. So waren wir eine Herausforderung füreinander und sind gerade daran gewachsen. Die Seite des Lebens, die voller Geheimnisse für mich war, verkörperte sie. Und ich konnte ihr da Wege und Möglichkeiten zeigen, wo sie etwas nicht verstand und wo ihr die Welt verschlossen war. Das, was uns trennte, schaffte das größere Leben für uns. Ein Bild dazu hat mir immer gefallen. Der Raum, der zwei Menschen trennt, gehört ihnen, wenn sie nicht aufgeben, diesen Raum durch ihr Zugewandtsein zu überbrücken. Je größer der Abstand, desto mehr gehört den beiden und desto größer muß auch ihr Einsatz sein.

Was uns verbunden hat – das begreife ich jetzt mehr denn je, vielleicht auch weil Christine nicht mehr da ist –, war unsere gemeinsame Sehnsucht nach Sinn, nach Erfüllung, auch wenn unsere Suche unterschiedlich war. Es verband uns die Leidenschaft, aus dem Leben etwas zu machen. Wenn einer von uns in diesem Bereich gleichgültig gewesen wäre, hätte der andere es nicht ausgehalten. Ich habe viele Ehen beobachtet, die wegen der Unterschiedlichkeit, was ihre Ziele betraf, gescheitert sind. Einer der beiden suchte intensiv, manchmal fast verzweifelt, nach Erfüllung, während dem anderen alles gerade so recht war, wie es war. Für einen war es wichtig, zu wachsen, während der andere zufrieden war, wenn sich nichts veränderte. Da half es dann auch nicht, daß sie dieses und jenes gern zusammen taten. Es ging nicht darum, was sie taten, sondern in welcher Haltung sie es taten.

Aus dem Grund konnte ich mir auch keine Beziehung zwischen dir und Andy auf längere Zeit vorstellen. Du, mit deiner Leidenschaftlichkeit, die oft versteckt und für viele unsichtbar brennt, und Andys so zur Schau gestellte Lässigkeit, die ihm wichtiger zu sein schien als alles andere – diese unterschiedliche Art hätte euch auf Dauer verrückt gemacht. Die Interessen, die Gemeinsamkeiten, die ihr hattet, wären nicht genug gewesen. Ich habe es nie gesagt, aber ich war erleichtert, als ihr euch getrennt habt.

Am schwierigsten war es für Christine und mich vor deiner Geburt. Wir haben uns viel gestritten. Vielleicht ist es für dich schwer zu verstehen, wie wir zu solchen Zeiten noch miteinander schlafen und dich zeugen konnten, ohne uns dabei zu verstellen. Aber so war unser Streiten nicht. Wir sind uns nie gleichgültig geworden. Sex in Gleichgültigkeit zu praktizieren, wäre für uns beide nicht möglich gewesen. Auch in unserem Streiten waren wir leidenschaftlich, wenn auch kurzsichtig. Aber genauso wie wir uns Dinge an den Kopf schleuderten, so konnten wir danach auch wieder zueinander finden und uns lieben. Ich überlege darum noch heute manchmal, ob wir uns je wirklich trennen wollten. Damals haben wir beide es geglaubt und darin lag die Gefahr.

Als du unterwegs warst, hatten wir vieles immer noch nicht gelöst, aber wir waren beide schon so schlau zu wissen, daß viele Fragen nicht endgültig gelöst werden können, sondern daß das Ganze ein Prozeß ist, den man bejahen oder ablehnen kann. Ich habe dich manchmal als die Person gesehen, die trotz ihrer Winzigkeit, unsere Ehe gerettet hat. Ich weiß, daß niemand anders als die beiden Partner letztlich eine Ehe retten können, aber du hattest einen großen Part dabei, einfach dadurch, daß du unterwegs warst. Ich danke dir heute noch dafür. Es gab zwar einige Wochen, in denen wir dich abgelehnt haben, jeder für sich – ich will dir das nicht verschweigen. Ich möchte, daß du die Umstände deiner Zeugung und Geburt kennst. Das hing damit zusammen, daß wir nun nicht mehr unseren egoistischen Bedürfnissen nachgehen konnten – wir konnten jetzt nicht einfach an Trennung denken. Du hast uns dabei gestört. Wir konnten uns nicht mehr so verbohrt auseinandersetzen. Aber schon nach einigen Wochen haben wir beide dich angenommen. Wir haben erst nach deiner Geburt ganz offen darüber geredet und festgestellt, daß wir Ähnliches dabei durchgemacht haben. Schon in den mittleren Monaten der Schwangerschaft haben wir dich dann doppelt geliebt: Einmal, weil wir mit Freude auf dich gewartet haben und dann, weil wir durch dich eine neue Chance miteinander gesehen haben.

Es ist mir seit deiner Geburt ab und zu durch den Kopf gegangen – in den letzten Jahren häufiger – ob du in den neun Monaten, die Christine dich getragen hat, schon die beiden Seiten des Lebens noch näher als hautnah erlebt hast: die Geborgenheit, die Liebe, das Angenommensein einerseits und dann aber auch den Konflikt, die Einsamkeit und die Härte – eben diese beiden Seiten, in denen Christine und ich damals miteinander lebten und die sie sicherlich auch in ihrem Körper, zu dem du ja gehörtest, ausgetragen hat. Wir haben dich dem ausgesetzt und manchmal scheint es mir, als habest du das damals schon in dich aufgenommen, als eine unabänderliche Tatsache des Lebens. Eigentlich bin ich "rückwärts" auf diese Feststellung gekommen. Ich erlebe dich oft als erstaunlich fähig, mit Liebe und Geborgenheit umzugehen, aber andererseits bist du auch ebenso fähig in Konflikten zu leben, ohne daß sie dir das Leben unmöglich machen. Da habe ich mich schon oft gefragt, wie du das schaffst und woher du diese Weisheit hast. Vielleicht ist es die frühe Begegnung mit diesen beiden Welten gewesen, während viele Kinder nur das eine oder andere erleben. Ich hoffe, daß ich diese Deutung deiner Art nicht nur gefunden habe, um mich selbst von meinen Fehlern in der damaligen Zeit freizusprechen.

Sicherlich könnten wir sagen, daß wir manchmal "wegen der Kinder", wegen euch, zusammengeblieben sind. Ich sehe das nicht negativ. Wenn es am Ende immer nur noch "wegen der Kinder" ist, dann ist es zu wenig, um sich selbst treu zu bleiben. Aber wenn es eine Hilfe gewesen ist, bei dem zu bleiben, was man begonnen hat, dann sehe ich darin einen tiefen Sinn. Ich glaube, daß wir uns selbst und einander manchmal daran erinnern müssen, was wir versuchen zu leben. Wenn wir "wegen der Kinder" zusammen bleiben, um eine Krise zu überbrücken, dann sehe ich darin nichts Falsches. Wir sind später sehr dankbar dafür gewesen, daß ihr uns die Trennung so unmöglich gemacht habt. Später, als sich unsere Vorstellungen von Ehe und Liebe veränderten, haben wir gelernt, daß Ehe viel mehr ist als Leidenschaft und Übereinstimmung, und daß Liebe nicht in erster Linie ein Gefühl ist, sondern die Entscheidung, das Leben auf eine bestimmte Weise anzugehen. Das hätten wir nicht gelernt, wenn ihr uns nicht indirekt durch euer Dasein dazu "aufgefordert" hättet.

In den letzten Monaten habe ich oft gedacht, daß wir ein Geflecht aus Liebe herstellen müssen, das zwischen uns allen so eng geknüpft ist, daß niemand von uns hindurchfallen kann. Verstehst du was ich meine? Ich merke immer mehr, was schon viele vor mir gemerkt haben, daß am Ende nur die Liebe zählt. Wieviel Energie habe ich in so manche Unternehmungen gesteckt und sicherlich war es richtig so – es war dem Stand meines Wissens und meiner Weisheit entsprechend, und ich konnte nicht reifer handeln, als ich war – aber jetzt versuche ich neu festzulegen, was wirklich wichtig ist. Nichts ist so wichtig wie die Liebe, aber wie lebt man sie? Das liebende Herz schützt den Liebenden und den Geliebten vor der Sinnlosigkeit. Wir schützen einander mit unserem Herzen. Der Verstand schafft das nicht, auch nicht die Gefühle. Beide sind nicht umfassend genug. Wir brauchen unser ganzes Wesen, eben unser Herz, um einander Schutz zu geben. Wenn ich an "Herz" denke, dann denke ich an alles, was ich zu geben habe. Ich schreibe dir dies, weil ich mich geschützt weiß von deinem Herzen. Ich bin dir zugewandt und ich spüre deine Zuwendung, auch wenn wir nicht immer einer Meinung sind.

Vielleicht habe ich die Form der Liebe nicht gekannt, die Zugang zu Peter gefunden hätte. Bei all seinen Fehlern, weiß ich, daß ich versagt habe. Vielleicht hätte das phantasievolle Herz einen Weg gefunden, ihn zu schützen.

Eben bin ich noch einmal durchs Haus gegangen und habe mich gefreut über die Einrichtung und Gemütlichkeit. Viel davon verdanke ich Christine. Sie hat das Haus beseelt. Für sie war jede Wohnung, die wir bewohnt haben, ein Ausdruck ihrer Seele. So entstand immer wieder eine Atmosphäre, die nicht nur durch eine gute Innendekoration geschaffen wurde. Manche der Gegenstände im Haus sind mir sehr kostbar, auch wenn sie nicht viel wert sind. Meine Geschichte mit ihnen macht sie mir wertvoll.

Aber ich habe auch deine Kritik im Ohr – seit unserem Gespräch im Frühling – und möchte das Thema darum auch ansprechen. Du meinst, daß materielle Dinge mir zu wichtig seien und daß ich die Armut in unserer Gesellschaft nicht verstünde. Aus deiner Sicht kann ich das sogar verstehen. Aber ich sehe die Dinge, die ich besitze, nicht nur als Dinge an. Sie sind Symbole und schaffen mir eine Verbindung zu dieser Welt. Durch sie gestalte ich mir hier eine Heimat, genauso wie durch die Beziehungen, die ich immer gepflegt habe. Du beurteilst, was ich besitze, mit deinen Augen, als sähe ich es so. Aber das tue ich nicht. Auf dem Hintergrund meines Lebens ist materieller Besitz etwas anderes als auf dem Hintergrund deines Lebens.

Du hast ja so manches von meiner und Christines Vergangenheit gehört. Aber vielleicht fehlen dir noch einige Stücke, um das Bild zu vervollständigen – wenigstens die Gefühle, mit denen ich aufgewachsen bin, wenn es um Geld ging. Wie die meisten nach dem Krieg, waren unser beider Familien arm. Es gab manchmal nicht genug zu essen und – was mir damals noch schlimmer schien – es gab keine Aussicht, daß es besser werden würde. Arm zu sein, wurde darum in meinem

Kopf zu einem unentrinnbaren Zustand. Das einzig Tröstliche war, daß es vielen so ging. Ich glaube, ich habe mich damals innerlich von Geld und Besitz getrennt. Ich weiß, daß andere die entgegengesetzte Reaktion hatten: Sie begannen sich auf das Geldverdienen und Besitzen zu konzentrieren. Für sie gab es nur eins: endlich aus der Armut herauszukommen. Vielleicht war es meine leicht depressive Seite, die mich den ersten Weg wählen ließ. Indem ich Besitz nicht mehr so wichtig nahm, konnte mir die Abwesenheit von Besitz, die Armut, nicht viel anhaben. Das wurde in den ersten Jahren in Kanada noch verstärkt, weil wir nichts hatten und doch wußten, wie wichtig es in diesem Land war, etwas zu besitzen. Auch hatte ich gesehen, wie meine Eltern darunter litten, arm zu sein. So wollte ich nie leiden, und darum entschloß ich mich, den materiellen Werten nicht so viel Macht über mich zu geben.

Du dagegen bist in einer materialistischen Gesellschaft groß geworden und hast dich dein ganzes junges Leben lang dagegen gewehrt. Ich glaube, du hast dabei etwas auf mich projiziert, das wenig mit mir zu tun hat. Du hast meine Indifferenz dem Geld gegenüber als Blindheit gedeutet. Ich glaube, daß das so nicht zutrifft. Du hast es uns manchmal übelgenommen, daß wir uns schön eingerichtet haben und hast dabei vielleicht nicht verstanden, wie wichtig es für Christine und mich war, uns eine Art innerer Heimat zu schaffen, um dem nachzugehen, was uns wichtig war. Und dafür entschuldige ich mich nicht.

Mein religiöser Hintergrund steuert hierzu einen seltsamen Widerspruch bei: Einerseits ist Armut besser als Reichtum, Reiche kommen nur sehr schwer in den Himmel. Auf der anderen Seite aber segnet Gott die, die ihn lieben. Wer also arm ist, scheint irgendwie nicht ganz richtig mit Gott zu stehen, weil er sonst sichtbarer gesegnet worden wäre. Dieser Gegensatz ist nie aufgelöst worden und ich glaube, daß so mancher davon fast zerrissen worden ist. Einerseits gilt es als gut, etwas zu besitzen und dann wiederum war es nicht gut.

Ich hoffe, daß es für dich möglich ist, mich in meinem Lernen zu respektieren, so wie ich übe, dich in deinem Lernen zu respektieren. Nie, ich meine wirklich nie, wirst du nachempfinden können, wie ich Geld empfinde, und nie werde ich wissen, wie es ist, von klein auf in diesem mittleren Wohlstand aufzuwachsen, immer genug zu essen zu haben, es warm zu haben, Spielzeug zu besitzen, und einen Schrank voller Kinderbücher. Aber bitte höre darin keinen Vorwurf. Ich weiß nur, daß dich das geprägt hat und du versuchst, dich von dieser Prägung zu befreien, so wie ich mich von meiner zu befreien versuche, aber auf eine ganz andere Art.

Ich erinnere mich an den Stolz, den ich als Kind hatte. Nie hätte ich einen Spielgefährten um etwas zu essen gebeten. Schon als ich ganz klein war, empfand ich eine Scham davor. Ich erinnere mich noch an eine Begebenheit, als ich vielleicht acht Jahre alt war. Die Eltern eines Freundes hatten in einem Care–Paket aus USA eine ganze Tüte Bonbons geschickt bekommen und sie ihrem Sohn geschenkt. Er brachte sie zum Spielen mit und aß sie mit Genuß. Sie waren bunt und sahen herrlich aus. Entweder fiel ihm dabei nicht ein, mir eines anzubieten, oder er wollte es nicht. Und ich fragte nicht. Ich hätte mir lieber die Zunge abgebissen, als um ein Bonbon gebettelt. Aber der Stolz hatte doch auch seine Grenzen. Als nämlich meinem Freund ein Bonbon in den Dreck fiel und er es liegenließ, hob ich es auf und lutschte es mit Vergnügen.

Ich erinnere mich an eine Begebenheit als du neun warst. Es war vor Weihnachten, und ich hatte dir dreißig Dollar gegeben, damit du dafür Weihnachtsgeschenke kaufen konntest. Wir trafen einen Bettler auf der Straße, was damals noch etwas Ungewöhnliches war und du wolltest wissen, warum der Mann kein Geld hatte. Ich erklärte es dir und du gingst und gabst ihm deine dreißig Dollar. Du hast mich damals beschämt, und doch wußte ich, daß ich mich nicht schämen mußte – ich komme aus einer anderen Zeit. Ich war damals stolz, daß du es getan hast.

Ich habe ein großes Sicherheitsbedürfnis. Es fällt mir schwer, alles wegzugeben. Vielleicht ist das auch der Unterschied zwischen dem Erwachsensein und dem Kindsein. Das Kind darf unreflektiert sein, der Erwachsene dagegen nicht. Ich habe den Bettler auch ein wenig durchschaut, ich meinte es jedenfalls zu tun, während du das Recht hattest, ihn nicht durchschauen zu müssen und ihm zu glauben. Ob du jetzt noch so handeln würdest?

Vielleicht kommt eine Zeit, wo du anders handeln würdest, weil du meinst, reflektierter sein zu müssen, während ich vielleicht zu der gleichen Zeit meine Taschen ausleeren und einem Bettler alles geben könnte. Ich kann mir vorstellen, daß diese Verschiebung schon jetzt stattfindet. Und heute wie auch damals wäre es falsch, deine Handlung aus meiner Sicht und meine aus deiner Perspektive zu beurteilen oder zu erklären. Ist es nicht sinnvoller, einander zu lieben, in tiefem Respekt vor den Taten und der Entwicklung des anderen?

Nochmal zurück zu Peter. Als ich letzte Nacht nicht schlafen konnte, wurde mir aufs neue deutlich, daß sein Unwillen, Verantwortung zu übernehmen, vielleicht nur Ausdruck einer Hilflosigkeit war. Vielleicht wollte er mit der Beschuldigung anderer nur ausdrücken, daß er nicht die innere Kraft hatte, sein

Leben selbst zu steuern. Wir aber wollten ihn dazu zwingen. Möglicherweise wäre die richtige Lösung gewesen, die wichtigen Entscheidungen seines Lebens, auch noch als er erwachsen war, mit ihm zu treffen – ihm sozusagen beizustehen, wie man es bei einem Kind tut. Statt dessen haben wir ihn immer wieder herausgefordert. Vielleicht bin ich zu stark von meinem Verständnis ausgegangen, wie es sein sollte, wie es zu sein habe, und habe damit Peter überfordert. Es ist fast wie eine alttestamentarische Seite, die ich da in mir spüre. Meine frommen Vorfahren reichen mit ihren Vorstellungen und Werten bis in mein Leben und bis in das Leben meiner Kinder.

Dies ist ein Brief voller "Vielleichts". Am Ende werden wir nicht wissen, wie es besser gewesen wäre.

Die Gedanken über Peter haben ein Gefühl in mir angerührt, mit dem ich schwer umgehen kann. Ich sehe uns damals, als ihr klein wart, als Familie, in einer Einheit, wie wir sie in den letzten Jahren nicht mehr gehabt haben. Wir waren damals stärker aufeinander bezogen, wir erlebten miteinander und manchmal durch einander. Vielleicht war es auch so, daß wir einander brauchten. Wir gaben uns Sinn.

Jetzt ist es manchmal so, als wäre unsere Begegnung zufällig und vielleicht sogar unnötig. An Tagen, an denen ich mich stark fühle, weiß ich, daß es so sein muß und kann sogar stolz darauf sein, daß ihr so erwachsen seid, daß ihr mich nicht mehr braucht. Ich bin beteiligt an eurer Fähigkeit, euer Leben allein leben zu können. Es ist ein Stück weit mein Verdienst. Und doch beschleicht mich Trauer. Ich kenne sie schon – in ihr will ich etwas festhalten, auch wenn ich weiß, daß nichts festzuhalten ist, kein Tag, keine Stunde, kein Blick, keine Handlung, kein Wort. Nur in der Reflexion, in der beseelten, inneren Wiederholung, in der jedes

Geschehen auch gleichzeitig wieder neu und erstmalig ist, können wir die Vergangenheit noch einmal erleben.

In letzter Zeit habe ich oft denken müssen, daß es wahrscheinlich nach meinem Tod eine Zeit geben wird, vielleicht sogar schon vorher (vielleicht ist es ja jetzt schon manchmal so), wo ihr nur noch selten an Christine und mich denken werdet. Ihr werdet so erfüllt sein von euren Plänen, Nöten, Ängsten, Freuden und auch Freunden, daß wir nur noch Randerscheinungen in euren Gedanken sein werden. Bitte höre darin keinen Vorwurf. Ich weiß, daß es der Gang der Dinge ist und doch schmerzt es, weil es einmal anders war. Dann wird die Zeit noch weitergehen und wenn ihr einmal Kinder haben solltet, werden sie ihre Großmutter nur durch eure Erinnerungen kennen. Ich finde es manchmal verrückt: Da seid ihr buchstäblich durch eure Mutter hindurch auf diese Welt gekommen und dann haben die Menschen, die euch am nächsten stehen, keine Begegnung mit ihr gehabt.

Als ich klein war, dachte ich immer, daß alles in Generationen vor sich ginge. Es gab die Generation meiner Eltern – in ihr waren alle so alt wie meine Eltern, und dann gab es meine Generation, in der alle etwa so alt waren wie ich. Erst später entdeckte ich, daß es ganze Generationen dazwischen gibt – ja, daß jedes Jahr eine Generation geboren wird. Und doch scheint es mir jetzt fast wieder so, als marschierten wir in Generationen – erst waren meine Eltern dran, dann wir, dann werdet ihr dran sein und danach eure Kinder. Und von euren Kindern zu meinen Eltern gibt es keine direkte Verbindung mehr – auch wenn die einen nur durch die anderen existieren.

Manchmal fühle ich mich noch wie achtundzwanzig oder gar wie achtzehn, auch wenn ich schon dreimal so alt bin. Gelegentlich kommt es mir so vor, als hätte ich zwischendurch geschlafen, oder als wäre ich anderswo gewesen und mein Leben hätte in großen Stücken ohne mich stattgefunden. Ich kann verstehen, daß manche Menschen das Gefühl haben, um ihr Leben betrogen worden zu sein. Darum ist mir das bewußte Leben so wichtig und ich rede deshalb immer wieder davon.

Ich kenne eine Klarheit, die es nur im Zusammenhang mit dem Tod gibt. In mir sehe ich diese Klarheit als Bild: Ich steige in mein Kajak und paddele auf einen stillen See hinaus. Manchmal bin ich sogar nackt, ich nehme nichts mit. Alles ist ganz einfach. Da bin ich, unter mir die dünne Schale des Bootes, und darunter der blaue See. Alles andere bleibt am Ufer zurück. Es bedarf keiner Worte mehr. Erklärungen würden das Eigentliche nicht erklären. Alles ist auf das Minimum reduziert. So empfinde ich es manchmal, wenn ich an die Jahre, die mir noch bleiben, denke. Es ist so einfach. Viel einfacher als zu der Zeit, als sich mein Leben noch entfaltete und ich noch auf einen Höhepunkt zuging. Den habe ich nun längst überschritten. Aber vielleicht nur chronologisch. Oft hoffe ich, daß, wenn ich klar denken kann, ich bis zu meinem Lebensende in einer aufsteigenden Linie leben werde – der Zenit kommt am Ende, wenn alles, was ich gelebt und gelernt habe, zusammenkommt in einem wunderbaren Finale des Geistes. Ist das nicht möglich? Ich strebe es an. In dieser Sehnsucht nach Klarheit und Durchsichtigkeit kann ich mir den Tod als letzte große Klarheit vorstellen.

9. November

Seit einer Woche habe ich mich nicht gemeldet, denn ich brauchte den Abstand zum Geschriebenen. Nach drei Wochen Abwesenheit gibt es hier auch allerlei Kleinkram zu erledigen. Post durchsehen, telefonieren, mich bei Freunden melden, einkaufen gehen. Aber jetzt bin ich wieder soweit, dir weiter zu schreiben.

Erinnerst du dich, daß ich im Frühsommer einen Kurs bei der Hospizbewegung gemacht habe, in dem man lernt, wie man Schwerkranke und Sterbenskranke begleitet? Ich habe mich jetzt dort gemeldet, um mich als Begleitperson anzubieten. Man gab mir drei Besuche zur Auswahl. Ein Kind mit Leukämie, ein Mann etwa in meinem Alter mit Prostatakrebs und eine Frau über siebzig, die an Knochenkrebs leidet. Ich habe mich noch nicht fest entschieden, aber ich glaube, ich werde die ältere Frau besuchen. Der Arzt sagte mir, daß sie gemalt habe und gern Musik höre. Auch möchte ich gern jemandem begegnen, der in dem Alter ist, auf das ich noch zugehe. Ich möchte gern in meine eigene Zukunft schauen. Ihre Kinder wohnen im Osten Kanadas und sie hat keine Familie in der Stadt. Sie wartet schon länger auf jemanden, und ich bin gespannt, ob wir zueinander passen.

Beim Durchblättern dessen, was ich bisher geschrieben habe, merke ich, daß ein Aspekt unserer Familie nicht zu Wort gekommen ist. Mein Onkel Friedebert ist der Vertreter dieser Seite, wenigstens war er es. Er ist vor einigen Jahren gestorben. In deinem Hang zur Mystik erinnerst du mich manchmal an ihn.

Ich möchte dir nur die Begegnung mit ihm beschreiben, die mich am meisten beeindruckt hat. Da seine Familie auch in den Norden von British Columbia gezogen ist, sind wir uns oft begegnet. Zuerst fand ich ihn, wie alle älteren Leute – etwas langweilig. Er schien nicht anders als die anderen zu sein. Das änderte sich dann aber dramatisch, als er mich einen Sommer zu einer Bergtour einlud.

Mein Onkel Friedebert – er betonte immer, daß sein Name in der Mitte ein "e" hätte – hatte eine Begabung, die für manche Mitglieder unser Familie unerträglich war. Es gab ein ungeschriebenes Gesetz, nach dem alles, was irgendwie aus dem Rahmen fiel, in unserer Familie nicht vorzukommen hatte. Ich kann es verstehen, weil Normalität Sicherheit gibt. Wer nicht heraussticht oder auffällt, ist einer der vielen und wird von der Masse beschützt. Wer anders ist, gefährdet nicht nur sich selbst, sondern auch andere, weil die Andersartigkeit die Normalität in Frage stellt. Onkel Friedebert wich von dieser Norm ab. Er hatte die Gabe des "Gesichts", wie man es früher nannte. Manchmal – es passierte nicht so häufig, aber häufig genug, um in unserer Familie Unbehagen aufkommen zu lassen – passierte es, daß er etwas zu wissen schien, was niemand sonst wußte oder wissen konnte. Viel später begriff ich, daß er oft auf eine besondere Weise innerlich an dem Geschehen der Welt teilnahm und hellhörig war. Er ließ sich ansprechen und schaltete micht ab. Aber ich habe mich aus anderen Gründen eng mit ihm verbunden gefühlt. Ich war glücklich, daß er zu unserer Familie gehörte, weil er, nach der Begegnung über die ich gleich schreiben möchte, für mich ein Vertreter des Geheimnisses wurde, das in allem steckt.

Er lud mich also zu einer Bergtour ein. Es gab in unserer Nähe einige Berge, die damals noch nicht bestiegen worden waren, jedenfalls nicht von Weißen. Das lag nicht etwa daran, daß sie besonders schwer zu besteigen gewesen wären, sondern weil das Wetter in der Gegend so schlecht war, daß viele einfach daran scheiterten. In dem Sommer war ich siebzehn, er Mitte fünfzig. Er hatte sich einen Gipfel vorgenommen, der zwar schon bestiegen worden war, aber doch eine Herausforderung für ihn und auch für mich darstellte. Er wollte ihn an einem Tag schaffen. Wir mußten sehr früh los, die drei Stunden Anfahrt im Dunkeln machen, noch vor Sonnenaufgang den Anmarsch durch dichten Busch schaffen, um dann beim ersten Licht an die Kletterpassagen zu gelangen. Der Aufstieg danach sollte etwa sechs Stunden dauern. Er hatte es alles durchkalkuliert und nach seiner Meinung sollten wir bei Dunkelheit wieder am Auto sein. Er hatte sogar noch eine Sicherheit eingebaut – “margin of safety” nannte er es – ein Wort, das er gelernt hatte und passend oder manchmal auch unpassend gebrauchte – so daß wir ruhig zwei Stunden über Tag verlieren konnten. Er wanderte gern und hatte schon einige Berge in der Umgebung unserer Stadt bestiegen. Ich sah also keinen Grund, seinen Kalkulationen zu mißtrauen. Es war ein warmer Spätsommertag und weil wir weder Zelt noch Schlafsack brauchten, hatten wir wenig zu tragen und würden schnell vorankommen.

Alles ging nach Plan. Am späten Vormittag sahen wir den Gipfel vor uns. Ein wenig später mußten wir unsere Steigeisen anlegen und die Eisäxte gebrauchen, um einen steilen Grat in Sicherheit zu bewältigen. Die letzten Schritte vor dem Gipfel ließ er, der bisher geführt hatte, mich nach vorn. Ich fand es großzügig von ihm, mich als erster den Gipfel betreten zu lassen. Eine halbe

Stunde verbrachten wir dort oben. Beide schrieben wir etwas auf kleine Zettel und legten sie in ein dort deponiertes Glas mit Schraubverschluß, eine Art Gipfelbuch, aßen unsere Brote und genossen die Aussicht. Wir konnten von dort aus zum Westen hin das Meer, den Pazifik, sehen. Im Osten erstreckte sich Bergkette um Bergkette mit Schneefeldern und ewigem Eis. Es war ein gewaltiges Panorama. Aber wir durften uns nicht zu lange aufhalten. Von Osten sahen wir am Horizont Wolken aufziehen, die uns keine Angst machten, weil wir in einigen Stunden wieder unten sein würden.

Der Abstieg ging gut, wir redeten wenig und konzentrierten uns auf die Aufgaben, die der Berg uns stellte. Nach zwei Stunden stand die Wolkenwand über uns und begann bald, sich zu senken. Aber noch machten wir uns keine Sorgen, wir kannten den Weg zurück, doch merkte ich, daß wir schneller gingen. Vielleicht war sogar schon etwas Hast in unseren Bewegungen. Wir wußten beide, daß es einen dichten Nebel gibt, der es unmöglich macht, weiterzugehen. Wir konnten schon den Waldrand sehen – vielleicht war es noch eine gute Stunde über die Schneefelder. Das mußte reichen.

Doch dann traf uns der Nebel wie ein Schlag. Gerade hatten wir noch mehr als einen Kilometer sehen können und plötzlich war jede Sicht weg. Ich konnte nur noch zwei Meter weit vor meinen Schuhspitzen sehen, und selbst dann war ich nicht sicher, wie zu deuten war, was ich sah. Schnee und Nebel verschmolzen zu einem. Ich wußte nicht, ob ich mit dem nächsten Schritt auf Schnee oder in die Luft trat. Die Abgründe, die rechts und links des Grates lagen, auf dem wir uns gerade befanden, sahen fest aus und der Boden vor mir, sah wie Luft aus. Wir waren eine halbe Seillänge auseinander. Wie Blinde tasteten wir uns zueinander hin und warteten. Dies konnte doch nur einige Minuten anhalten, dann müßte sich der Nebel etwas heben und wir könnten den letzten Kilometer bis zum Wald schaffen. Wir warteten, wurden ungeduldig und warteten weiter. Einige Male schien der Nebel dünner zu werden und wir gingen los, aber bald war er wieder so dicht, daß wir uns nicht weiterwagten. Beim dritten Versuch ging Onkel Friedebert vor, und ich blieb etwa fünf Meter hinter ihm. Selbst aus dieser Entfernung war er nur ein leichter Schatten, der immer wieder ganz verschwand. Plötzlich brüllte er "Achtung" und schon spürte ich den Ruck im Seil. Er war abgeruscht und ich hatte instinktiv meine Steigeisen in den Schnee gehauen und mich nach hinten geworfen. So konnte ich ihn halten. Eine kleine Wächte war abgebrochen und er hing halb über dem Abgrund, hatte sich aber mit einem Fuß noch gegen die Wand stemmen können, so daß er nicht frei über dem Abgrund baumelte. Mühsam zog ich ihn wieder hoch. Wir entschlossen uns, nicht weiter zu gehen. Zu der Zeit hatten wir noch zwei Stunden Tageslicht und wir hofften, daß sich der Nebel in der Zeit soweit lichten würde, daß wir den Waldrand würden erreichen können. Aber es kam anders.

Langsam verließ uns das Licht, ohne daß der Nebel dünner wurde. Ganz vorsichtig suchten wir in dem Schnee nach einem Felsen, der uns ein wenig Schutz geben könnte, aber wir fanden nichts. Der Nebel blieb undurchdringlich. Da waren wir also, ohne Zelt und Schlafsäcke im Schnee für die Nacht. Es war zwar noch Spätsommer, aber wir wußten, daß es auch ohne Temperaturen weit unter Null möglich ist an Unterkühlung zu sterben. Am Morgen waren wir auf gefrorenem Schnee gelaufen. Es würde mindestens ebenso kalt werden. Wir zogen alles an, was wir hatten, aßen unsere letzte Schokolade und machten uns auf die längste Nacht unseres Lebens gefaßt. Wir gruben uns etwas in den Schnee ein, um aus dem Wind, der inzwischen blies, herauszukommen. Unsere Körper schmiegten wir aneinander, um jedes Bißchen Wärme zu erhalten. Ab und zu standen wir auf und bewegten uns. Ohne es zu sagen, hatten wir beide Angst, daß wir einschlafen und nicht wieder aufwachen würden. Erinnerst du dich noch, Katrina, wie du als Zehnjährige auf der Kanutour um die Bowron Lakes, die ersten Anzeichen von Unterkühlung erlebt hast und wir es erst merkten, als du anfingst zu phantasieren? Du weißt, wie gefährlich es ist, immer mehr Körperwärme zu verlieren und es dann nicht mehr zum Leben zurückzuschaffen.

Wir unterhielten uns, erzählten Witze, gaben uns gegenseitig Rätsel auf und sprachen Texte, an die wir uns erinnern konnten. Sogar einige Balladen, die ich noch in Deutschland in der Schule gelernt hatte, fielen mir wieder ein. Auch hat Onkel Friedebert mir in dieser Nacht viel aus seinem Leben erzählt, von seiner Kindheit kurz nach der Jahrhundertwende, vom ersten Weltkrieg, von der Arbeitslosigkeit in Deutschland, ehe Hitler an die Macht kam. Er sprach auch von dem Rußlandfeldzug, den er mitgemacht hatte, und an den ihn zwei angefrorene Zehen erinnerten. Er erzählte von der Nachkriegszeit, der Zeit der Armut in Deutschland, und von der Entscheidung, nach Kanada auszuwandern und seinen Zweifeln, ob es die richtige Entscheidung gewesen sei. Ich erlebte ihn, allein mit mir, anders als sonst auf Familientreffen. Er verströmte eine Tiefe und Wärme, die ich nie vergessen werde. Alles, was er in dieser Nacht sagte, schien auf dem Hintergrund eines großen Geheimnisses gesagt zu sein, und er schien mir Teil dieses Geheimnisses zu sein.

In mir begann etwas zu klingen. Ich hörte ihn über sich reden, aber gleichzeitig schien er etwas über mich auszusagen, vielleicht über den Menschen, der ich einmal sein würde. Später habe ich oft daran denken müssen und manche Entwicklungen in meinem Leben waren wie die Erfüllung seiner Andeutungen. Ich spürte, daß er mit seinem Reden einen Platz für mich in der Familie schaffte, und mich einlud, diesen Platz einzunehmen.

Es war schon lange nach Mitternacht, als ich merkte, daß seine Zehen ihm zu schaffen machten. Ich zog ihm den rechten Schuh aus, schnitt ein Loch in die Spitze des Socken und massierte seine Zehen um den Kreislauf anzuregen. Dabei sagte er mir, daß es für ihn wichtig gewesen sei, mich, und nur mich, zu dieser Tour einzuladen, weil er mir das Empfinden geben wolle, daß auch ich zu unserer Familie gehörte, auch wenn ich mich manchmal nicht so fühlte. Ich verstand nicht genau was er meinte – das kam erst später –, aber ich spürte, daß mir etwas in seinen Gedanken vertraut war, und mir das eine Tür öffnete, von der ich nicht einmal wußte, daß es sie gab. Seitdem vermute ich, daß es in jeder Familie einen oder sogar mehrere gibt, die dieses Mysterium stärker verkörpern, als die anderen. Sie müssen sich untereinander finden, um eine Art Familie in der Familie zu bilden, eine Verschwörung, deren Ziel es ist, die Differenziertheit und den Zauber des Lebens in der Familie lebendig zu halten. Wie ein Sinnbild hat mich dies begleitet, besonders dann, wenn ich merkte, wie ich in unserer Familie nicht verstanden wurde. Seit einigen Jahren spüre ich, daß du auch zu dieser Verschwörung dazugehörst. Verstehst du, was ich meine?

Wenn Onkel Friedeberts Erzählen weniger spannend war, und meine Aufmerksamkeit nachließ, merkte ich, wie mir kalt wurde, und ich einnickte. Drei oder vier Mal mußten wir uns gegenseitig wecken, aber so haben wir die Nacht überlebt. Wir sprachen auch über unsere Einstellung zur Natur, unsere Liebe zu ihr und gleichzeitig unsere Angst vor ihrer Unbarmherzigkeit. In diesem Zusammenhang erzählte er mir nach einigem Zögern eine Geschichte, die ich nie vergessen werde. Von all dem, was er in der Nacht geredet hat, hat sie mich am tiefsten berührt und es war nicht so sehr der Inhalt, wie die Art, in der er sie erzählt hat. Sein Schmerz über das Leiden der Kreatur war spürbar. Selten habe ich jemand in unserer Familie soviel Gefühl ausdrücken sehen, ohne daß er dabei kitschig wurde. Als er mit der Geschichte fertig war, sagte er mir, daß er sie bisher niemandem erzählt habe, noch nicht einmal seiner Frau.

Er war noch nicht lange in Kanada als er im Sommer eine Arbeit bei der Waldbrandbekämpfung bekam. Er war arbeitslos und nahm die Stelle sofort an. Es gab damals nur wenige feste Mannschaften, die die Feuer bekämpften. British Columbia schien den meisten noch so groß und mit einem grenzenlosen Vorrat an Holz gesegnet, daß es nicht wichtig erschien, Waldbrände möglichst schnell zu löschen. Friedebert wurde mit einem Wasserflugzeug in eine abgelegene, unbewohnte Ecke der Provinz eingeflogen, wo bereits seit Tagen eine großer Brand wütete und schon mehrere Quadratkilometer Wald zerstört hatte. Die Truppe, die eingeflogen wurde, bestand aus besonders harten, brutalen Typen, die man direkt von der Straße weg verpflichtet hatte. Nach etwa zwei Wochen hatte man das Feuer durch einen Graben begrenzt und ein Gegenfeuer entfacht, um dem Waldbrand Nahrung zu nehmen. Es gelang und die Hälfte der Arbeiter wurde per Flugzeug abgeholt. Die andere Hälfte blieb zur Beobachtung zurück.

Bald machte sich eine große Langeweile unter diesen Männern breit. Ab und zu flog ein Fluzeug im Tiefflug über ihre Position und warf schwere Kisten mit

Lebensmitteln über einem weichen sumpfigen Gebiet ab – sonst gab es keinen Kontakt mit der Außenwelt. In dieser Langweile kam jemand auf den Gedanken einen Bären zu fangen. Man legte eine Schlinge aus. Die meisten Bären hier waren wahrscheinlich noch nie Menschen begegnet – außer den fire fighters, dieser kleine Truppe, die den Brand unter Kontrolle bringen sollte – und darum auch nicht besonders ängstlich. In die Schlinge legte man Marmelade und gebratenes Fleisch und wartete. Man hatte vorher schon einen Bären in der Gegend gesehen und einmal war der Koch in der Küche, die aus einem abgezäunten Raum unter freien Himmel bestand, von einem Bären überrascht worden, der alles gefressen hatte, was ihm gefiel. Dieser Bär war also in der Gegend und es dauerte nicht lange bis er in die Schlinge ging. Man hatte den dicken Strick um einen Baum gebunden, so daß der Bär sich nicht losreißen konnte. Er tobte, ging in jede Richtung bis ans Ende des Stricks und wurde immer wieder zurückgerissen. Er kletterte an einem Baum so hoch er konnte und fiel dann durch den Ruck am Seil von dem Baum auf die Erde. Er versuchte das Seil abzustreifen, aber auch das gelang nicht. Die fünf Männer amüsierten sich über den Bären und sein Leiden. Friedebert bat, daß man den Bären doch losbinden sollte und alles lachte nur. Er selbst hätte es auch nicht gewagt, weniger aus Angst vor dem Bären, als aus Angst vor der Wut der Männer, die ihm immer unberechenbarer vorkamen, immer brutaler und aggressiver.

Als der Bär schon sichtlich müde war, stand der lauteste der Männer auf und sagte: “Wetten, daß ich den Bären mit der Axt erschlagen kann?”

“Das schaffst du nicht!” kam die Anwort von jemandem. Wetten wurden abgeschlossen. Einige setzten alles, was sie an diesem Waldbrand an Verdienst zu erwarten hatten, aufs Spiel. Dann nahm der Angeber, ein fast zwei Meter großer Hüne, die Axt und näherte sich dem Bären. Ich will dir jetzt nicht alle Einzelheiten erzählen. Jedenfalls erschlug er den Bären, aber es gelang ihm nicht gleich und er selbst wurde verwundet, aber am Ende lag der Bär tot in seinem eigenen Blut.

Friedebert hatte es wie unter einem fremden Zwang erzählt, mit mehr Einzelheiten, als ich dir jetzt geschrieben habe. Als der Bär tot war, mußte er sich übergeben. Man lachte auch über ihn, wie man über den Bären gelacht hatte. Von da an war er noch mehr ein Außenseiter, als er es schon vorher gewesen war.

Er schilderte mir, wie er, in dem Moment, als der Mann mit der Axt auf den Bären zugegangen war, das Böse im Menschen direkt gesehen habe. Er mußte daraufhin seine Meinung über den Menschen ändern, und seine Hoffnung für die Entwicklung des Menschen hatte an dem Nachmittag einen Knacks bekommen. Friedebert hatte gewünscht, daß der Bär gegen den Mann siegen würde. Er hat später den Bären beerdigt, und es war ihm gleichgültig, ob man ihn weiter auslachte.

Beim ersten Licht waren wir unterwegs. Der Nebel war fort und wir waren in einer halben Stunde am Waldrand. Als wir wieder im Auto saßen, sagte Friedebert, daß er vorher gewußt habe, daß etwas nicht richtig laufen würde, aber er habe es trotzdem wagen wollen, weil er sich zur gleichen Zeit sicher war, daß wir beide es überleben würden. Eine Zeitlang habe ich ihm das übelgenommen, aber nur ein wenig, weil ich an dem Tag, trotz der Ängste, so ungeheuer viel gelernt habe und seine Liebe zu mir spürte.

Er bat mich, nicht viel über unser Abenteuer zu reden. Ich hielt mich nicht ganz daran, merkte aber bald, daß ich nicht verstanden wurde, weder in der

Familie noch außerhalb. Das Eigentliche von dem, was ich erlebt hatte, ließ sich nicht berichten. Alles Erzählte wirkte blaß gegen das Erlebnis, gegen die dichte Atmosphäre unseres Gesprächs. Ich merkte auch, daß in meinen Erzählungen mein Onkel für meine Hörer immer etwas seltsam wirken mußte, und so ließ ich es, über ihn zu reden. Ich trage bis heute die Erinnerung an diesen Tag und diese Nacht wie eine Kostbarkeit in mir.

Wir wurden dann gute Freunde. Später erzählte er mir, daß er wußte wann seine erste Frau sterben würde. Es gab auch andere Begebenheiten, die er mir nach und nach schilderte, wo er mit dem Leid verbunden war, das irgendwo auf der Welt geschah. Es war, als wäre er innerlich mit anderen Menschen vereint, die er noch nicht einmal kannte. Ich war zufällig bei ihm, als Martin Luther King ermordet wurde, und erlebte Stunden vorher eine große Unruhe und ein nicht beschreibbares Leid an ihm. Als ich kurz darauf von Kings Ermordung hörte, wurden mir die Zusammenhänge klar.

Ich habe die vier Schulhefte, die ich nach Hornby und Vancouver Island mitgenommen hatte, jetzt vollgeschrieben und brauchte heute ein weiteres. Auf der Suche nach einem neuen Heft stieß ich auf einen Schrank, in dem sich noch so einiges von dir befand. Die von Christine genähten Stofftiere lagen dort – Winnie the Pooh, Tigger, Eyore, Kanga und Roo. Erinnerst du dich noch, wie ich manchmal Winnie gespielt habe und ihr auf mir gesessen habt, und wir auf dem Teppich herumgeritten sind? Weiter hinten im Schrank lagen deine ersten Flossen – ich weiß noch wie wir beide in dem sauberen Wasser um Denman und Hornby getaucht sind, vor fast zwanzig Jahren. Inzwischen hast du eine ganze Taucherausrüstung und fotografierst sogar unter Wasser. Ich habe auch die Bibel gefunden, die wir dir zu deinem zwölften Geburtstag geschenkt haben, die neue englische Übersetzung. Ob du sie bewußt oder aus Versehen hiergelassen hast? Dein erster Computer, ein Apple IIb, ist auch noch da. Ich glaube, den brauchen wir jetzt nicht länger aufzuheben. Inzwischen bist du auf dem Internet mit der ganzen Welt verbunden, während ich da noch einiges lernen muß. Wenn ich soweit bin, nehme ich Unterricht bei dir. So verschieben sich die Rollen. Welche Erinnerungen du wohl hättest, wenn du diese Dinge sehen würdest?

Ich merke wie wichtig mir diese Erinnerungen sind. Erinnerung ist Wunder. Da ist etwas vor langer Zeit geschehen, nichts von dem Ereignis ist übriggeblieben – außer unserer Erinnerung. Die Fähigkeit, sich zu erinnern, ist ein Wunder. Ich glaube, daß Erinnerungen uns tragen, während wir sie in uns tragen. Es ist eine Symbiose von Vergangenheit und Gegenwart. Sich von seinen Erinnerungen abzuschneiden ist eine Art von Selbstmord. Ohne Vergangenheit können wir die Zukunft nicht verstehen. Ich will nicht darin schwelgen, aber sie als einen Teil meines Lebens ehren, als Aufzeichnungen meines Weges.

Vielleicht ist unsere Erinnerung wie ein heiliger Boden, auf dem wir vorsichtig gehen müssen. Ist es nicht die Erinnerung, die uns oft rettet vor dem gleichen Fehler, und die das erneute Zerstören verhindert, in das sich Menschen stürzen wollen, die verletzt wurden und nur noch verletzen können? Mit der Erinnerung können wir eine ganze versunkene Welt in uns tragen und dadurch unendlich reich sein.

Die Erinnerung ist wie eine große Mühle, in der das Korn des Lebens, manchmal zusammen mit den Halmen und dem Dreck, gemahlen wird, zu immer feinerem Mehl – mit dem wir Brot backen können, Brot des Lebens. Wenn wir Erinnertes verarbeiten, hat es nicht mehr die Gewalt über uns, auf die wir oft reagieren, indem wir wiederum Gewalt ausüben. Erinnerung befreit uns und macht ein neues Leben möglich.

Dies sind meine Erinnerungen und Beobachtungen. Es ist meine Wirklichkeit, deine ist eine andere.

Ich habe mich an das Gespräch mit dir gewöhnt. Es trägt mich durch diese Zeit hindurch und hilft mir, die Zwiesprache mit mir selbst, diesem ältesten Freund, besser zu verfolgen. Ich habe das meiste, was ich an dich geschrieben habe, noch einmal durchgelesen und dabei die Strömungen, die durch mein Leben ziehen, deutlicher empfunden. Auch habe ich dabei einen seltsamen Abstand zu mir gewonnen, als hätte ich mein Leben aus großer Höhe überflogen. Da unten sehe ich die Strömung, die mich zu dir hinzieht, und die, die den Tod Christines zu verstehen sucht, die eingebettet ist in der noch größeren, nämlich überhaupt einen Sinn wahrzunehmen in der überwältigenden Dichte des Lebens. Dann gibt es die Strömung, die sich immer wieder mit Gott beschäftigt, früher hätte ich das Wort "auseinandersetzt" hier gebraucht. Aber ich setze mich nicht mehr auseinander, sondern versuche mich mit allem zusammenzusetzen, zusammenzutun, fast zu verschwören. Und ich tue das nicht aus der Müdigkeit heraus, die eine Gefährdung für viele meines Alters ist, sondern aus der Überzeugung, daß alles zusammenpaßt und zusammengehört. Ich möchte alles "heimholen" in eine Mitte. Darüber würde ich gern mit dir reden.

10. November

Ich hatte die folgende Begebenheit vor ein paar Tagen an dich geschrieben. Zwei Tage später habe ich die Seiten aus dem Heft ausgerissen, weil ich sie dir nicht mehr schicken wollte. Es war mir zuviel Tod und Grauen. Auch haben wir ja über das Unglück gesprochen, seitdem ihr alt genug wart, es zu verstehen. Heute habe ich die Seiten noch einmal gelesen, will sie neu formulieren und sie dir doch schicken. Es geht dabei nicht so sehr um die Begebenheit selbst, wie um das, was sie in mir ausgelöst hat. Ich merke, wie tief mich die Sache geprägt hat.

Es geht um das Unglück mit meinem Bruder und seiner Frau – Karl und Karen. Ich habe es buchstäblich tausende Male in meinem Kopf durchgespielt. Immer noch einmal sah ich die Alternativen, wenigstens in den ersten Jahren. Wäre nur eine winzige Kleinigkeit anders gewesen, das Unglück wäre nicht geschehen. Zentimeter entschieden. Christine und ich waren schon verheiratet, aber ihr wart noch nicht geboren. Mein Bruder und seine Frau hatten etwa zwei Jahre nach uns geheiratet. Als die Sache passierte, waren sie erst zwei Monate verheiratet. Karl und Karen unternahmen gerne etwas mit uns. Wir gingen zusammen in die gleiche Kirchgemeinde, besuchten manchmal gemeinsam Filme oder Konzerte oder gingen wandern.

An diesem Tag – der erste richtige Schnee des Jahres war über Nacht gefallen – entschlossen wir uns aus der Stadt herauszufahren und rodeln zu gehen. Es war ein

Samstag und wir hatten alle frei. Karen wollte nicht recht, aber wir überredeten sie. Was diese Entscheidung mit sich brachte! Wir fuhren in die Berge, die Straßen waren glatt, aber es war wenig Verkehr. Ich fuhr, Christine saß neben mir, hinter mir war Karl und neben ihm Karen. Als ich bergab um eine unübersichtliche Kurve kam, fuhr plötzlich ein großer Laster, beladen mit Rohren, ganz langsam vor uns. Ich sehe noch die rote Fahne an dem längsten Rohr. Ich versuchte zu bremsen, kam ins Schleudern und konnte nichts mehr machen. Schnee und Eis bestimmten, was mit uns geschah. Die Rohre des Lasters kamen auf uns zu. Die meisten würden über uns hinweggehen, weil wir so viel tiefer auf der Straße lagen. Ich meinte schon, wir würden es schaffen, als ich plötzlich ein Rohr auf mich zukommen sah, genau in der Höhe meines Kopfes. Instinktiv ließ ich mich von meinem Sitz nach vorn und unten gleiten – ich steuerte ohnehin nicht mehr. Im Bruchteil einer Sekunde war mein Kopf so tief wie das Amaturenbrett, dann hörte ich das Rohr durch die Windschutzscheibe brechen und sah es wie ein langsames Geschoß durch das Auto gleiten. Im nächsten Moment kamen wir mit einem Krach zum Stehen – wir waren auf den Laster aufgefahren.

Ich war nach vorn gerutscht und hatte mir die Knie verletzt, Christine war nichts passiert. Als ich mich umdrehte, sah ich Karen mit einem Schreckensblick in Richtung Karl sehen. Ihr selbst schien nichts passiert zu sein, aber mit Karl mußte etwas nicht stimmen. Der Laster vor uns hielt und in unserem Auto war es einen Moment lang ganz still – diese beklemmende Stille, aus der nichts Gutes kommen kann. Ich bekam meine Tür sogar noch auf und rollte mich hinaus, das Glas auf meinem Schoß fiel draußen in den Schnee. Dann sah ich durch das Rückfenster auf Karl. Das Rohr, das sich über mir durch Windschutzscheibe und Auto gebohrt hatte, hatte Karl durch Hals und Rückgrat aufgespießt. Er war bereits tot, ohne auch nur einen Ton von sich gegeben zu haben.

Wenn das Rohr etwas kürzer gewesen wäre, wenn wir nur um Millimeter anders gerutscht wären, wenn wir nur eine Minute später oder früher gestartet wären, wenn ich etwas langsamer oder schneller gefahren wäre, dann wäre Karl jetzt nicht tot. Und dann das große Argument: Wenn wir auf Karen gehört hätten und nicht gefahren wären! Jahrelang habe ich diese Gedanken gehabt und mich nicht von ihnen freimachen können. Ich ging sofort hinter dem Auto herum zu Karens Tür, machte sie auf, Christine war auch schon da, zusammen hielten wir sie. Der Fahrer des Lasters kam von vorn und sagte, wie froh er wäre, daß wir okay zu sein schienen, dann hörte er mitten im Satz auf, weil er Karl sah. Karl saß noch aufrecht auf seinem Sitz, nur das Rohr steckte fünfzig Zentimeter hinter ihm aus dem Hals hervor. Um uns fiel der Schnee weiter – es war als wäre nichts geschehen, nur einer von uns war tot.

Wenn ich mich nicht im letzten Moment geduckt hätte, wäre ich aufgespießt worden. Indem ich mich selbst gerettet habe, hatte ich Karl preisgegeben und geopfert. Natürlich wußte ich das im Moment des Handelns nicht, ich hatte mich instinktiv geduckt. Aber das befreite mich lange nicht von meinem Schuldgefühl. Es war zeitweise so schlimm, daß ich mich selbst als einen Verräter sah, der an dem Tod seines Bruders schuldig war. Alles gute Zureden half wenig. Nur mit der Zeit habe ich damit leben können.

Fünf Monate später wurde Karens Baby geboren, Rachel, deine Cousine. Von der Geburt an, nicht seit dem Unfall, ist Karen dann auf die Weise fromm geworden, die du ja auch von ihr kennst. Sie hat uns fast gemieden und wir hatten oft das Gefühl, ihr zu "weltlich" zu sein. Ich sehe, daß sie in ihrem Glauben Sicherheit suchte und auch fand. Unsere Entwicklung ging genau in die entgegengesetzte Richtung. Wir waren gerade im Begriff, uns von unserem alten, für uns manchmal engen Gottesbild zu lösen. Vierzehn Monate später hat Karen Jack geheiratet, der in seiner Frömmigkeit ganz zu ihr paßte, und der ein guter Vater für Rachel war.

Lange habe ich versucht Karen wiederzugewinnen, weil ich ihr etwas zu schulden meinte und vielleicht auch, weil ich etwas an Karl gutmachen wollte, bis ich begriff, daß ich das alles loslassen mußte.

Die einen haben mir gesagt, daß es so Gottes Wille war. Andere haben es Schicksal genannt. Es gab genug Deutungen des Unglücks, die es wegerklären wollten, aber nichts hat mich wirklich überzeugt, alles waren nur Versuche, mit der Sinnlosigkeit fertig zu werden. Nach einigen Jahren habe ich nicht mehr versucht, es zu lösen. Ich konnte es einfach als ein Ereignis, das mein Leben tief betroffen hat, ruhen lassen.

Inzwischen weiß ich, daß dadurch eine Art Vorsicht in mein Leben gekommen ist, ein Zögern. Die Leichtigkeit ist mir verloren gegangen. Lange habe ich eine Vorläufigkeit gespürt, die mich kaum etwas langfristig planen ließ – morgen kann alles zu Ende sein. In den ersten Jahren habe ich viel gebrütet, bis ich begriff, daß es ein Verrat am Leben selbst war, dieses Unglück so festzuhalten.

Als ihr Kinder geboren wurdet, hatte ich schon das Schlimmste hinter mir, aber dieses Gefühl des Ausgesetztseins war noch da. Auch ihr wart mir nur vorübergehend anvertraut – jeden Tag konnte euch etwas zustoßen, nichts war sicher. Erst rückblickend habe ich gesehen, wieviel ich damals getan habe, um uns eine

Sicherheit zu schaffen, eine Art Schutz vor der Willkür des Lebens. Du hast manchmal unter meinen Bedürfnis, euch schützen zu wollen, gelitten – es hatte mit der Härte dieses Verlustes zu tun.

Karls Tod hat den Ernst im meinem Leben verstärkt und hat dadurch auch euer Leben beeinflußt. Du bist auch ernst geworden, natürlich auf deine Art, aber ich glaube, daß es da eine Verbindung gibt. Und Ellens Bedürfnis, das Leben zu genießen, zu feiern, ausgelassen zu sein, manchmal mit Geld fast verschwenderisch umzugehen, verstehe ich auch als eine Reaktion auf meinen Ernst. Wenigstens teilweise. So setzen sich die Ereignisse über Jahrzehnte fort. So ist unsere Vergangenheit noch immer Gegenwart.

Heute begann der Tag neblig. Da bin ich an meine Lieblingsstelle am Howe Sound gefahren und beobachte jetzt, wie es der Sonne langsam gelingt, den Nebel aufzulösen. Ich habe eines der Schreibhefte auf dem Schoß, und schreibe auf, was ich sehe. Vorn liegt Bowyer Island, dahinter Anvil Island. Spitz ragt das eine Ende der Insel in den Himmel, wie die Spitze eines alten Schmiedeambosses, nach dem die Insel genannt ist. Dahinter liegt die Tantalus Berggruppe – im Sommer blau und grün und nur an Stellen weiß und vergletschert, aber jetzt mit Neuschnee bedeckt. Das Auge gleitet aus dem salzigen Meer zu den süßen Gletschern und sucht dort nach Halt. Über das Wasser kommt der Friede zu mir. Immer wieder ist es unterschiedlich getönt: mal grau und schwer, dann rosa–lila, dann schwarz und unruhig. Neben mir ragen alte Bäume empor, knorrig und vom Wind verformt, Skelette, Formen von Beständigkeit, ein Ausdruck des Durchhaltevermögens, das mir manchmal fehlt. Der Nebel, anderweltlich und kühlhändig, liegt jetzt nur noch auf dem Wasser, der Himmel ist klar. Mein Leben wird klein, aber das ist nicht wichtig. Nichts ist im Moment wichtig, ich habe mich gefangen und ruhe aus. Ich lasse mich in die Landschaft hineinfließen und muß nicht getrennt bleiben, nicht der entfremdete Mensch sein, fern des Ebbens und Flutens in der Natur.

Wenn ich zurückkehre in die Wohnung, in die Begrenzung von Zimmern, in die geraden Linien und Kunststoffe, in die lauten Geräusche und ruckartigen Bewegungen, dann halte ich es aus, weil ich die Weite mitbringe. Sie durchströmt mich. Ich bin eine der Inseln und ich bin das Wasser, das sich ergeben zwischen ihnen bewegt. Ich bin die Aufrichtigkeit dieser alten Bäume.

11. November

Inzwischen war ich bei der krebskranken Frau, die auf ihren Tod zugeht. Sie ist fünfundsiebzig. Man hatte mich schon angekündigt und sie freute sich, als ich kam. Sie war recht verzagt und hat mir ihr Leid geklagt, unter anderem auch, daß ihre Kinder so weit weg wohnen und sie darum ganz selten besuchen. Zwei ihrer Urenkel hat sie überhaupt noch nicht gesehen. Ich habe mich einfach zu ihr gesetzt und zugehört. Ab und zu fragte ich etwas und sie sprach weiter. So entstand in mir ein Bild dieser Frau. Dann bat sie mich etwas über mein Leben zu erzählen. Als ich von Christines Tod sprach, merkte ich, wie sich Türen bei ihr öffneten. Auch gelang es ihr dadurch, nicht mehr an ihre eigene Krankheit zu denken.

Nach einer Stunde kamen wir auf ihre Angst zu sprechen, und es war deutlich, daß diese Angst sie am meisten beschäftigt. Ich machte ihr immer wieder Mut, darüber zu sprechen. Manchmal suchte sie nach passenden Worten, und dann wieder wußte sie genau was sie sagen wollte. Schon nach kurzer Zeit veränderte sich ihr Gesicht. Das Selbstmitleid verschwand mehr und mehr, und ihr Ausdruck wurde fester, so, als nähme sie ihr Leben durch das Reden über ihren ärgsten Feind in die Hand. Ich glaube auch, daß es so war. Sie litt nicht mehr sprachlos, sondern fand Worte und Begriffe für ihr Leiden. Am Ende einer Stunde, als ich gehen wollte, bat sie mich, doch noch ein wenig zu bleiben. Da gelang es uns sogar, über alltägliche Dinge zu reden. Wir waren einfach zwei Menschen.

Ehe ich ging, spielte ich ihr eine der Cassetten vor, die ich mitgebracht hatte. Erst war ich mir nicht sicher, ob ich das schon beim ersten Besuch tun konnte, aber ich vertraute meinem Gefühl und wagte es. Ich wollte ihr etwas vorspielen, was sie vielleicht nicht kannte und hatte darum "The Lark Ascending" von Vaughan Williams eingesteckt. Sie saß aufrecht in ihrem Bett und langsam begannen Tränen ihre Wangen hinunterzulaufen. Ich glaube, sie verstand, warum ich diese Musik gewählt hatte. Als das Stück zu Ende war, waren wir beide still. Draußen senkte sich langsam die Dunkelheit, und wir konnten einander nur noch schemenhaft erkennen. Dann sagte ich: "So wie die Lerche in dem Musikstück in den klaren Himmel steigt, so steigt auch irgendwann unser Geist in eine andere Wirklichkeit." Sie sagte nur "Ja, ja." Dann machte sie es sich besonders gemütlich in ihrem Bett und bat mich, das Stück noch einmal zu spielen.

Schon bald hörte ich ihren gleichmäßigen, langsameren Atem und vermutete, daß sie eingeschlafen war. Ich stellte den Recorder leiser, um sie nicht durch einige laute Passagen am Ende des Stückes zu wecken. Als die letzten Takte verklungen waren, stellte ich den Apparat aus, ging hinaus und zog die Tür vorsichtig hinter mir zu. Ich war sehr glücklich über diesen Besuch. Ich hatte nicht gewußt, was mich erwartete – und jetzt war es zu einer wirklichen Begegnung gekommen.

abends

Als ich vorgestern meine Briefe an dich noch einmal durchgelesen habe, bin ich an manchen Stellen hängengeblieben, und habe mich gefragt, ob ich das so schreiben sollte. Es überrascht mich, festzustellen, wie sehr ich mit mir selbst beschäftigt bin. Früher hätte ich deshalb ein schlechtes Gewissen gehabt, aber jetzt sehe ich darin den Sinn meiner Briefe. Indem du mich besser verstehst, verstehst du auch dich selbst besser. Vielleicht will ich mit diesen Briefen ja auch mir selbst etwas sagen, auf dem Umweg über dich. Vielleicht sprechen wir ja immer nur mit uns selbst, aber wenn wir es ehrlich tun, bedeutet es für andere auch etwas. Das hoffe ich. Ich werde an dem, was ich geschrieben habe, nichts verändern, weil ich will, daß du den Prozeß, den ich durchlebe, nachvollziehen kannst.

Inzwischen haben wir miteinander am Telefon gesprochen. Als du vorhin auf meine verschiedenen Entschuldigungen sagtest, "Ach, Dad, sei doch einfach so wie du bist," wurde mir ganz plötzlich etwas klar: Das ist ein Satz, den ich schon vielen gesagt aber für mich selbst nie wirklich in Anspruch genommen habe. Der Ton in deiner Stimme machte es so einfach. Und plötzlich konnte ich glauben, daß es möglich ist, ich selbst zu sein. Ich habe schon bald nach den ersten Briefen gespürt, daß es um mehr ging, als dir unsere Familie zu erklären und auch um mehr, als meine Annäherung an dich. Vielleicht habe ich gewußt, daß meine Zeit gekommen ist, aus mir selbst herauszufinden. Gerade in meiner Familie bin ich mir oft gefangen vorgekommen. Anderen Menschen gegenüber konnte ich freier sein, hier wollte ich keine Fehler machen. Ich wollte der perfekte Vater sein, weil ich weiß, wie sehr Eltern ihre Kinder durch zu große Strenge, Nachlässigkeit, Desinteresse und vieles andere mehr verletzen können.

Ich spüre in meinen Briefen nicht die Liebe zu dir, die ich in mir trage. So viele meiner Gefühle scheinen in irgendwelchen Worten steckenzubleiben. Ich renne immer wieder in meine Gedanken hinein, als könnten Gedanken retten. Manchmal haben sie das ja auch schon getan, aber dazu müssen sie dem Leben entspringen. Mir fiel in diesem Zusammenhang noch mal unser Winterausflug ans Meer ein, von dem ich dir schon geschrieben habe. Vielleicht war es so schön, weil wir nicht viel geredet haben, sondern uns wortlos über unsere Handlungen und Unternehmungen verstanden haben. Wenn du jetzt hier wärest, würde ich dich einladen mit mir ins Cariboo zu kommen, um dort zu wandern. Oder wir könnten den Squamish mit meinem Kajak hinabfahren, unter dem neuen Schnee auf der Tantalus Range und den langsam für den Winter einfliegenden Adlern. Oder wenn du nicht viel Zeit hättest, würde ich mit dir in den Stanley Park gehen und dich bitten, mir am Siwash Rock ein paar deiner neuen Gedichte vorzulesen.

Ich glaube nicht, daß ich Christine durch dich ersetzen will. Ich habe das im letzten Jahr manchmal gedacht, aber es war eine Art Scheinangst, um mich vor der eigentlichen Angst zu schützen: Ich habe Angst, aus dem mir Geläufigen hinauszutreten und das Bekannte loszulassen. Ich muß aufhören, alles abrunden zu wollen. Ich muß weniger denken.

Ich merke, wie ich ganz kribblig werde, weil ich immer wieder nur die Worte auf dem Papier habe. Mit dem, was ich jetzt neu begriffen habe, möchte ich arbeiten, ich möchte es anwenden. Dabei habe ich mich an eine Begebenheit mit dir vor zwei Jahren erinnert. Wir beide waren mal wieder mitten im Gespräch, es war schon spät abends, als du einen Schritt auf mich zutratest – ich weiß nicht mehr worüber wir gesprochen hatten – und mir ganz vorsichtig deine offene Hand auf den Mund legtest. Im ersten Moment fand ich es respektlos und wollte es dir gerade sagen, als ich dir in die Augen sah und merkte, mit wieviel Liebe du so handeltest. Ich verstand, daß wir uns beide in unserem

Gespräch verrannt hatten und du uns hinausretten wolltest in die wortlose Begegnung, aber ich glaube, damals konnte ich es noch nicht. Jetzt bin ich reif dafür.

spät abends, es hat schon den ganzen Tag geregnet

Die ganze Frage der Schuld, besonders wie sie auch mit Peters Geschichte zusammenhängt, hat mich in den letzten Tagen viel beschäftigt. Schuld war mein ganzes Leben lang immer ein wichtiges Thema. Ich erinnere mich noch sehr gut, wie ich als Kind mit dem Begriff der Schuld gelebt habe. Ich war wild und impulsiv und da ging schon mal etwas kaputt, oder ich "fraß etwas aus", wie wir das nannten. Zunächst wußten meine Eltern davon natürlich nichts. Ich konnte es eine Zeitlang geheimhalten, aber ich wußte, daß es irgendwann herauskommen würde. Inzwischen lebte ich weiter mit dem schlechten Gewissen und ehe ich mich versah, war zu der ersten Schuld eine zweite, ebenso geheime, hinzugekommen. Und dann schon eine dritte. Wenn ich jetzt daran denke, dann weiß ich kaum, um was es damals ging, aber der Druck unter dem ich lebte, ist mir noch sehr gegenwärtig. Während mich so die Schuld drückte, gab es eine Seite in mir, die sich sehnlichst wünschte, daß ich endlich überführt würde, aber ich schaffte es nicht, mich selbst zu offenbaren. Wenn es dann geschah, gab es eine Strafe, die von Schimpfen bis zu einer Tracht Prügel mit dem Stock reichen konnte. Ich begann schon leichter zu atmen, weil ich bald ganz frei sein würde. Aber ehe die Sache ganz geklärt war, war schon wieder etwas passiert.

Ich war also immer am Berechnen, am Erinnern und am Durchdenken meiner Schuld. Es passierte auch, daß ich mich unschuldig fühlte und aufgebracht war über die unfaire Behandlung durch meine Eltern. Ich wußte aber, wie mein Vater das sah: eine unfaire Behandlung galt dann für all das, was nicht herausgekommen war – eine Rechnung die vielleicht sogar zu meinen Gunsten ausging.

Ich glaube, es ging damals nicht nur mir so. Es war allgemein wichtig, zu klären, wer was getan hatte. Der Schuldige mußte gefunden werden, und es mußte Strafe geben. Fehler waren strafbar. Es gab wenig mildernde Umstände. Ich denke, daß dies in Deutschland stärker war, als ich es in Kanada je erlebt habe. In dem religiösen Rahmen unserer Familie ging es dabei dann auch nicht nur um die alltägliche, menschliche Gerechtigkeit, sondern die ganze Frage war immer irgendwie mit Gott verbunden. Vater war der Stellvertreter Gottes. In unserer Familie war er verantwortlich für die Schuldfrage und er schuldete es Gott, korrekt zu handeln. Manchmal hatte ich das Empfinden, daß er vielleicht sogar etwas hätte durchgehen lassen, es aber vor Gott nicht durfte.

Eine krankhafte, furchtbare Zuspitzung dieser ganzen Frage gab es in der Familie meines Cousins Wolfgang. Ich glaube, du weißt, daß meine Tante Emilie im Krieg vergewaltigt worden ist. Der fremde Mann hat sie eines abends, kurz bevor sie mit ihren Kindern in das Lager Friedland kam, wie ein wildes Tier angefallen. Es war eine schrecklich brutale Tat. Er hat sie mit einem Messer bedroht und ihre Wange geritzt, um ihr zu zeigen, daß er es ernst meine. Dieser Schnitt hinterließ eine Narbe, die sie stets an die Tat erinnerte. Der Mann hat kein Wort mit ihr gesprochen. Sie weiß darum nicht, welcher Nationalität er war. Es war wie eine schreckliche Heimsuchung. Besonders schlimm fand sie, daß ihre zwei Kinder dabei waren. Sie waren damals sechs und vier. Auch wenn sie nicht genau wußten, was geschah, spürten sie doch die Not ihrer Mutter. Sie hat mir einmal erzählt, daß sie nicht geschrien habe und alles in sich gehalten hätte, um ihre Kinder zu schonen.

Neun Monate später ist dann Wolfgang geboren. Und weitere neun Monate später kam ihr Mann aus der Kriegsgefangenschaft zurück und fand dieses Baby vor. Es muß sehr schwer gewesen sein. Das Erstaunliche war, daß es ihr gelang, das Kind zu lieben, während ihr Mann es von Anfang an ablehnte und nur duldete. Sie sagte einmal zu mir: “Er ist unter Gewalt gezeugt worden, und ich habe diese Gewalt nicht weiterführen wollen, ich habe mich für die Liebe entschieden.” Diese Entscheidung konnte mein Onkel nie treffen. Bei ihm bin ich das Gefühl nie losgeworden, daß er auf eine undefinierbare Weise seiner Frau Schuld gegeben hat. Hätte man ihn darauf angesprochen, hätte er es sicherlich verneint, aber er war ein so extremer Verfechter der Gerechtigkeit, daß jedes Vergehen gesühnt werden mußte. Er schien keine Gnade zu kennen. Dabei war Gnade hier ja nicht gefordert, da weder seine Frau noch das Kind Fehler gemacht hatten. Doch waren für ihn die Opfer irgendwie an dem Vergehen beteiligt. Mir schien es, als versuche er durch eine Art Liebesentzug die beiden zu bestrafen, um so Gerechtigkeit und Ordnung wieder herzustellen. Das war für mich immer seltsam, aber er ließ sich nicht erweichen. Er wirkte dann fast alttestamentlich fordernd und hart.

Dadurch, daß die Mutter den Sohn geliebt und geschützt hat, wuchs die Abneigung des Vaters noch mehr. Er konnte ihn nicht annehmen. Später, als sie dann schon in Kanada waren, haben die beiden ein Kind adoptiert, einen kleinen Indianerjungen.

Ich habe manchmal das Gefühl gehabt, auch wenn es sehr hart klingt, daß es meinem Onkel lieber gewesen wäre, wenn dieser fremde Mann seine Frau ermordet hätte, denn dann hätte er nicht ein Leben lang mit der Peinlichkeit ihrer Vergewaltigung leben müssen. Natürlich hat er so etwas nie gesagt, aber seine Unfähigkeit mit der Sache anders umzugehen als er es tat, hat mich dieses manchmal denken lassen. Er pflegte ein fast mittelalterliches Verständnis von Besitz, und dies war ein Vergehen an seinem Besitz. Es war seine Frau gewesen, an der dies geschehen war.

Wolfgang ist dann später mit sechzehn von zu Hause weggelaufen, als die Familie schon in Kanada wohnte. Weil sie sich in der Nähe von Toronto niedergelassen hatten, haben wir sie hier in Westkanada nie gesehen. Ich habe sie zweimal besucht und dabei das erlebt und gehört, was ich dir hier erzähle.

Diese Geschichte habe ich ausführlicher beschrieben, weil ich immer mehr merke, wie alles mit mir zu tun hat, und darum auch mit dir. Ich merke, daß es für die meisten meiner Verwandten eine Art Entsprechung in mir gibt, auch wenn ich mit einigen lieber nichts gemein hätte. Sie alle leben in mir, auch wenn ich sie nicht gut kenne. Zusätzlich zu meinen vererbten Anlagen und meinen lebensformenden Entscheidungen, bin ich auch die Summe der Menschen meiner Familie. Auch wenn ich mich dagegen wehre, so gibt es doch Wolfgangs Vater in mir, irgendwo, heimlich und versteckt. Manchmal erhasche ich einen kurzen Blick von ihm, in einer Tat oder in einer Unterlassung in meinem Leben. Ich versuche dadurch zu lernen und mich nicht den destruktiven Seiten in unserer Familie zu überlassen, sondern gegen sie zu kämpfen, indem ich feste Entscheidungen für die Liebe und das Leben treffe. Ich bin auch meine Tante, die ihr ganzes Leben lang versucht hat, verbindend und heilend zu wirken. Ich bin auch der durch seinen Vater vernachlässigte Wolfgang. Ich spüre in mir dieses Randdasein in der Familie, auch wenn ich von vielen so gesehen werde, als lebte ich in der Mitte. Es ist mir unmöglich, Wolfgang zu vergessen und ich hoffe, irgendwann einmal Kontakt mit ihm aufnehmen zu können. Die letzte Nachricht an seine Mutter kam aus Katmandu und liegt nun schon Jahre zurück.

Es gibt Momente, da finde ich es fast ungeheuerlich, wie eng die Verknüpfung zwischen Eltern und Kindern ist. Wir sind eigene Menschen, die ihr ganz eigenes Leben leben und tragen doch das Gewicht der Vergangenheit auf unseren Schultern. Es gibt Menschen, die bringen fast ihr ganzes Leben damit zu, sich von ihren Eltern abzugrenzen, die Ähnlichkeiten zu ihren Eltern auszumerzen und anders zu sein, während andere stolz auf ihre Eltern sind und ihr Leben wie die Eltern gestalten. Ich habe versucht, das, was ich als negativ bei meinen Eltern erlebt habe, nicht nachzuahmen, und das, was ich positiv und lebensförderlich fand, auf meine Weise fortzusetzen. Das geschieht auf der bewußten Ebene, aber was passiert darunter? Ich habe mich schon oft gefragt, was ich wohl ausgestrahlt habe, als ihr klein wart. Was habe ich mit meinem Leben ausgesagt und inwieweit war es anders, als das, was ich in Worten gesagt habe? Du bist so, weil ich so bin, wie ich bin. Aber gleichzeitig entscheidest du, wie du leben willst. Beides ist wahr, und wir müssen beide Verantwortung übernehmen.

12. November

Ich habe begonnen, mich auf den neuen Kurs vorzubereiten, den ich im nächsten Semester zu unterrichten habe. Das Englische Seminar am College hat mich gebeten eine Vorlesungsreihe über die Übersetzungen moderner europäischer Literatur zu halten. So habe ich guten Grund, manche der Schriftsteller, die ich besonders mag, wieder einmal zu lesen. Ich werde einen Roman von dem Franzosen Queffélec durchnehmen, dann Gaarders "Kartengeheimnis", einige Kurzgeschichten von Buzatti (er ist immer noch einer meiner liebsten Schriftsteller), einen kurzen Roman von Cees Nooteboom und "Die Felder der Ehre" von Jean Rouaud, dazu dann Gedichte von verschiedenen Autoren. Was für ein seltsames Gefühl ist es jetzt manchmal, Schriftsteller zu besprechen, die jünger sind als ich!

Es ist für mich immer noch ein Abenteuer, tief in die Welt eines Schriftstellers oder einer Schriftstellerin einzutreten, mich in seine oder ihre Art einzudenken und die Werke dann mit Studenten zu interpretieren. Nach all den Jahren des Unterrichtens tut es mir nicht leid, daß ich diesen Beruf gewählt habe. Er hat dazu beigetragen, daß ich lebendig und geistig rege geblieben bin. Die Phase, von der ich dir in einem früheren Brief geschrieben habe, als mich die Studenten langweilten, konnte ich bald überwinden und habe dabei festgestellt, daß die Langeweile in *mir* steckte.

Ich habe das Empfinden, daß durch meinen Beruf die Welt für mich offener geworden ist. Immer wieder habe ich mich mit dem Mysterium des Menschseins und des Schöpferischen befassen können. Mich fasziniert, auch noch nach Jahren des Lesens, die Fähigkeit des Menschen, etwas zu erfinden, sich etwas auszudenken – Geschöpfe zu schaffen, die uns berühren, über die wir weinen, lachen und trauern können, Menschen, die uns so ähneln, daß sie uns näher zu sein scheinen als unsere Freunde und Verwandten.

Als ich im letzten Sommersemester unterrichtete – du warst schon nach Europa abgereist –, habe ich etwas Wunderbares erlebt, das mir die Tür in eine neue Welt wenigstens einen Spalt weit aufgetan hat. Ich hatte am Nachmittag eine Vorlesung zu halten. Von Anfang an gab ich mir Mühe, alles lebendig zu gestalten. Literatur muß mit dem Leben verbunden sein, sonst ist es nur eine sterile, verkopfte Übung. Vorn links saß Leslie, eine junge Frau, die mich unverwandt ansah. Ich hatte ihr schon öfter bei ihren Arbeiten geholfen. Sie war etwas älter als die anderen Studenten und hatte bereits einen sechsjährigen Sohn, war aber nicht verheiratet. Das sind die Studenten, denen ich besonders gern helfe. Sie bringen ihre Lebenserfahrung zu der Literatur, die sie lesen, und haben oft dadurch ein besseres Verständnis als die jüngeren Studenten, die direkt von der Schule aufs College kommen. Sie hatte mir etwas von sich erzählt, während wir in meinem Büro an ihrer Abeit über Kafka saßen. Da sie gerade erst mit dem Studium begonnen hatte, fühlte sie sich noch sehr unsicher.

Leslie schien an diesem Tag in meiner Vorlesung auf eine besondere Weise engagiert und auch belustigt zu sein. Als aber nach einigen Minuten ihr Ausdruck sich nicht veränderte und sie nur leicht abgehoben lächelte, wurde mir klar, daß ihr Zustand wenig mit dem zu tun hatte, was ich gerade sagte oder nicht sagte. Ich ließ mich darum davon nicht verunsichern. Ihr Lächeln kam aus einer anderen Welt.

Als die Vorlesung zu Ende war, und die anderen Studenten gegangen waren, kam sie zu mir, und ehe ich fragen konnte, erklärte sie, was ihr passiert war. Sie sagte, daß sie, als sie in den Unterrichtsraum hineingekommen war, meine Aura habe sehen können. Ich hatte zwar schon von diesen Dingen gehört, wußte aber nicht viel davon und ließ mir erklären, was sie damit meinte. Sie sagte, daß unser ganzer Körper von einer Farbhülle umgeben sei, die unserem inneren Zustand entspräche und für manche sichtbar sei. Sie habe meine Aura schon oft gesehen, aber heute sei sie so lebendig und strahlend gewesen, daß sie meinem Unterricht nicht habe folgen können. Sie wäre so fasziniert von dem Farbspiel gewesen, daß es für sie wie eine lightshow gewesen sei. Die Farben seien ineinander geflossen, hätten sich verändert und ungewöhnlich geleuchtet. Sie war etwas schüchtern, als sie mir das alles berichtete, aber ich merkte, wie wichtig es ihr war, mir das zu sagen.

Jetzt mußte ich lächeln, weil ich an eine besondere Begegnung vom Vortag dachte. Da hatte mich etwas sehr tief berührt und beglückt, und ich dachte, ich könne das wie einen Schatz in mir tragen, ohne daß andere es wahrnehmen würden. Und hier saß nun eine Studentin, die mein Inneres in Farben bestaunen konnte. Mir wurde wieder einmal klar, daß unsere verborgenen Seiten immer eine große Wirkung auf die Welt um uns haben, ob wir es wissen oder nicht. Ich übe nun, bewußter mit meiner Ausstrahlung umzugehen, oder sie wenigstens ernster zu nehmen. Ich achte auf meine innere Verfassung und mache mir Gedanken über das, was von mir ausgeht. Vielleicht geschieht viel mehr durch das Unausgesprochene und Unsichtbare, als wir denken. Wir meinen, durch unsere Entscheidungen alles in der Hand zu haben – dabei sprechen und entscheiden wir mehr durch unser inneres Wesen.

Inzwischen habe ich Leslie besser kennengelernt und sie sagte mir neulich, daß sie an dem Tag, als sie meine Aura so stark gesehen hatte, eine besondere Verbindung zwischen uns gespürt habe. Darum sei sie so schüchtern gewesen. Sie hätte direkt etwas Angst vor sich selbst bekommen. Ich versicherte ihr, daß sie das nicht zu beängstigen brauche. Wir haben dann etwas länger darüber gesprochen, weil mich zur Zeit besonders interessiert, was Menschen anziehend aneinander finden. Wir sind von dem angezogen, was uns lebendig macht. Aus Leben entsteht mehr Leben. Eigentlich begegnen wir unserer eigenen wunderbaren Lebendigkeit, und es ist doppelt traurig, wenn Menschen dann ihr Gegenüber vergöttern, anstatt sich selbst neu zu entdecken. Was wir im anderen sehen, tragen wir in uns. Der andere/die andere bringt es nur aus uns heraus.

Zur Ausstrahlung noch dies: Ich wollte dir schon länger einmal sagen, was für eine starke Ausstrahlung der Ruhe du hast. Ich habe es an mir erlebt und auch bei anderen beobachtet, wie sich Hektik und Unruhe legen, wenn du erscheinst. Ich will das nicht überbewerten, und sicherlich ist das nicht immer so, aber ich spüre eine große innere Kraft an dir. Es ist als wärest du an eine andere Wirklichkeit, von der du zehrst, angeschlossen. Weißt du wann ich um ersten Mal diese Ruhe und Ausstrahlung bei dir erlebt habe? An einem verregneten Herbsttag kamst du einmal verstört von der Schule nach Hause. Es muß in der vierten Klasse gewesen sein. Ein etwas älteres Mädchen hatte dich auf dem Weg nach Hause mit einem Messer bedroht. Zum Zeichen, wie ernst sie es meinte, hatte sie deine Hand geritzt und dir dein weniges Taschengeld abgenommen. Auch hatte sie dir gedroht, wenn du davon einem Lehrer erzählen würdest, dann würde es das nächste Mal schlimmer sein. Wir haben uns damals mit dir hingesetzt und dir erklärt, daß sie sicherlich ein sehr unglückliches Mädchen sei, wenn sie so etwas tue. Ich weiß noch, daß wir, ohne es dir zu sagen, lange überlegt haben, ob wir den Zwischenfall in der Schule melden sollten und uns dann dagegen entschieden. Du hast uns noch viel gefragt und wir haben dir Verschiedenes geschildert, worunter das Mädchen vielleicht zu Hause zu leiden haben könnte. Bei unserem Reden verlorst du mehr und mehr deine Angst. Am nächsten Tag hast du uns gefragt, ob du das Mädchen zu uns nach Hause einladen könntest, du wollest versuchen ihr eine Freundin zu sein. Wir waren erschrocken und gleichzeitig tief berührt durch diesen Schritt von dir. Einmal hast du sie auch nach Hause mitgebracht, aber Freundinnen seid ihr nicht geworden.

Ich wollte dir schon lange einmal sagen, wie du auf mich wirkst, denn ich finde es wichtig, in Offenheit miteinander zu reden. Ich wollte dich aber damit nicht irgendwie unter Druck setzen, sondern dich einfach wissen lassen, was mir an dir auffällt. Ich glaube, daß ich gewisse Stärken habe und schon als junger Mensch hatte – aber ich habe nie von meinem Vater irgend etwas darüber gehört. Es hätte mich sehr gefreut, wenn er gewagt hätte, zu mir zu sprechen. So weiß ich eigentlich nicht, was er von mir gedacht hat. Wenn er mal einen Arm um mich legte, dann habe ich versucht, dies zu deuten, aber es wäre schön gewesen, es in Worten zu hören.

Die Sache mit unserer Ausstrahlung hat eine Erinnerung an meine Großtante, eine Tante meiner Mutter, in mir wachgerufen. Ich habe sie nicht besonders gut gekannt – soweit ich mich erinnern kann, bin ich ihr nur dreimal begegnet, aber jede Begegnung war ein besonderes Ereignis, an das ich mich bis heute erinnere. Es war nicht äußerlich dramatisch, hatte aber eine innere

Qualität, die bemerkenswert war. Sie ist nicht mit uns ausgewandert, dafür fühlte sie sich zu alt, und das war sie wohl auch. Sie ist bald nach unserer Auswanderung in Deutschland gestorben.

Meine erste Begegnung mit ihr hatte ich in unserem kleinen Dorf, als sie bei uns zu Besuch war. Eines Tages war ich beim Spielen einige Meter tief von einem Baum gefallen und bekam keine Luft. Ich war etwa sechs Jahre alt, wußte nicht, was mit mir geschah und hatte große Angst. Sie kam und legte eine Hand auf meinen Brustkorb und sah mich an. Ich werde die Augen nicht vergessen. Es schien mir, als seien das nicht nur ihre Augen, sondern als sähe mich in dem Moment Gott selbst an. Ich war gewohnt, jeden Abend vor dem Schlafengehen zu beten und hatte darum als Kind eine Vorstellung von Gott. Ich trug Bilder von Gott in mir. Und jetzt wurden diese Bilder aktiviert. In dieser alten Frau sah mich Gott an – es störte mich nicht, daß dies die Augen einer Frau waren, wo doch Gott ein alter Mann war. Nein, dies waren die Augen Gottes. Und von ihrer Hand auf meinem Brustkorb, wie von ihren Augen, ging eine heilende Kraft aus. Ich habe später versucht, mir das zu erklären, wegzuerklären, und dabei von meiner Einbildungskraft und von der Suggestivkraft dieser Großtante gesprochen, aber ich habe mir die Erklärungen selbst nicht ganz glauben können. Am Ende blieb das Erlebnis und das reichte tiefer als alle Erklärungen.

Meine zweite Erinnerung stammt von einem Familientreffen in Lübeck. Laut meiner Mutter muß ich etwa elf gewesen sein. Wir saßen beim Mittagessen, und das Gespräch wechselte von Thema zu Thema. Die Großtante hatte sich nicht viel an dem Gespräch beteiligt. Ich hatte sie beobachtet und den Eindruck gewonnen, daß ihr diese Themen es nicht wert waren, darüber zu streiten. Dann aber wurde es plötzlich überraschend anders. Das Gespräch kam auf das Thema Gnadentod und Sterbehilfe. Ich glaube mein Onkel sprach darüber, daß man im Krieg manchen Pferden den Gnadentod gegeben hatte, um sie vor einem langsamen, schmerzhaften Tod zu bewahren, daß das aber ganz anders sei, wenn es um Menschen ginge. Ich verstand das nicht und fragte. “Warum ist das ganz anders?” Dies war noch nicht die Zeit, in der ich mich in meinen Denken von meinen Eltern absetzte, dafür war ich noch zu jung. Es war also wirklich eine Frage, aber die Erwachsenen reagierten so, als würde ich sie selbst in Frage stellen. Kaum hatte ich das also gesagt, sahen mich einige entsetzt an. So etwas durfte in unserer Familie nicht gedacht werden. Dabei hatte ich keine Aussage gemacht, nur eine Frage gestellt. Es kam dann auch keine wirkliche Antwort, und gerade darum wollte ich eine und habe weiter gefragt. Ich hatte natürlich keine Meinung zu dem Thema, aber die ausweichenden Erklärungsversuche der Erwachsenen fand ich schlecht und wehrte mich dagegen.

Da hinein sprach meine Großtante, nicht laut, aber ihre Bestimmtheit ließ alle anderen, die durcheinander sprachen, aufhorchen. “Habt ihr Angst, daß der Junge eine eigene Meinung hat? Laßt ihn doch für sich denken und nicht nur nachsprechen, was ihm gesagt wird.” Plötzlich war es still um den Tisch. Ich weiß noch wie erstaunt ich mit meinen elf Jahren war, daß ein stiller Mensch soviel mit Worten auslösen kann.

Das dritte Treffen war der Abschied von ihr vor unserer Einschiffung in Bremerhaven. Wir sind als Familie zu ihr nach Kassel gefahren. Viel davon habe ich nicht mehr in Erinnerung. Ich hatte in den Wochen vor unserer Abreise mit einer tiefen Trauer zu kämpfen. Ich wußte, daß ich meine Freunde verlieren würde, meine Welt brach zusammen, auch wenn ich mich stark gab und begeistert von dem Abenteuer sprach, das uns erwartete. In dieser Stimmung kam ich in Kassel an. Sie muß es bald bemerkt haben. Da nahm sie mich beiseite, ging mit mir in den kleinen Garten hinter ihrer Wohnung und sagte ganz einfache Sätze zu mir. "Das ganze Leben ist voller Trennungen. Es ist ein Kennenlernen und Abschiednehmen. Ein Leben lang müssen wir lernen loszulassen. Aber manches von dem Wertvollen im Leben kann man ganz tief in sich hineinnehmen: ein wunderbares Erlebnis, einen geliebten Menschen, die Farben einer Landschaft. Und wenn man es ganz tief nach innen nimmt, kann man es nicht mehr verlieren. Man kann irgendwann dorthin zurückkehren, in der Erinnerung. Es ist der größte Schatz den wir haben, und niemand kann ihn uns nehmen." Das traf mich ganz tief, weil ich gerade in dieser Zeit begonnen hatte, diese innere Welt zu entdecken. Ich verstand also einiges von dem, was sie sagte. Ich ahnte, daß manches noch viel mehr bedeutete und ich es später verstehen würde. Als sie ausgeredet hatte – ihre Stimme war dabei sehr klein und still, aber erstaunlich fest für ihr Alter und ihre Zerbrechlichkeit – da legte sie ihre alten Hände auf meinen Kopf und schwieg. Ich weiß nicht, ob sie in sich etwas gesprochen hat, ich war viel zu schüchtern, um sie zu fragen, aber ich hatte das Empfinden, daß sie mich segnete. Ich spürte dabei, wie eine Wärme, von ihren Händen ausgehend, in mich einzog und die Trauer verdrängte. Ich hätte lange so dasitzen können, mit diesen leichten, fast nicht spürbaren Händen auf meinem Kopf und einem tiefen Wissen, daß ich dem Leben nicht hilflos ausgeliefert war, sondern durch meine Erinnerung und mein Innenleben mein äußeres Leben in der Hand hatte. Ich wußte, daß alles seinen Platz hatte und ahnte, daß ich durch dieses Loslassen etwas Neues und Wertvolles erleben würde.

Als wir wieder zu Hause waren, machte ich mir eine Liste von Personen, Erlebnissen und von Stücken der Landschaft in und bei unserem Dorf und begann sie “auswendig zu lernen”. Ich wollte sie nicht auf einer Liste haben, sondern ohne Worte in mir tragen – nicht als Beschreibungen, sondern als eine Wirklichkeit, die ich zu jeder Zeit wieder auferstehen lassen könnte. Ich stellte sie mir immer wieder vor, schloß die Augen und malte mit einem unsichtbaren Pinsel immer neu die Züge eines Freundes in mir nach; ich belichtete in meiner Seele immer wieder neu die Weide, die allein auf der Wiese stand, oder den Hang, auf dem wir im Winter rodelten. Ich erlebte die schönsten Erlebnisse immer noch einmal: den Sieg beim Hundertmeterlauf auf dem Schulsportfest, das Entdecken eines Habichtnestes mit Jungen, Drachenfliegen mit einem Kilometer Schnur in der Luft. Manche dieser Bilder haben mir später durch die ersten schweren Zeiten der Einsamkeit im neuen Land geholfen, und ich habe diese Art des Umgangs mit Verlusten anderen weitergegeben.

Ich glaube, daß sich jede neue Generation ihre Vorbilder in der eigenen Familie suchen kann. Aber dafür ist es wichtig, daß man seine Familie kennt. Vielleicht treibt mich auch dieser Gedanke, dir von unserer großen Familie zu erzählen. Auch ich habe mir, meinen Anlagen entsprechend, einzelne Menschen, oder zumindest Eigenschaften von einzelnen als Vorbild genommen. Du hast das sicherlich bemerkt, durch die Art, in der ich Onkel Friedebert und jetzt auch die Tante meiner Mutter beschrieben habe. Da finde ich mich wieder, und diese Seite möchte ich in mir fördern. Ich brauche also nicht von vorn anzufangen, sondern habe in meinen Vorfahren schon Menschen, die wegweisend sein können. Natürlich muß ich mein eigenes Leben leben, aber ich stehe nicht ganz ohne Hilfe da.

18. November

Ich war inzwischen zweimal bei Olivia, der kranken Frau, die ich begleite. Sie hat viel von sich und ihrer Familie erzählt. Sie ist auf den Queen Charlotte-Inseln geboren, in Bella Coola aufgewachsen und wohnt erst seit zehn Jahren hier in der Stadt, seit dem Tod ihres Mannes. Sie sagt, sie habe sich immer noch nicht an die Stadt gewöhnt. Manchmal sehnt sie sich noch nach dem direkten Kontakt zum Meer, an dem sie die meiste Zeit ihres Lebens gewohnt hat. Ich nahm ihr ein Buch mit Reproduktionen der amerikanischen Malerin Georgia O´Keefe mit. Sie freute sich an den Bildern und zeigte mir einige ihrer eigenen Aquarelle – es ist zwar mehr als Sonntagsmalerei, aber man merkt ihren Bildern doch an, daß sie mit ihnen mehr sagen möchte, als ihr gelingt.

Am Ende meines Besuches habe ich ihr "Der Schwan von Tuonela" von Sibelius vorgespielt. Das Stück hat etwas Entgrenzendes. Die Welt wird aufgemacht. Wir sind nicht mehr eingeschlossen, auch wenn der "Ausweg" vielleicht der Tod ist. Sie kannte das Stück nicht und es gefiel ihr, aber ich glaube, nicht ganz so gut wie Vaughan Williams. Vielleicht war es ihr zu dunkel. Ich erinnere mich noch, als ich es das erste Mal hörte. Ich glaube, ich war zwanzig, und es hat mich ganz tief berührt. Ich malte mir hinter geschlossenen Augen die finnische Landschaft aus. Ich erinnere mich, daß ich es einmal fünf Stunden lang gehört habe. Es ist nur sechzehn Minuten lang, aber ich legte den Tonarm immer wieder zurück und verschwand immer mehr in der Tiefe dieser mythischen Welt. Es war wie eine lange Mantra, ehe ich das Wort überhaupt kannte. Der Schwan ist dunkler als die Lerche, und doch ist es kein dunkles Stück. Aus ihm spricht die Entschiedenheit der Sehnsucht. Mit großer Zielstrebigkeit gehen wir auf unsere eigene Verwandlung zu.

Ich war überrascht, wie gut es Olivia zu gehen scheint. Es wirkt, als könne sie noch lange leben und wäre nicht schon so schwer von der Krankheit gezeichnet. Als ich das ansprach, lächelte sie und sagte, daß es ihr selbst manchmal so ginge, und sie nicht glauben könnne, daß ihr Leben zu Ende gehe. "Mitten im Leben sind wir vom Tod umgeben", sagte sie und in ihrer Stimme lag die Wahrheit dieser Worte. Ich hörte diesen Satz neu.

Sie bat mich drei Tage später wiederzukommen, sie hätte eine Überraschung für mich. Als ich dann gestern aus dem Haus ging, klingelte das Telefon, aber ich habe es nicht mehr beanwortet. Als ich bei ihr ankam, merkte ich sofort, daß es ihr besonders schlecht ging. Sie sagte mir dann auch, daß sie mich angerufen habe, um mich zu bitten, nicht zu kommen, aber ich müsse wohl schon weg gewesen sein. Dann beschrieb sie ihre Schmerzen und ich hörte nur still zu. Als ich sie dann nach einigen Minuten fragte, ob ich ich gehen solle, meinte sie, wenn ich es bei einer alten, sterbenden Frau aushielte, solle ich ruhig bleiben.

Die ganze Zeit über stand eine Torte auf dem Tisch neben ihrem Bett. Als sie sich etwas gefangen hatte, und ihre Schmerzen nicht mehr so heftig waren, sagte sie mir, sie hätte mich eingeladen, weil heute ihr Geburtstag sei, und nun hätte sie mit ihren Schmerzen alles verdorben. Ich sagte ihr, daß ich nicht nur kommen wolle, wenn es ihr gut ginge, sondern gerade zu solchen schlechten Zeiten. Ich machte uns beiden einen

Tee und wir genossen jeder ein dünnes Stück Kuchen. Dann kam mir eine Idee, ich entschuldigte mich und ging zum Auto. Ich war auf dem Weg zu ihr in einem Geschäft gewesen und hatte mir eine Glasvase, die ich schon vor dem Hornbyaufenthalt bewundert hatte, gekauft. Die Vase hat verschiedene Blautöne, die ineinanderfließen. Nach unten hin wird sie fast schwarz und mysteriös. Ich hatte sie für das hohe Fenster in meinem Wohnzimmer gedacht. (Es fällt mir immer noch schwer etwas "mein" zu nennen, was einmal "unser" war, als Christine lebte.) Im Geschäft hatte man sie mir besonders schön eingepackt, das paßte jetzt wunderbar. Ich brachte ihr die Vase und sagte, ich wolle doch nicht ohne Geschenk erscheinen. Sie war überrascht und wirkte einige Momente lang wie ein kleines Mädchen, das Geburtag feiert. Die Begegnung war "bittersweet", diese Mischung von schön und schwer – wie das Leben. Neben dem angeschnittenen Kuchen lagen ihre Schmerztabletten.

Ehe ich ging, sagte sie mir, daß sie bei ihrem letzten Arztbesuch einer jungen Frau im Sprechzimmer begegnet wäre und dort im Gespräch besser kennengelernt hätte, die auch krebskrank sei und kaum Freunde in Vancouver habe. Sie komme aus Osteuropa, aus Polen, und wäre sehr einsam – ob ich sie wohl besuchen könne? Sie heiße Elzbieta. Ich habe ihr versprochen, diese Frau anzurufen und habe es abends getan. Als ich Elzbieta sagte, ich hätte ihre Telefonnummer von Olivia bekommen, spürte ich sofort Offenheit. Zwei Sterbende, die einander zugewandt sind, dachte ich, und ich bekomme etwas von dieser Offenheit ab. Ich fragte sie nach diesem und jenem und sie erzählte. Als ich sie fragte womit sie sich beschäftige, sagte sie, sie lese gern und interessiere sich für Filme mit Tiefe. Ich sagte ihr, ich hätte gerade einen polnischen Roman in deutscher Übersetzung gelesen, “Briefe der Liebe” von Maria Nurowska. Da lachte sie und erzählte, daß sie Nurowska vor einigen Jahren bei einer Lesung in Warschau erlebt hätte. Damit war das Eis gebrochen.

Ich erzählte ihr ein wenig von mir, von meinem Beruf, von den Wochen auf den Inseln, von meinen Besuchen bei Olivia und von ihrem Mut. Irgendwann kam ich auf die Verwandlung zu sprechen, in der ich seit Christines Tod stehe, und wie ich mit ihrem Verlust umginge. Und auch da wieder, beim Erwähnen des Todes, machte unser Gespräch fast spürbar einen Sprung nach vorn und wurde noch offener.

Ich muß immer wieder staunen, wie doch der Tod, oder auch die Angst vor dem Tod, die Trennungen so schnell aufhebt. Plötzlich fällt all das Formelhafte und Gekünstelte von uns ab. Die Dinge, die uns sonst trennen, Status, Beruf, Einkommen, und Intelligenz, sie zählen alle nicht mehr – ein Mensch begegnet einem Menschen! Wir merken, daß wir einander erstaunlich und erschreckend ähnlich sind – und finden uns. Wir kennen einander nicht, und doch gibt es etwas ganz Grundsätzliches, was uns verbindet – unser Menschsein, zu dem auch unsere Sterblichkeit gehört.

Elzbieta wohnt in Kitsilano, und wir haben uns für übermorgen zum Lunch im Bread Garden auf der Vierten Avenue verabredet. Ich freue mich drauf.

Ich war auch wieder in der Frauengruppe. Die Leiterin begann mit dem Satz: “Spiritualität ist, dem Jetzt zu erlauben, sich zu öffnen und Gott hindurchscheinen zu lassen.” In kleinen Gruppen besprachen wir dann, was das für uns bedeuten könnte. Mir scheint es ein Ausdruck weiblicher Spiritualität zu sein, das Hier und Jetzt stärker zu betonen und sich nicht so sehr auf die Vergangenheit oder Zukunft zu konzentrieren. Ich merke manchmal, wie ich fähig werde, Neues zu denken, wenn ich die Vergangenheit loslasse und überlege, was im Augenblick möglich ist. Es ist als wenn eine Stimme in mir sagte: „Die ganze Welt gehört dir, mach etwas draus." Kann es sein, daß es unsere männliche Seite ist, die Kontinuität wünscht, die Ordnungen und Systeme braucht, um geschützter vor dem Leben zu sein, während unsere weibliche Seite bereit ist, sich wie ein Blütenkelch der Sonne hinzuhalten und den Moment der Wärme jeden Moment neu zu erleben?

In den Gesprächen an diesem Abend ging es immer wieder darum, Gott nicht als System oder als Schöpfer eines Systems zu verstehen, sondern als im Moment wohnend zu erleben – es ging allen um das Erlebnis, nicht um das Denken. Das fand ich sehr befreiend. Es gehört zu meiner persönlichen Geschichte, es wichtig zu finden, das Richtige zu denken – aber ich merke immer mehr, wie begrenzend das ist. Das Erlebnis wird mir darum immer wichtiger. Die Reflexion darüber kann dann später kommen.

Ich werde bald mit dem Schreiben an dich aufhören. Vor Wochen schon habe ich aufgegeben, dir alles, was wichtig ist, schreiben zu wollen. Es ist zuviel. Aber ich bin dabei zu lernen, daß das Wichtige sich nicht nur über die direkte Kommunikation mitteilt. Es gibt andere Wege, auf denen wir zueinander gelangen.

20. November

Mir fiel heute ein Ereignis ein, an das ich schon Jahre nicht mehr gedacht habe. Ich war damals zweiundzwanzig und wohnte bei einem Onkel in Calgary, weil ich dort einen Job für den Sommer bekommen hatte. Meine Cousine, Margaret, die etwa so alt war wie ich, wohnte noch zu Hause und wir verstanden uns gut. Sie war etwas ungewöhnlich und machte ab und zu verrückte Sachen, die ihre Eltern nicht verstanden. Gerade das gefiel mir an ihr, und in der Zeit, in der ich bei ihnen wohnte, haben wir manches zusammen ausgeheckt. Ich erinnere mich an eine Kanufahrt, mitten in der Nacht, die fast schlecht ausgegangen wäre, und von der niemand etwas wußte. An einem Samstagnachmittag habe ich einmal etwa zwanzig Dollarscheine in der Innenstadt von Calgary verteilt, während Margaret mich und die Menschen, denen ich sie angeboten habe, dabei gefilmt hat. Einige hielten uns für verrückt und wollten nichts mit uns zu tun haben. Das Frechste, was wir getan haben, und was uns einige aus ihrer Kirchengemeinde nie so ganz vergeben konnten, war unser Verkleidungs-Kunststück eines Sonntagmorgens. Aus einem Geschäft für gebrauchte Kleidung haben wir uns alte und komische Klamotten geholt und sie schmutzig gemacht. Uns selbst haben wir auch bis zur Unkenntlichkeit "verunstaltet" – Margaret hat sich übertrieben geschminkt – und so sind wir sonntagmorgens in den Gottesdienst gegangen. Tatsächlich hat uns niemand erkannt oder angesprochen, aber wir spürten, daß einige uns mieden und andere einfach nicht wußten, wie sie mit uns umgehen sollten. Es war ein interessantes Experiment. Die ganze Sache ist erst einige Wochen später herausgekommen. Ich glaube, wir steckten beide noch tief im Ablösungsprozeß von unseren Eltern.

Sie hatte einen Freund, der ihr sehr zugetan war, was sie manchmal fast als lästig empfand. Sie wünschte sich etwas mehr Abstand und nicht ganz soviel Ergebenheit, wie sie es nannte. Ihr Freund war der Sohn des Pastors der Gemeinde, zu der ihre ganze Familie gehörte. Sie hatte das Empfinden, daß wenn er so auf sie fixiert war und sich schwer tat, ein eigenes Leben zu entwickeln, er es ihr auch übelnehmen würde, wenn sie selbständig und unabhängig wäre. Ich konnte sie darin verstehen.

Margaret interessierte sich für das Schreiben und hatte mit zwanzig schon einen halben Roman geschrieben, den sie aber niemandem zeigte. Sie sagte, daß sie manchmal davon träume, Schriftstellerin zu werden. Ihre Familie reagierte mit einer Mischung von Bewunderung und Unverständnis auf ihr Schreiben. Der Vater sagte mir einmal, fast mit vorgehaltener Hand, als sei ich sein Vertrauter, daß er hoffe, diese Anwandlungen seien bald vorbei und seine Tochter würde etwas Produktives leisten.

Auch in dem besagten Sommer schrieb sie an einigen Sachen. Nach ihrer Arbeit saß sie abends oft an ihrer Schreibmaschine und ließ sich Geschichten einfallen. Wenn sie mitten in einer dieser Geschichten steckte, wollte sie manchmal ihren Freund abends nicht sehen, weil ihr dann diese Arbeit wichtiger war. Die Geschichten, die ich von ihr kannte, hatten einen fast dramatischen Charakter – es wäre leicht gewesen sie in Kurzdramen oder Filme umzuarbeiten. So ist auch die folgende Begebenheit zu verstehen.

Ihr Freund war schon mehrere Tage nicht im Haus gewesen und ich hatte Fetzen eines Telefonats aus dem

Hintergrund mitgehört, in dem sie ihn direkt ausgeladen hatte, weil sie am Schreiben war. An ihrer Reaktion am Telefon konnte ich merken, daß ihm dies gar nicht recht war. Am nächsten Tag muß er dann unangemeldet gekommen sein, und sich selbst eingelassen haben – er hatte einen Schlüssel zum Haus. Ich war noch nicht zu Hause, und als ich etwas später kam, erlebte ich nur, wie er aus dem Haus stürmte. Ich versuchte ihn anzusprechen, aber er schob mich beiseite. Ich sah, daß er geweint hatte und folgte ihm bis zu seinem Auto, aber er war unfähig und auch unwillig zu reden. Mit quietschenden Reifen verschwand er in seinem alten Chevy.

Ich ging hinein und sah einen Blumenstrauß auf der Erde liegen. Die Blumen – es waren Rosen – schienen zertreten zu sein. Ich versuchte zu verstehen, was passiert war. Dann sah ich auf einem kleinen Tisch neben der Garderobe einen geöffneten Brief liegen. Ich nahm das Kuvert auf und las die Anschrift. Er war an Margaret adressiert. Vorn, am Rand und quer geschrieben war der Absender zu lesen: Marc, keine Adresse. Ich kannte keinen Marc in ihrem Leben. Auf der Rückseite war mit einem Filzstift ein großes Herz, von einem Pfeil durchschossen, gemalt worden. Ich überflog den Inhalt des Briefes. Als ich auf viel Vertrauliches traf und Zärtlichkeiten beschrieben wurden, die andeuteten, daß zwei Menschen einander in großer Liebe zugetan waren, schob ich den Brief wieder in den Umschlag.

Ich konnte es mir nur so erklären, daß meine Cousine über Tag irgendwann nach Hause gekommen sein mußte, den Brief im Postkasten vorgefunden, ihn geöffnet und ihn dann auf einen kleinem Tisch neben der Garderobe liegengelassen haben mußte. Ich konnte mir nicht vorstellen, daß ihr Freund den Brief geöffnet hatte. Irgend etwas schien mir an dieser ganzen Sache nicht zu stimmen. Einen Liebesbrief läßt man nicht einfach so liegen, für jedermann zu lesen.

Eine Stunde später kam Margaret nach Hause und als ich ihr den Brief vorhielt – ich weiß noch wie ärgerlich ich war, es mir aber nicht anmerken ließ – da lachte sie laut los. Ich stand da, den Brief in der Hand, und verstand überhaupt nichts mehr. Sie lachte und lachte und konnte sich nicht einkriegen. Sie steckte mich mit ihrem Lachen fast an, aber ich wollte nicht mitlachen, weil ich die Sache immer noch schwerwiegend fand. Dann erklärte sie mir alles. Sie arbeitete an einer Liebesgeschichte, und um sich in die richtige Atmosphäre zu versetzen, hatte sie sich selbst einen Liebesbrief geschrieben, mit diesem erfundenen Pseudonym, und ihn auch tatsächlich abgeschickt. Als er heute mit der Post gekommen war, hatte sie sich beim Erhalten, Öffnen und Lesen des Briefes so in den Inhalt hineingesteigert, daß ihr danach eine wunderbare Passage in ihrer Geschichte gelungen war. Genauso hatte sie es sich vorgestellt und es hatte geklappt. Als sie dann die zertretenen Blumen am Boden sah, wurde sie ernst, telefonierte ihren Freund an, aber der hängte sofort auf, als er sie am Telefon erkannte. Sie versuchte es noch mehrere Male, aber ohne Erfolg. Abends rief ich ihn an. Er hörte sich meine Erklärung an, glaubte sie aber nicht. Er fand sie reichlich erfunden und sprach abfällig über unsere Verschwörung gegen ihn.

Als wir uns das nächste Mal sahen und über den Brief ins Gespräch kamen, explodierte er und ich erlebte eine Seite an ihm, die ich nicht kannte. Er sagte Dinge, die er tief in sich getragen haben muß, die er aber nie sagen konnte, weil die Beziehung zu Margaret, seinem Wunsch entsprechend, nur auf Freundlichkeit gründete. Es war ein ungeschriebenes Gesetz zwischen den beiden, daß keiner den anderen irgendwie verletzen durfte. Ich habe mehr als einmal erlebt, wie entweder sie oder er etwas nicht sagte, weil es vielleicht hätte wehtun können, und dabei aus dem eigenen Herzen eine Mördergrube machte. Dann schlich sich die stille Ironie ein, die kaum wahrnehmbaren Sticheleien. Der fehlende Mut zu wirklicher Konfrontation läßt uns kleinlich und kleinkariert werden. Wir meckern und beschweren uns, aber nur indirekt und ohne einander dabei wirklich zu begegnen. Wir versuchen, die Schmerzen zu vermeiden und fügen einander dadurch viel mehr Schmerzen zu. Ich habe versucht, mir das damals zu merken und später nicht so zu handeln, aber mir ist es nicht immer gelungen. Leider. Ich verstand Margarets Freund danach besser.

Ein paar Tage später, als er genau wußte, daß Margaret nicht zu Hause war, kam er und ich zeigte ihm, daß der Brief auf Margarets Schreibmaschine entstanden war – das "e" hinterließ Löcher im Papier und das "L" stand immer etwas unterhalb der Linie der anderen Buchstaben. Selbst dann zweifelte er die Erklärung noch an und als er sich zwei Wochen später wieder mit Margaret traf, war nichts mehr so wie vorher. Mir schien es, als wolle er sein Mißtrauen ihr gegenüber festhalten. Später habe ich vermutet, daß er sich nicht so sehr gegen den Brief wehrte, sondern gegen ihre Art – gegen die Phantasie, die sich so etwas ausdenken kann. Das war ihm irgendwie unheimlich. Der Brief gab ihm eine Möglichkeit, sein Unwohlsein, sein Unbehagen ihr gegenüber, an etwas zu heften. Die Beziehung zerbrach, auch noch nachdem alles geklärt war und er ihr glaubte. Der Schock war zu groß für ihn gewesen.

Auf mich hat dieses Ereignis einen tiefen Eindruck gemacht. Die meiste Tragik in Ehen und Beziehungen entsteht durch fehlende Kommunikation. Zwei Menschen reden nicht miteinander und schon ist jede Art von Mißverständnis möglich. Und mit jedem Mißverständnis vergräbt sich erst der eine und dann auch bald der andere in falschen Vorstellungen. Und hat man erst falsche Vorstellungen, liefert das Leben die entsprechenden Ereignisse, um diese Vorstellungen zu untermauern und zu verfestigen. Es ist ein schier unentrinnbarer Kreislauf, dem nur durch echte Kommunikation zu entkommen wäre, aber die ist nicht mehr möglich, weil man so tief in Mißtrauen und Mißverständnis versinkt. Wie wichtig ist es, wirklich offen und direkt miteinander zu reden, aber manchmal reicht auch das nicht. Je mehr ich über die beiden nachdachte, desto deutlicher wurde mir, daß der Unterschied zwischen ihnen darin gelegen hatte, daß Margaret die Welt märchenhaft und wunderbar fand, während er alles ganz sachlich sah und das Mysterium in allem nicht wahrnehmen konnte. Dieser Unterschied ist schwer zu überwinden. Wo sie an Geheimnisse stieß, sah er nur, was vor Augen war. Und wenn sie mit Freude in ihre Phantasie tauchte, machte gerade das ihm angst.

Am Ende des Sommers, als ihre Beziehung bereits ganz zu Ende war, hat sie mir den Brief noch einmal zu lesen gegeben. Es war ein richtiger Liebesbrief, voller Einfühlungsvermögen. Als ich ihn las, begriff ich, daß sie alles in diesen Brief geschrieben hatte, was sie sich von ihrem Freund gewünscht hatte. Was vielleicht als eine Übung für ihr Schreiben begonnen hatte, war am Ende Ausdruck ihres Wesens und Wunsches. Diese Art des Austausches hatte sie sich mit ihrem Freund gewünscht, aber nicht bekommen. Vielleicht hatte sogar eine tiefe Weisheit in ihr gewußt, daß sie durch diese Inszenierung, ihre Beziehung einer Belastungsprobe aussetzen würde. Vielleicht war es auch nicht Zufall, daß sie den Brief auf dem Tischchen hatte liegen lassen und wer weiß, ob es auch nicht genau richtig war, daß er an dem Mittag mit den Blumen bei ihr vorbeigekommen war. Ich glaube, daß wir viel mehr in unserem Leben einfädeln, als wir denken.

Heute nachmittag war ich im Bread Garden und habe auf Elzbieta gewartet. Weil wir uns so gut am Telefon unterhalten haben, war ich sehr gespannt und fühlte mich wie ein Teenager, der auf seine Freundin wartet. Beim Warten habe ich eine Übung gemacht, durch die ich schon manchmal Interessantes gelernt habe: Ich habe mir Elzbietas Aussehen vorgestellt und überlegt, was meine Vorstellung über mich aussagt. Ich stellte sie mir sehr einfach und nicht auffallend vor, ein Allerweltsgesicht, also leicht zu übersehen. Dabei merkte ich, daß es für mich leichter ist, wenn eine junge Frau von etwa dreißig Jahren nicht voller Leben und hübsch ist, wenn ich weiß, daß sie in kurzer Zeit sterben kann. Mit meiner Vorstellung wollte ich mich schützen – wollte nicht einsehen müssen, daß der Tod auch die Schönheit und Jugend angreifen und sie zunichte machen kann.

Dann erschien sie und intuitiv wußte ich gleich, daß sie es war, obwohl wir kein Zeichen verabredet hatten. Sie erkannte meinen aufmerksamen Blick und kam an meinen Tisch. Wir begrüßten uns und bestellten etwas zu essen. Was mich überraschte, besonders nach meiner Vorstellung von ihr, war ihre natürliche Schönheit. Ihr Körper wirkte stattlich und schien von einer inneren Bewußtheit gehalten, sie war forsch, aber gleichzeitig weich und empfindsam. Es war für mich eine seltsame Kombination, die mir sonst noch bei niemandem in dem Alter aufgefallen ist. Sie ist schwer zu beschreiben, weil ihre Ausstrahlung und ihr Aussehen nicht voneinander zu trennen sind.

Vielleicht habe ich ihre äußere Erscheinung besonders bewußt wahrgenommen, weil mir Olivia gesagt hatte, daß Elzbieta dem Tod schon mehrere Male sehr nah war.

Als ich sie sah, war es, als ob etwas in mir zerbräche, und ich verstand nicht gleich, woher diese Regung kam. Ich glaube, es war der Schock, daß der Tod vor nichts und niemandem halt macht. Bei Christine habe ich viel Zeit gehabt, mich auf ihren Tod vorzubereiten. In diesem Treffen war ich ganz plötzlich mit der Möglichkeit des Todes eines jungen Menschen konfrontiert. Ich merkte, daß dies mir viel schwerer fiel, als an Olivias Tod zu denken. Als ich Elzbieta sah, mußte ich auch gleich an dich denken. Sie erinnert mich an dich. Ihre Haare sind von derselben Farbe wie deine, und sie trägt sie auch wie du. Später sagte sie mir, daß es eine Perücke sei, aber aus ihren eigenen Haaren. Als sie wußte, daß sie in der Chemotherapie ihre eigenen Haare verlieren würde, ließ sie sie vorher abschneiden und zu einer Perücke arbeiten. Sie hat etwa deine Statur und sogar einige deiner Bewegungen. Zum Beispiel, dieses Zögern, das ich bei dir beobachtet habe, wenn du in ein Gespräch eintrittst, als wolltest du auf keinen Fall jemand anders unterbrechen. Sie hat auch einerseits dieses Zögern, das nicht nur ein erlernter Respekt ist, und andererseits eine Zielstrebigkeit, die mich mehrere Male am Nachmittag verblüffte. Sie verkörpert eine Kombination von Ergreifen und Geschehen-Lassen. Ich lernte später, daß es ihr ohne diese Kombination nicht möglich gewesen wäre, körperlich und seelisch zu überleben. Sie erklärte mir, daß manche Menschen in ihrer Krankheit hart werden, weil sie nur um das Überleben ihres Körpers kämpfen und dabei ihre Seele opfern. Und dann gibt es welche, die ihre Seele erhalten wollen, und dabei den Körper verlieren, weil sie nicht hart genug gegen sich und die Krankheit vorgehen. Ich kann mir vorstellen, daß sie durch diese Einsicht, die sie im Leben umsetzt, so reif geworden ist.

Nachdem wir gegessen hatten, gingen wir noch an den Strand und sie erzählte mir aus ihrem Leben. Ich habe viel zugehört und gestaunt, daß ein Mensch soviel Belastung aushalten kann.

Es ist Abend, und ich bin in einer Verfassung, in der ich darauf achten muß, nicht schwermütig zu werden. Manchmal hilft es mir, schwere, suchende Musik zu hören – ich merke dann, daß ich nicht allein bin mit meiner Unruhe und meinen Fragen. Ich habe mir die fünfte Sinfonie von Schostakowitsch aufgelegt und werde hauptsächlich den dritten Satz hören. Man spricht ja von Schostakowitsch als dem ersten wichtigen sowjetischen Komponisten, aber ich glaube, wenn ein Künstler dieser Größe allein ist mit seiner Musik und mit seinem Herzen, dann ist er zuerst Mensch und nicht Ausdruck eines Systems oder eine Ideologie. Sonst würde seine Musik uns nicht so berühren und hätte sich auch nicht so lange gehalten.

Besonders gefällt mir das kurze Duett zwischen Klavier und Flöte. Es wirkt wie ein einfaches Gespräch zwischen Kindern. Ich genieße es, wenn Komponisten wagen, schlicht zu sein. Mit den Streichern baut Schostakowitsch eine große Dynamik auf, später kommen die Pauken dazu – es ist wieder die Sehnsucht. Dieser Largo-Satz wirkt auf mich wie das Porträt eines Suchenden, der nicht aufgibt. Immer wieder geht er los und stürzt sich in den Kampf um Sinn und Erfüllung.

Die Sinfonie wirkt wie das Werk eines jungen Menschen und ist es ja auch. Schostakowitsch war einunddreißig als sie zum ersten Mal aufgeführt wurde. Dieses Suchen scheint uns leichter zu fallen – oder es ist leichter zuzugeben, daß wir suchen –, wenn wir jung sind. Es ist schade, daß oft später im Leben die Intensität des Suchens weniger wird. Aber vielleicht ist es zu schwer, ein Leben lang unterwegs zu sein.

Es gibt Dinge, die wir ganz ernst nehmen, die uns beflügeln, beseelen, erfüllen und uns eine Richtung geben. Und dann sind sie plötzlich vorbei. Sie gehören zu unserer Ausbildung, zu unserer Bildung. Ohne sie wären wir nicht die Menschen geworden, die wir sind, aber die Dinge als solche sind fast unbedeutend. Sie sind nur Instrumente. Ich übe mich, zu unterscheiden, was nur instrumental ist, und was schon ein Teil des Zieles ist. Es gibt Tage, da bin ich glücklich über jede Möglichkeit, die sich zu verschließen scheint, über jeden Weg, der versperrt zu sein scheint, über die Türen, die endgültig zufallen – weil damit das Wenige heller leuchtet und meine Energie sich auf immer weniger konzentriert. Unter diesem Wenigen muß das sein, um das es in meinem Leben geht.

Ich erinnere mich an das Goldwaschen, das ich einen Sommer lang im Norden praktiziert habe. Man hat eine Schüssel mit Schmutz und Steinen, tut etwas Wasser hinzu und schwingt sie kreisförmig, so daß der Sand und die Steine mit etwas Wasser über den Rand hinausfliegen. Die Schüssel wird immer leerer, alles konzentriert auf das Wenige, was auf dem Boden liegt. Man hat Angst, daß das Gold schon mit dem Schmutz über den Rand hinausgeflogen ist, aber man vertraut, daß es doch noch da ist, ganz am Boden, weil es das Schwerste ist, was in der Schale liegt. Noch ein paar Drehungen, noch die letzten kleinen Steinchen hinausspülen und da – da liegt es, glitzernd am Boden. Es hat sich gelohnt.

Wir wollen diesen Moment der Entdeckung des Goldes herbeizwingen, herbeilocken, herbeizaubern, herbeidenken, herbeihandeln, herbeiglauben – in welchem Lebensalter wir uns auch befinden – und müssen doch immer wieder warten und können nur die Steinchen und den Sand aus der Schüssel entfernen. Aber dieses Waschen ist ungeheuer wichtig. Es ist das große Loslassen, das erst in unserem Tod vollkommen ist. Dann liegt das Gold da. Wir sind das Gold. Wir haben abgestreift, was wir nicht waren.

Jetzt versuche ich zu lernen, wohin alles in meinem Leben führt. Steht hinter allem, was ich getan habe und noch tue, ein Ziel, das ich fast unbewußt ansteuere? Werde ich mehr geschoben und gezogen von Kräften die ich nicht kenne, die aber in mir stecken und sich mit Kräften außerhalb von mir verbinden, um mich zu dem zu bringen, was nur ich erreichen kann? Kann ich überhaupt wissen wohin ich gehe, oder bleibt es nur eine Ahnung, die erst im Tod zu einer Wirklichkeit wird? Die Fragen nehmen zu, nicht ab, je weiter man kommt. So empfinde ich es jedenfalls.

Ich habe Olivia heute gesagt, daß ich sie gern fotografieren möchte. Ich wußte, daß sie sich dagegen wehren würde und sie tat es auch. Sie findet sich nicht schön. Die Krankheit hat sie mitgenommen, und sie hat das Empfinden, langsam zu zerfallen. Aber genau das ist es, was ich fotografieren möchte. Ich möchte ihre Auflösung fotografieren, ihr Hinüberwechseln in einen anderen Raum, in eine andere Zeit, oder in die Zeitlosigkeit. Ich kann ihre Ablehnung verstehen und habe darum heute auch nicht mehr gesagt. Diese Auflösung muß aber nicht negativ sein – sie ist es nur, weil wir unser ganzes Leben lang gelernt haben, den Tod abzuwehren, anstatt ihn als zum Leben dazugehörig anzusehen. Vielleicht kann man die Auflösung so abbilden, daß sie wie eine Überwindung wirkt, wie der endgültige Sieg des Geistes über unseren Körper, wie unsere Freisetzung aus dem Gefängnis.

Ich stelle mir für die Bilder einen weißen Hintergrund vor, sonst nichts. Nur das Gesicht in seiner Suche und Verletzbarkeit, kein Schmuck, keine besonderen Positionen, nichts in den Händen. Dazu ein gedämpftes, gleichmäßiges Licht. Auch für mich ist es wichtig, dem Zerfall zu begegnen, weil ich dabei auch mich und meinen unaufhaltsamen Zerfall ansehe. Ich will hinsehen, mich nicht abwenden. Es kann sein, daß sie es mir weiterhin nicht erlaubt, sie zu fotografieren, und doch hoffe ich es. Es wäre auch ein Dokument über die Widerstandskraft des Menschen und über den Mut, es mit dieser Unabänderlichkeit aufzunehmen. Manchmal denke ich, daß wir eigentlich alle mutig sind, weil wir alle auf unseren Tod zugehen und es aushalten.

Vielleicht ist es ja auch möglich, etwas von ihr abzubilden, was sie selbst nicht von sich kennt – sie sozusagen zu überraschen mit einem Porträt ihrer unbewußten Seite. Ich glaube, daß auch gerade im Sterben unbekannte Seiten von uns hervortreten, weil wir endlich das sein dürfen, was wir sind – es ist nicht mehr wichtig, etwas zu verstecken. Andererseits möchte ich sie so abbilden, daß sie selbst dabei fast in den Hintergrund tritt und nicht als Einzelperson wirkt, sondern wie ein Sinnbild des Menschen – des allgemein Menschlichen. Ich würde versuchen, ihr Gesicht fast abstrakt zu gestalten, und es doch zur gleichen Zeit noch ihr Gesicht sein zu lassen. Es wäre eine große Aufgabe.

30. November, am Vormittag

In den letzten Jahren wächst ein ganz besonderer Wunsch mehr und mehr in mir. Er ist schwer in Worte zu kleiden, weil er manchmal nur ein Gefühl ist, oder ein Bestreben, die Welt auf eine gewisse Art sehen zu können. In bin die Gegenüberstellungen, in denen wir leben und die unser Denken bestimmen, leid. Ich habe es satt, daß alles entweder gut oder böse, richtig oder falsch, verschlossen oder offen, schwarz oder weiß, spirituell oder materiell ist, weil ich spüre, daß wir dadurch nicht an die eigentliche Qualität des Lebens gelangen. Wir sortieren, ehe wir erleben. Ich möchte vorbei an den Trennungen und Verfeindungen, den Vergöttlichungen und den Verteufelungen. Ich möchte über die Kleinkariertheit hinaus und umfassender, integrierter denken. Verstehst du mich? Es gab dieses Anliegen schon in den siebziger Jahren, aber damals war es mehr ein Verwischen der Grenzen, weil man weg wollte aus beengenden Vorstellungen, um die große Freiheit zu entdecken. Darum gab es dann auch Entwicklungen, die mehr Entgleisungen waren, und durch die sich Menschen auf eine neue Weise einschränkten. Ich suche nach einer Überwindung der Gegensätze, nicht nach Gleichmacherei. Das Leben ist da, ehe wir es ordnen und benennen. Stell dir vor, man ordnet und sortiert nicht gleich, sondern erlebt direkt und ungeschützt und nicht durch die Filter der Religion, der politischen Überzeugung, der Tradition und der eigenen Voreingenommenheiten. Wäre unser Leben da nicht viel spannnender und unberechenbarer, bunter und reicher?

In den Naturwissenschaften gibt es ja schon seit einigen Jahren die Tendenz, mehr miteinander zu verbinden, intergrierter zu denken.Ich merke auch bei mir, daß ich beim Unterrichten immer mehr Disziplinen dazunehme. Ich kann nicht nur über Literatur sprechen, weil Literatur sich nicht in einem luftleeren Raum entwickelt hat, sondern beeinflußt wurde, von der bildenden Kunst, von der Theologie, der Psychogie, dem Zeitgeschehen, in dem sie entstand, von den politischen Systemen, in denen sie geschrieben wurde und natürlich von der jeweiligen Einzigartigkeit des Schreibers.

Diese neue Sicht, die ich gern mit dir besprechen möchte, wenn du wieder zurück bist in Kanada, erfordert einen ungeheuren Mut, weil noch viele in unserer Welt in diesen Gegenüberstellungen und Trennungen denken. Die neue Art zu denken ist für manche beängstigend, weil sie wie Anarchie wirken kann. Im Augenblick ist es noch eine Minderheit, die diesen neuen Weg versteht. Je mehr wir so denken, desto stärker werden die aktiv werden, die das Schwarz-Weiß-Denken betonen und erhalten wollen. Sie werden Angst haben, ihre Orientierungspunkte zu verlieren, nach denen sie urteilen und auch verurteilen. Da wird Mut gefordert sein. Vielleicht werden unsere Nachfahren diese Zeit als dunkel ansehen, ähnlich wie wir jetzt die Kreuzzüge und Hexenverbrennungen als Verirrungen und Sackgassen in unserer Entwicklung sehen.

Als ich meine Gedanken von vorhin über den Mut noch einmal las, dachte ich an einen Mann, dem ich in der Schweiz, im Engadin, begegnet bin. Im Studium war ich mit einem Schweizer Studenten befreundet, der Freunde in St. Moritz hatte. Als ich einen Sommer lang in Europa war, fuhr ich zu Besuch zu ihnen. Ich war eine Woche dort und bin viel gewandert, unter anderem auch in der Nähe des Silsersees, wo Nietzsche einige Zeit seines Lebens zugebracht hat. Auf einem Spaziergang bin ich dort einem Mann begegnet, den ich bis heute nicht vergessen habe.

Ich war an dem Tag etwa zwanzig Kilometer gewandert, hatte fotografiert, war von den Pfaden abgewichen, um allein zu sein und hatte der Stille in den Lärchen gelauscht. An einem großen Stein, der wie eine Pyramide in dem Wald aufragte, hatte ich mein mitgebrachtes Brot gegessen und war danach eingeschlafen. Als ich aufwachte, saß ein älterer Mann von etwa fünfzig Jahren mir gegenüber. Im ersten Moment erschrak ich, aber er gab mir zu verstehen, daß ich nichts zu fürchten brauchte. Schon nach einigen Sätzen bemerkte ich etwas Markantes an seiner Sprache. Im Laufe unseres Gespräches meinte ich gewisse Aussagen zu erkennen, aber es dauerte eine ganze Zeit bis ich begriff, daß er in vielen Nietzsche-Zitaten sprach. Er flocht sie so geschickt in das Gespräch ein, daß sie wie seine eigenen Gedanken wirkten, und ich nicht wußte, wann er Nietzsche zitierte und wann er selbst sprach. Als ich ihn darauf ansprach, sagte er mir, daß er es selbst nicht wüßte, er habe das Gedankengut Nietzsches so in sich aufgenommen.

Besonders schien ihn "Jenseits von Gut und Böse" beeindruckt zu haben. Es ging ihm um das Überwinden der geistigen Enge und um den Mut zur Kühnheit. Ich hatte das Empfinden, daß er dadurch, daß er sich an Nietzsche hängte, selbst ein Stück wuchs. Er erzählte mir, daß er aus einer Familie stamme, in der alles vorgegeben sei und nach festen Regeln ablaufe. Persönliche Regungen seien nicht gefragt, und es fiele ihm schwer, etwas zu wagen. Darum ziehe ihn der Mut so an.

Wir unterhielten uns über mancherlei und kamen dabei auch auf das Christsein zu sprechen. Mich interessierten die Fragen des Glaubens damals schon sehr, aber es fehlte mir an Freiheit und Weite. Das muß er bald gemerkt haben. Er schlug darum ganz plötzlich vor, ein Nietzsche-Wort auszuleben. Er zitierte: "Nicht ihre Menschenliebe, sondern die Ohnmacht ihrer Menschenliebe hindert die Christen von heute, uns zu verbrennen." Und ehe ich richtig verstand, was er wollte, sammelte er trockenes Holz und schichtete es abseits des Pfades zu einem Haufen auf, legte ein paar Stücke Papier darunter und legte sich selbst auf den Haufen. Dann versprach er mir, daß er sich nicht wegbewegen würde, wenn ich wagte das Holz anzuzünden. Ich lachte und machte den Spaß mit, zog ein Streichholz hervor und war im Begriff es anzuzünden, als ich merkte, daß es ihm auf unheimliche Weise ernst damit war. Als ich zögerte, stand er vorsichtig von dem Holzstoß auf, wiederholte noch einmal den Satz, nahm mir dann die Streichhölzer aus der Hand und zündete das Papier an einer Ecke an und legte sich wieder auf den Stapel Holz. Ich war ganz verwirrt und wußte im ersten Moment nicht, was ich tun sollte. Das Papier brannte und die kleinen Holzstücke begannen Feuer zu fangen. Schon reichte eine Flamme an seine dünne Sommerhose. Als sie zu brennen begann und er keine Anstalten machte, sich von dem Holzstoß zu bewegen, stürzte ich zum Feuer, riß die brennenden Stücke mit den nackten Händen herunter und verstreute sie, packte den Mann an Hemd und Gürtel und hob ihn von dem Holzstapel – alles ohne Worte.

“Jetzt haben wir beide uns etwas verbrannt, du, weil du mich gerettet hast und ich, weil ich bereit war, dir und mir selbst etwas deutlich zu machen”, sagte er. Dann wollte er darüber nicht mehr reden. Ich dachte, daß ich es mit einem Verrückten zu tun hatte, aber auf dem Weg zurück nach St. Moritz redete er wieder so klar und überzeugend wie vorher, nur konnte ich mich nicht konzentrieren, zuviel ging mir durch den Kopf. Unwillkürlich kam mir der Gedanke, wieviel Verrücktheit es in unserer Geschichte gegeben hat und noch gibt, weil wir irgendeiner Ideologie oder einem Glauben folgen und dann alle anderen für falsch halten und sie verachten. Wie wirklich “verrückt” sind unsere Vorfahren im Mittelalter gewesen, die Tausende gequält, verbrannt, erschlagen, und ertränkt haben und überzeugt waren, damit Gott einen Dienst zu tun. Woher kommt diese Finsternis in uns? Wie verwandeln wir sie in Licht?

Als ich ihn später fragte, ob er selbst aufgestanden wäre, wenn ich ihn nicht heruntergehoben hätte, lächelte er nur geheimnisvoll. Wir verabredeten uns zu einem Abendessen in einem kleinen Restaurant und in großer Erwartung ging ich hin. Ich hatte viele Fragen gesammelt und wollte ihm sagen, daß mein Christsein mich nie zu einer solchen Tat hätte schreiten lassen. Aber er kam nicht, und soviel ich mich auch in der Gegend nach ihm umsah, mich bei Hotels erkundigte, an die Stelle unseres seltsamen Feuers ging und sonst einiges unternahm, fand ich ihn nicht. Es war, als wäre ich ihm nie begegnet, aber an den Händen hatte ich kleine Brandwunden. Ehe wir uns verabschiedet hatten, hatte er mir noch gesagt, daß er Amerikaner sei.

Ich kaufte mir am nächsten Tag in einer kleinen Buchhhandlung in St. Moritz eine Taschenbuchausgabe von Nietzsche “Jenseits von Gut und Böse” und stellte beim Lesen fest, daß Nietzsche das Vorwort zu dem Buch einige Kilometer von dort, wo mein Gesprächspartner seinen Scheiterhaufen aufgebaut hatte, geschrieben hatte. Genau achtzig Jahre früher, auf den Monat genau. Jahre später habe ich in Nietzsches Schriften Zeilen gefunden, in denen er die Enstehungsgeschichte seines Buches “Also sprach Zarathustra” beschreibt: “Ich ging an jenem Tage am See von Silvaplana durch die Wälder; bei einem mächtigen pyramidal aufgetürmten Block unweit von Surlei machte ich halt. Da kam mir dieser Gedanke.” Ob wir genau an dem Stein gestanden haben, von dem Nietzsche geschrieben hat?

Als ich am Ende des Sommers wieder nach Vancouver kam, lagen dort drei Postkarten von ihm für mich vor, alle ohne Absender. Auf jeder stand nur jeweils ein Spruch. Auf einer, die er aus Italien geschrieben hatte, stand: “Man ist am unehrlichsten gegen seinen Gott: er darf nicht sündigen.” Auf der zweiten, die in Griechenland abgeschickt war, las ich: “Das ‘Reich Gottes’ ist nichts, das man erwartet; es hat kein Gestern und kein Übermorgen, es kommt nicht in ‘tausend Jahren’ – es ist eine Erfahrung an einem Herzen; es ist überall, es ist nirgends da....” Die Botschaft der dritten Karte, auf der sich vorne ein Bild der Wüste irgendwo in Arizona befand, lautete: “Was aus Liebe getan wird, geschieht immer jenseits von Gut und Böse.” Die ersten zwei Karten hatte er mit “David” unterschrieben, die letzte mit “Friedrich N.”

Das ist über dreißig Jahre her und ich weiß, daß die Begegnung mit ihm wichtig für mich war, auch wenn wir nicht länger als zwei Stunden zusammen waren. Sie gehört zu den wichtigen Bausteinen meiner spirituellen Entwicklung.

Mir ist beim Schreiben dieser Briefe wieder aufgegangen, wie stark ich unter einem Druck stehe, oder mich selbst unter Druck setze, etwas zu wissen, etwas wissen zu müssen. Darum verfalle ich so schnell ins Belehren und Predigen – auch in diesen Briefen. Ich mag das nicht an mir und tue es doch immer wieder. Manchmal verzweifele ich fast an mir. Ich hoffe, daß du beim Lesen nicht zu heftig darauf reagiert hast. Schon lange versuche ich diesen Zug abzulegen, aber es gelingt mir nur ganz langsam. Vielleicht ist es auch mein Bedürfnis, etwas Allgemeingültiges zu formulieren, was mich treibt. Ich will die "Unordnung" der Welt in den Griff kriegen, ich will den Durchblick haben. Die Aufgabe meines Alters wird es sein, nicht mehr zu wissen, die Dinge aus der Hand zu geben und das Leben in seiner unendlichen Erfindungsgabe immer tiefer zu würdigen.

Jetzt werde ich eine richtige Feier in meinem Arbeitszimmer gestalten. Ich will meine Verwandlung feiern, oder besser gesagt, meine Fähigkeit, mich zu verwandeln, auch wenn es manchmal nur ganz langsam vorangeht. Ich will nicht aufgeben, Hoffnung für mich zu haben. Ich will auch mich lieben, so wie ich bin.

Ich habe mir eine Kerze angezündet und dazu die Musik der griechischen Komponistin Eleni Karaindrou aufgelegt. Sie hat die Musik zu dem neuen Film "Ulysses Gaze" mit Harvey Keitel und Erland Josephson komponiert. So wie Odysseus/Ulysses durch die Welt irrt, so irrt die Viola immer wieder durch die Stücke. Sie verkörpert den suchenden Menschen. Sehnen und Suchen. Immer wieder.

1. Dezember

Ich habe unendlich viel mehr *nicht* geschrieben, als ich geschrieben habe. Aber es war auch nicht der Sinn dieser Zeilen, möglichst umfassend zu schreiben. Beim Berichten über ein Leben gibt es keine Vollständigkeit. Ein Leben läßt sich nicht schildern, nicht in seiner ganzen Größe. Ich habe viele große Dinge ausgelassen, Ereignisse, die, als sie passierten, so monumental waren und unser Leben beeinflußten, wie nichts zu der Zeit, die später aber zu Fußnoten wurden. Vielleicht sind es die kleinen Dinge – die winzigen Verschiebungen in unserem Leben, die sich über eine lange Zeit anbahnen, die Herzensveränderungen, die kaum merkbar sind, die zarten Töne und vorsichtigen Worte – vielleicht sind sie es, um die es geht und durch die sich die Welt verändert.

Jetzt liegen diese fünf gefüllten Schreibhefte vor mir. Auf den Seiten dieser Hefte steckt viel von mir und ich glaube, daß auch einiges von dir und für dich darin steckt. Morgen werde ich alles abschicken. Ob du antwortest, überlasse ich ganz dir. Wenn du antwortest, werde ich deine Antwort mit meinem Herzen lesen. Wenn du schweigst, werde ich nicht weniger mit dir verbunden sein. Ich weiß, daß du deinen Weg gehst, so wie ich meinen gehe.

Als ich mit diesen Briefen begonnen habe, dachte ich, ich könne alles irgendwie abrunden, zusammenfassen und ordnen. Jetzt merke ich, daß das nicht geht, nicht, ohne etwas zu verbiegen. Meine Briefe sind Ausdruck eines Prozesses. Es kann sein, daß ich in der Zeit, bis du wieder hier bist, manches von dem, was ich geschrieben habe, schon wieder etwas anders sehe. Ich möchte mir die Freiheit erhalten. Ich bin nicht fertig und bin meistens sogar glücklich, nicht fertig zu sein. Meine Briefe sind auch ein Ausdruck meines Unvermögens und meiner Hilflosigkeit. Immer wenn ich denke, daß ich eigentlich schon weit gekommen bin, merke ich, daß es noch so unendlich viel in mir gibt, dem ich mich zuwenden müßte. Aber ich entschuldige mich nicht dafür – das bin ich, es gehört zu mir.

Ich habe dir sicherlich auch so geschrieben, weil ich gern solche Briefe von meinem Vater bekommen hätte. An manchen Tage habe ich beim Schreiben eine ganz tief versteckte Verzweiflung in mir gespürt. Ich wollte durch mein Schreiben an dich, mir die Briefe, die mein Vater nie an mich geschrieben hat, und die Worte, die er nie gesagt hat, nehmen! Erst spät in meinem Leben – ich war schon lange erwachsen – spürte ich das große Bedürfnis, ihm irgendwie näher zu kommen, ihn mehr zu fühlen, einen Blick in sein Inneres tun zu können, aber da war es eigentlich schon zu spät. Und noch mehr habe ich mir gewünscht, mein Inneres von ihm wahrgenommen zu wissen und sein wirkliches Interesse an mir zu spüren. Aber das ist nicht geschehen – ich weiß nicht was er über mich gedacht hat und ich war nicht frei genug, ihn ganz einfach zu fragen.

Ich habe in meinem Leben im Stillen immer wieder auf dramatische Veränderungen gewartet und sie nur selten erlebt. Jetzt erwarte ich sie selten und bin darum offen für die kleinen Veränderungen, die fast täglich geschehen. Immer wieder geht mir dein einfacher Satz durch den Kopf: "Dad, sei doch einfach so wie du bist!" Das will ich lernen. Ich will nicht nur mein äußeres Leben, aber auch mein inneres vereinfachen –

den Ballast abwerfen. Es gibt Momente, da ist alles so einfach, da bin ich einfach nur, ohne Hemmungen und ohne große Pläne, die so oft in Enttäuschungen enden. Ich nehme den Moment wahr und spüre seine Dichte, seine Herrlichkeit und Unwiederbringlichkeit – und bin glücklich.

Beim Schreiben dieser Briefe habe ich gemerkt, wieviel an mir noch unfertig ist, und wie ich mich selbst manchmal gefangensetze. Ich bin entschlossen, immer weiter aus meiner Gefangenschaft herauszufinden. Mein Gefängnis besteht aus dem Wunsch, gut sein zu wollen und auch so gesehen zu werden. Ich wollte immer das Richtige tun und habe gerade unter dem Zwang, oft kaum spürbar, das Falsche getan. Aus dem Bedürfnis, möglichst fehlerlos zu sein, entstand eine Enge, die schwerwiegender war, als die Fehler, die ich gemacht hätte.

Mein Bild von Familie macht mich auch ab und zu befangen. Ich spüre, wie ich dich oder Ellen manchmal fast beschwören möchte, doch so oder so zu handeln, weil es uns als Familie näher zusammenbringen würde. Aber ich weiß, daß das nicht gut ist. Ich lasse das Bild von Familie los, in dem ich gefangen bin, und mit dem ich euch manchmal belaste. Ich vertraue eurer Entwicklung. Wir alle in unserer Familie gehen auf einander zu und zugleich von einander weg. Wir bestimmen einander durch unser Wesen und gleichzeitig lassen wir einander gehen, ein jeder und eine jede auf seine und ihre Art. Nie werden wir ganz voneinander loskommen und nie werden wir ganz aneinander hängen. Und so kann keiner von uns die Familie als Entschuldigung benutzen, und keiner muß ewig dankbar sein, wegen der Familie so geworden zu sein. Keiner von uns ist absolut frei und keiner von uns ist absolut gefangen.

Ich will dich ermuntern, dein Leben zu leben. Das möchte ich besonders betonen und doppelt unterstreichen. Ich war schon Mitte vierzig, als ich endlich begriff, daß ich nur dieses Leben habe und daß es keine Generalprobe für etwas anderes ist. Dies ist es! Ich kann es leben oder daran vorbeigehen und es später bereuen. Und wenn du spüren solltest, daß gewisse Entscheidungen in deinem Leben gegen mich gehen werden, so wage es trotzdem. Es ist dann meine Sache, wie ich damit umgehe – ich werde einen Weg finden.

Ich spüre, daß ich in dem Schutz deines Herzens geschrieben habe. Nur so konnte ich es überhaupt wagen. Und ich vertraue darauf, daß, wenn du auf etwas gestoßen bist, was du du nicht verstehst und wo du dich fragst, warum ich gerade die Worte gewählt habe, du es doch mit deinem Herzen liest und so auf mein Herz triffst. Ich merke, wie unzulänglich meine Worte sind, und manchmal ist es nicht eine Frage der Worte, sondern des Fühlens – ich weiß nicht genau was ich fühle und finde dann auch nicht die Worte. Im besten Fall ist jede Annäherung ein Vortasten zum anderen hin – das habe ich in diesen Briefen versucht.

Ich lege dir einige Toncassetten bei. Auf ihnen habe ich die Musik aufgenommen, die ich im Laufe des Schreibens erwähnt habe.

Es hat heute den ganzen Tag geschneit und ich werde jetzt an den Howe Sound fahren, um von meinem Felsen aus die weißen Inseln und Berge zu sehen und still zu werden. Ich fühle mich wohl und denke gern an dich. Und so weit du auch weg bist, und was du auch machst, möchte ich dir sagen, daß der Schutz meines Herzens für dich da ist.

Die Deutsche Bibliothek - CIP Einheitsaufnahme
Schaffer, Ulrich:
Im Schutz des Herzens: Roman/ Ulrich Schaffer. -Stuttgart:
Edition Schaffer im Kreuz Verlag, 1996
ISBN 3-7831-1477-2

1 2 3 4 5 99 98 97 96

Umschlag: Ulrich Schaffer, unter Verwendung eines Aquarells
von Friedrich Peter "Anvil Island im Howe Sound"
Gestaltung und Layout: Ulrich Schaffer, unter Verwendung
des Software Programms QuarkXPress
Pinselgraphiken: Ulrich Schaffer
Autorenfoto: Waltraud Schaffer
Schrift: Galliard
Druck und Bindung: W. Röck, Weinsberg
ISBN 3-7831-1477-2

Weitere Bücher von Ulrich Schaffer

Einsam, nachts
Geschichten
192 Seiten, Hardcover mit Schutzumschlag

Die Spannweite der Erzählungen reicht von der Alltagsgeschichte über Utopien bis hin zu Science-Fiction – jede Geschichte wird den Leser mit ihren Eigenheiten in den Bann schlagen. Dabei hat sich der Autor seine lyrische Art bewahrt. Mit zartem Pinselstrich offenbart er uns liebenswerte Persönlichkeiten, verborgene Schicksale und zerbrechliche Beziehungen. "Ich möchte noch menschlicher schreiben, aber dabei nicht die originelle Sicht und Sprache des Lyrikers aufgeben," schreibt Ulrich Schaffer selbst. So sind ihm Geschichten voller kurioser Ideen und Poesie gelungen.

In der Dichte des Lebens
Ein tägliches Nachdenkbuch
mit Graphiken des Autors
392 Seiten, Hardcover

Dieses Buch ist für Menschen gedacht, die sich regelmäßig einen kleinen Anlaß zum Nachdenken wünschen. Einfühlsame meditative Texte laden dazu ein, in der Hektik des Alltags innezuhalten und die Gedanken in sich zum Leben zu erwecken. Das Buch soll dazu anleiten, jeden Tag wenigstens für ein paar Minuten zur Ruhe und Besinnung zu kommen.

Entdecke das Wunder, das du bist
Der Wunsch, wirklich lebendig zu sein
116 Seiten, Paperback

Diese Texte – manche sind nur ein paar Zeilen, andere einige Seiten lang – konzentrieren sich auf die Einmaligkeit eines jeden Menschen. Ins uns allen steckt der Wunsch nach einem lebenswerten Leben. Wie finden wir es? Ein Buch, über das man immer wieder meditieren kann und in dem man sich selbst neu begreift.
Die Schriftgraphiken von Friedrich Peter heben gewisse Aussagen hervor und machen das Buch zu einer Augenweide.

Berührbar bleiben
Gedichte mit Holzschnitten von Urs-Peter Twellmann
96 Seiten, Paperback

Ein wildes und zugleich poetisches Buch über die Verletzbarkeit, über die immer neuen Versuche, sich mit dem Leben und Lieben einzulassen, ihren tieferen Sinn wirklich zu begreifen.
"Vielleicht ist das Leben nichts anderes, als berührbar zu bleiben, und es ist der Tod, sich nicht mehr berühren zu lassen. Dann würden wir mitten im Leben sterben, wenn wir uns hart und unempfindsam machen."

Höre auf dein Leben
Gedichte und Meditationen
96 Seiten, Paperback

Viele Menschen hören nicht auf sich. Die eigene innere Stimme ist ihnen fast unbekannt. Sie glauben nicht, daß wichtig ist, was sie denken, glauben, fühlen. Dieses Buch macht Mut, auf sich selbst zu hören und das Gehörte ernstzunehmen. Nur so ernst, wie wir uns selbst nehmen, werden uns auch andere nehmen. Die Leserin und der Leser werden eingeladen, gerade auch auf das zu achten, was so leicht untergeht in der täglichen Hast.

Geheimnisvolle Zusammenhänge
Bild-Textband im Großformat
96 Seiten mit 40 Farbfotos
Hardcover

Wir sind umgeben von Geheimnissen. In einer fast nicht zu begreifenden Tiefe ist alles mit allem verbunden. Davon handelt dieses Buch. Bewußt mit dem Geheimnis zu leben heißt, angeschlossen zu sein an etwas Größeres. Die brillanten Farfotos des Autors von der Wüste Nordamerikas machen etwas von diesem Geheimnis sichtbar.